Blödtner · Bilke · Heining

Fallsammlung
Buchführung, Bilanzen, Berichtigungstechnik

🖱 Online-Version inklusive!

Stellen Sie dieses Buch jetzt in Ihre „digitale Bibliothek" in der NWB Datenbank und nutzen Sie Ihre Vorteile:

▶ Ob am Arbeitsplatz, zu Hause oder unterwegs: Die Online-Version dieses Buches können Sie jederzeit und überall da nutzen, wo Sie Zugang zu einem mit dem Internet verbundenen PC haben.

▶ Die praktischen Recherchefunktionen der NWB Datenbank erleichtern Ihnen die gezielte Suche nach bestimmten Inhalten und Fragestellungen.

▶ Die Anlage Ihrer persönlichen „digitalen Bibliothek" und deren Nutzung in der NWB Datenbank online ist kostenlos. Sie müssen dazu nicht Abonnent der Datenbank sein.

Ihr Freischaltcode: **VMZTVQUWDWESNFRYPTZKG**

Blödtner/B/H,Fallsammlg Buchf.,Bilanzen,Berichtigungstechnik

So einfach geht's:

① Rufen Sie im Internet die Seite **www.nwb.de/go/online-buch** auf.

② Geben Sie Ihren Freischaltcode ein und folgen Sie dem Anmeldedialog.

③ Fertig!

Die NWB Datenbank – alle digitalen Inhalte aus unserem Verlagsprogramm in einem System.

Steuerfachkurs · Training

Fallsammlung Buchführung, Bilanzen, Berichtigungstechnik

Von

Regierungsdirektor a. D. Diplom-Finanzwirt Wolfgang Blödtner

Diplom-Ökonom Kurt Bilke

Diplom-Finanzwirt Rudolf Heining

9., überarbeitete Auflage

Bearbeitervermerk:

Teil A, I.–VI., Fall 1–26	Blödtner
Teil B, I.–II., Fallgruppe 1–10	Heining
Teil B, III.–IV., Fallgruppe 11–17	Bilke

ISBN 978-3-482-**69712**-8 (online)

ISBN 978-3-482-**42919**-4 (print) – 9., überarbeitete Auflage 2013

© NWB Verlag GmbH & Co. KG, Herne 1989
www.nwb.de

Alle Rechte vorbehalten.

Dieses Buch und alle in ihm enthaltenen Beiträge und Abbildungen sind urheberrechtlich geschützt. Mit Ausnahme der gesetzlich zugelassenen Fälle ist eine Verwertung ohne Einwilligung des Verlages unzulässig.

Satz: Griebsch & Rochol Druck GmbH & Co. KG, Hamm
Druck: medienHaus Plump GmbH, Rheinbreitbach

VORWORT

Der vorliegende Band behandelt nun bereits in der 9. Auflage in praxisnahen Fällen die wichtigsten Stoffgebiete aus dem Bereich der Buchführung und des Bilanzsteuerrechts.

In Teil A stehen die Grundlagen der Buchführungstechnik und des Bilanzsteuerrechts sowie Fallbeispiele aus der internationalen Rechnungslegung im Vordergrund. Dabei werden auch die handelsrechtlichen Ansatz- und Bewertungsgrundsätze dargestellt. Die Unterschiede der Gewinnermittlungsarten und die Folgen insbesondere bei einem Wechsel werden praxisnah und anschaulich verständlich gemacht. In den entsprechenden Fällen wird ebenfalls auf die Entstehung latenter Steuern eingegangen, die durch die Einschränkung des Maßgeblichkeitsgrundsatzes der Handelsbilanz für die Steuerbilanz an Bedeutung gewonnen haben.

In Teil B werden die Besonderheiten der Berichtigungstechnik bei Einzelunternehmen, Personengesellschaften und Kapitalgesellschaften behandelt. Dabei wurde bewusst auf eine Einzelfalldarstellung verzichtet, sondern die einzelnen Fallgruppen werden immer eingebettet in den kompletten Jahresabschluss abgehandelt. Gleichzeitig werden die Arbeitsabläufe bei einer Prüfung verdeutlicht. Denn Jahresabschlüsse sind nicht nur bloße Rechenwerke, sondern sie enthalten auch Konfliktstoff zwischen Gesetz und Gesetzesanwendung.

Somit dienen die ausgewählten Stoffgebiete sowohl der gezielten Prüfungsvorbereitung als auch den speziellen Bedürfnissen der Praxis.

Adressatenkreis sind damit alle Personen, die sich als angehende Steuerfachwirte, Bilanzbuchhalter sowie Diplom-Finanzwirte und Steuerberater intensiv mit dieser Materie beschäftigen müssen.

Der Aufbau der Fallsammlung entspricht im Wesentlichen dem des Lehrbuches „Buchführung und Bilanzsteuerrecht". Durch gegenseitige Verweise wird damit eine tiefe Einarbeitung in die jeweiligen Stoffgebiete erleichtert.

Gegenüber der 8. Auflage wurde die Fallsammlung weiter verbessert und erweitert sowie an den neusten Rechtsstand (1. 4. 2013) angepasst. Berücksichtigt wurden dabei die Änderungen der handelsrechtlichen und steuerrechtlichen Regelungen durch Gesetzgebung, Verwaltung und Rechtsprechung

Die Verfasser verfügen über eine langjährige Unterrichtserfahrung in der Ausbildung angehender Finanzbeamter, Steuerberater und Bilanzbuchhalter. Für Anregungen und Kritik sind wir auch weiterhin sehr verbunden.

Wolfgang Blödtner, Kurt Bilke, Rudolf Heining im Mai 2013

Wichtiger Hinweis:

Die in den einzelnen Fällen verwendeten Jahreszahlen (01, 02 ...) sind fiktive Zahlen, die mit den kalendarischen Zahlen nicht im Zusammenhang stehen. Die Rechtslage entspricht aber stets den zurzeit geltenden Regelungen, Stichtag 1. 4. 2013.

Kein Produkt ist so gut, dass es nicht noch verbessert werden könnte. Ihre Meinung ist uns wichtig! Was gefällt Ihnen gut? Was können wir in Ihren Augen noch verbessern? Bitte verwenden Sie für Ihr Feedback einfach unser Online-Formular auf:

www.nwb.de/go/campus

Als kleines Dankeschön verlosen wir unter allen Teilnehmern einmal pro Quartal ein Buchgeschenk.

INHALTSVERZEICHNIS

	Seite
Vorwort	V
Literaturhinweise	XI
Abkürzungsverzeichnis	XIII

Teil A:	Buchungstechnik, Bewertungsgrundsätze, Abschlusstechnik, Gewinnermittlungsarten, internationale Rechnungslegung	1
I.	Einführung	1
II.	Buchungstechnik	3
	Fall 1: Arten der Geschäftsvorfälle	3
	Fall 2: Konten, Buchungssätze	5
	Fall 3: Warenkonten	9
	Fall 4: Kundenforderungskonto, Skonti, Boni	12
	Fall 5: Personenkonten	14
	Fall 6: Periodenabgrenzungen	22
	Fall 7: Rückstellungen	25
III.	Bewertungsgrundsätze	30
	Fall 8: Anschaffungskosten	30
	Fall 9: Herstellungskosten	32
	Fall 10: Teilwert	34
	Fall 11: Bewertung abnutzbarer Wirtschaftsgüter	37
	Fall 12: Bewertung nichtabnutzbarer Wirtschaftsgüter	40
	Fall 13: Bewertung von Umlaufvermögen	42
	Fall 14: Bewertung von Entnahmen	44
	Fall 15: Bewertung von Einlagen	46
	Fall 16: Latente Steuern	49
IV.	Abschlusstechnik	51
	Fall 17: Eröffnung und Abschluss	51
	Fall 18: Abschluss eines Einzelunternehmers	60
	Fall 19: Besonderheiten bei einer GmbH	76
	Fall 20: Darstellung des Anlagevermögens im Anlagespiegel gem. § 268 Abs. 2 HGB	80
	Fall 21: Ausweis von Verbindlichkeiten im Handelsrecht	85

	Seite
V. Gewinnermittlungsarten	86
Fall 22: Gewinnermittlungsarten (§ 4 Abs. 1 EStG, § 5 EStG und § 4 Abs. 3 EStG)	86
Fall 23: Gewinnermittlung nach § 4 Abs. 3 EStG und Übergang zur Gewinnermittlung nach § 5 EStG, Berichtigung eines Übergangs	92
VI. Internationale Rechnungslegung	95
Fall 24: Langfristige Fertigungsaufträge	95
Fall 25: Forschungs- und Entwicklungskosten	97
Fall 26: Außerplanmäßige Abschreibung – latente Steuern	99

Teil B: Bilanzberichtigung/Berichtigungstechnik	**103**
I. Einführung	103
II. Berichtigungen bei Einzelunternehmen	107
Fallgruppe 1: Ausführliche Einführung	107
Tz. 1: Unbebautes Grundstück	107
Tz. 2: Gebäude	107
Tz. 3: Lkw, Umsatzsteuer	107
Tz. 4: Maschine, USt, Anlagenverkauf	107
Fallgruppe 2 Weitergehende Einführung	116
Tz. 1: Aufteilung GruBo/Gebäude, sonstige Verbindlichkeiten/Einlagen	116
Tz. 2: Gebäude/Betriebsvorrichtung, sonstige Verbindlichkeiten/Einlagen	116
Tz. 3: Lkw, Ratenzahlung, Eigentumsvorbehalt	116
Fallgruppe 3 Ausführliche Einführung, Warenfälle	127
Tz. 1: Warenbewertung	127
Tz. 2: Warenbuchung	127
Tz. 3: Skontobuchung	127
Tz. 4: Buchungs- und Bestandsfehler	128
Fallgruppe 4:	138
Tz. 1: GruBo, Herstellungskosten Gebäude, Gebäude-AfA	138
Tz. 2: Warenbewertung	139
Tz. 3: Abholung von Ware	139
Tz. 4: Private Pkw-Nutzung	139
Fallgruppe 5:	146
Tz. 1: Kapitalangleichung	146
Tz. 2: Anlagevermögen, Ratenkauf	146
Tz. 3: Diebstahl von Ware	147
Tz. 4: Fehlbuchung auf „Wareneinkauf"	147

			Seite
Tz. 5:	Immaterielles Wirtschaftsgut, Stichtagsprinzip		147
Fallgruppe 6:			156
Tz. 1:	Kapitalangleichungen		156
Tz. 2:	GruBo und Gebäude, Grundstücksteile von untergeordneter Bedeutung, Grundstückskosten		157
Tz. 3:	Grundstück im Eigentum mehrerer Personen, Nutzungsänderung, Grundstücksentnahmen, Bilanzänderung		158
Tz. 4:	Maschinen, Ratenzahlungen, Preisnachlass		159
Fallgruppe 7:			170
Tz. 1:	Grundstücksteile, Nutzungsänderung		170
Tz. 2:	Ehegattengrundstück, Nutzungsänderung, Grundstückserträge, Grundstückskosten, USt (VoSt)		171
Tz. 3:	Grundstücksteile, Nutzungsänderungen, Arbeitnehmerwohnung		171
Tz. 4:	Selbständige Gebäudeteile, Finanzierung, Damnum, RAP		172
Fallgruppe 8:			187
Tz. 1:	Festwert		187
Tz. 2:	Durchschnittsbewertung		188
Tz. 3:	Teilweise abzugsfähige Vorsteuer		188
Tz. 4:	Delkredere/Stichtagsprinzip		189
Tz. 5:	Geringwertige Wirtschaftsgüter		189
Fallgruppe 9:			198
Tz. 1:	Anschaffungskosten auf Rentenbasis, immaterielle Wirtschaftsgüter		198
Tz. 2:	Anschaffungskosten und Tausch		198
Tz. 3:	Gewerbesteuerrückstellung		199
Tz. 4:	Warenbewertung, Rückstellung für drohende Verluste		199
Fallgruppe 10:			207
Tz. 1:	Rücklage für Ersatzbeschaffung		207
Tz. 2:	Re-Investitionsrücklage nach § 6b EStG		207
Tz. 3:	Warenbewertung		208
Tz. 4:	Investitionsabzugsbetrag nach § 7g EStG		208
III. Bilanzberichtigungen bei Personengesellschaften			215
	Fallgruppe 11:	Gesamthandsbereich: Schwarzgeschäfte, Grundstücksanschaffung, immaterielles Wirtschaftsgut, Warenbewertung, Gewerbesteuerrückstellung	215
	Fallgruppe 12:	Gewinnverteilung, Vorabvergütungen, Entnahmen eines Gesellschafters, Rückstellungen	227
	Fallgruppe 13:	Sonderbilanzen: Grundstück, Umsatzsteuer in Sonderbilanzen, Architektenleistungen, Verkäufe an Gesellschaft, Anschaffung von geringwertigen	

	Wirtschaftsgütern, Entnahme von geringwertigen Wirtschaftsgütern	234
Fallgruppe 14:	Haftungsvergütungen, Fuhrparkvermietung, Grundstücksfälle in Gesamthands- und Sonderbilanzen	246
Fallgruppe 15:	Steuerliche Folgen des Ausscheidens eines Gesellschafters durch Tod bzw. aus Altersgründen	262
Fallgruppe 16:	Anstellungsverträge mit Gesellschaftern, Re-Investitionsrücklage bei Personengesellschaften	270
IV. Bilanzberichtigungen bei Kapitalgesellschaften		286
Fallgruppe 17:	Re-Investitionsrücklage, Rücklage für Ersatzbeschaffung, geringwertige Wirtschaftsgüter, verdeckte Gewinnausschüttungen, Besonderheiten bei Kapitalgesellschaften	286
Stichwortverzeichnis		303

LITERATURHINWEISE

Blödtner/Bilke/Heining, Lehrbuch Buchführung und Bilanzsteuerrecht, 10. Auflage, Herne 2013
Blödtner/Bilke, Buchführung und Bilanzsteuerrecht visuell, 3. Auflage, Herne 2009
Grünberger, IFRS 2011, 11. Auflage, Herne 2012
Hoffmann-Lüdenbach, IAS/IFRS-Texte, 5. Auflage, Herne 2012
Koltermann, Fallsammlung Bilanzsteuerrecht, 16. Auflage, Herne 2013
Lüdenbach/Christian, IFRS-Essentials, 2. Auflage, Herne 2012
Theile, Bilanzrechtsmodernisierungsgesetz, 3. Auflage, Herne 2011

ABKÜRZUNGSVERZEICHNIS

A

AB	Anfangsbilanz
Abs.	Absatz
abzgl.	abzüglich
a. F.	alte Fassung
AfA	Absetzung für Abnutzung
AK	Anschaffungskosten
AktG	Aktiengesetz
AN	Arbeitnehmer
Anz.	Anzahlung
a. o.	außerordentlich
AO	Abgabenordnung
AoH	Anschaffungs- oder Herstellungskosten
aRAP	aktiver Rechnungsabgrenzungsposten
AV	Anlagevermögen

B

BFH	Bundesfinanzhof
BGB	Bürgerliches Gesetzbuch
Bil.Kr.	Bilanzkreuz
BilMoG	Bilanzrechtsmodernisierungsgesetz
BMF	Bundesfinanzministerium
BMG	Bemessungsgrundlage
Bp	Betriebsprüfung
BStBl	Bundessteuerblatt
BV	Betriebsvermögen
BVG	Bundesverfassungsgericht
bzw.	beziehungsweise

D

degr.	degressiv/degressive

E

EB	Eröffnungsbilanz
EBK	Eröffnungsbilanzkonto
EDV	Elektronische Datenverarbeitung
EK	Eröffnungskonto
ESt	Einkommensteuer
ESt-ÄR	Einkommensteuer-Änderungsrichtlinien
EStG	Einkommensteuergesetz

EStR	Einkommensteuer-Richtlinien
EV	Eigenverbrauch
Ez.	Einzelfirma

F

Fa.	Firma
FinMin	Finanzministerium
Ford.	Forderungen

G

gem.	gemäß
GewSt	Gewerbesteuer
GewStR	Gewerbesteuerrückstellung
ggf.	gegebenenfalls
GmbH	Gesellschaft mit beschränkter Haftung
GrESt	Grunderwerbsteuer
GruBo	Grund und Boden
GuV	Gewinn und Verlust
GWG	Geringwertige Wirtschaftsgüter

H

HB	Handelsbilanz
HGB	Handelsgesetzbuch
HK	Herstellungskosten
HÜ	Hauptabschlussübersicht

I

IAS	International Accounting Standards
IFRS	International Financial Reporting Standards
i. H. v.	in Höhe von
i. V. m.	in Verbindung mit
IWG	Immaterielle Wirtschaftsgüter

J

JÜ	Jahresüberschuss

K

Kfz	Kraftfahrzeug
KG	Kommanditgesellschaft
KiSt	Kirchensteuer
KSt	Körperschaftsteuer
KStG	Körperschaftsteuergesetz
KV	Kapitalvortrag

L

Lkw	Lastkraftwagen
LSt	Lohnsteuer

M

Micro-BilG	Kleinstkapitalgesellschaften-Bilanzrechtsänderungsgesetz

N

NE	Neueinlage (= Privateinlage)
n. F.	neue Fassung
n. n. v. VoSt	noch nicht verrechenbare Vorsteuer
Nr.	Nummer

O

OHG	Offene Handelsgesellschaft

P

PB	Prüferbilanz
PE	Privatentnahmen
PG	Personengesellschaft
Pkw	Personenkraftwagen
pRAP	passiver Rechnungsabgrenzungsposten

R

RAP	Rechnungsabgrenzungsposten
RBW	Rentenbarwert
Rdn.	Randnummer
RfE	Rücklage für Ersatzbeschaffung
RND	Restnutzungsdauer
RSt	Rückstellung
Rz.	Randziffer

S

s. b. Erträge	sonstige betriebliche Erträge (Aufwendungen)
SBK	Schlussbilanzkonto
Sonst.	Sonstige
sonst. Ford.	sonstige Forderungen
sonst. Verb.	sonstige Verbindlichkeiten
stAP	steuerlicher Ausgleichsposten
StB	Steuerbilanz
Stpfl.	Steuerpflichtige(r)

VERZEICHNIS Abkürzungen

T

TW	Teilwert
Tz.	Textziffer

U

USt	Umsatzsteuer
UStAE	Umsatzsteuer-Anwendungserlass
UStG	Umsatzsteuergesetz
UStR	Umsatzsteuerrichtlinien
UV	Umlaufvermögen

V

Verb.	Verbindlichkeiten
VoSt	Vorsteuer
Vz	Vorauszahlung

W

WEK	Wareneingangskonto
WES	Wareneinsatz
WG	Wirtschaftsgut
WVK	Warenverkauf

Z

z. B.	zum Beispiel
Ziff.	Ziffer
zzgl.	zuzüglich

Teil A: Buchungstechnik, Bewertungsgrundsätze, Abschlusstechnik, Gewinnermittlungsarten, internationale Rechnungslegung

I. Einführung

Um den vielfältigen Anforderungen der handelsrechtlichen und steuerrechtlichen Vorschriften im wirtschaftlichen Bereich genügen zu können, sind grundlegende Kenntnisse auch der kaufmännischen Buchführung erforderlich. Das galt früher, als man noch am Stehpult arbeitete und das gilt heute genau so im elektronischen Zeitalter.

Deshalb werden im Teil A zunächst einfache Buchungsvorgänge dargestellt und im weiteren Verlauf komplexe Zusammenhänge zwischen Bewertung und buchmäßigen Ausweis erläutert und verständlich gemacht. Der Bearbeiter wird damit in die Lage versetzt, sich die Grundlage der Rechnungslegungsvorschriften für den handels- und steuerrechtlichen Jahresabschluss weitestgehend anzueignen. Denn die Rechnungslegung nach Handels- und Steuerrecht ist auch in Verbindung mit der internationalen Rechnungslegung die Grundlage des kaufmännischen Rechnungswesens.

Bei den einzelnen Fällen ist – soweit nichts anderes vermerkt – immer davon auszugehen, dass der betreffende Unternehmer nach Handelsrecht und (oder) nach Steuerrecht buchführungspflichtig ist bzw. freiwillig Bücher führt.

Es wird deshalb kurz übersichtlich der Weg aufgezeigt von den handelnden Personen über die Rechnungslegung hin bis zur Schlussbilanz:

TEIL A — Buchungstechnik, Bewertungsgrundsätze, Abschlusstechnik

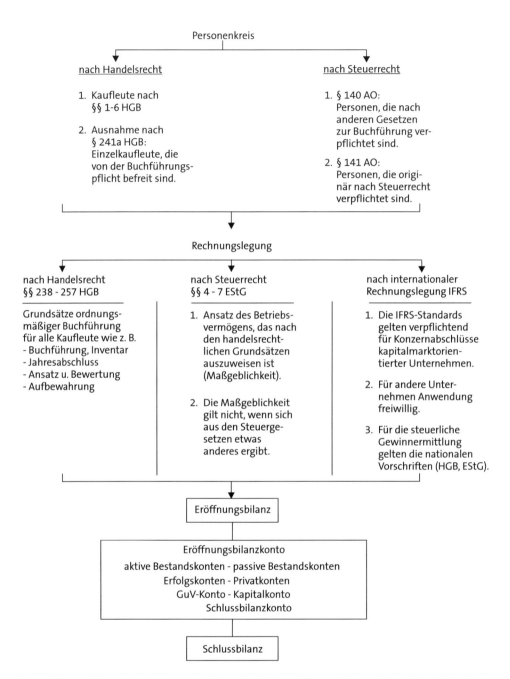

Das Eröffnungsbilanzkonto ist nur ein Spiegelbild der Eröffnungsbilanz. Deshalb wird in der Regel darauf verzichtet, die Anfangsbestände werden dann lediglich aus der Eröffnungsbilanz übernommen.

Buchungstechnik — TEIL A, Fall 1

In allen Fällen unterliegt der jeweilige Unternehmer der Regelbesteuerung nach dem UStG. Die Berechtigung zum VoSt-Abzug ist gegeben.

II. Buchungstechnik

Arten der Geschäftsvorfälle

Sachverhalt

Im Unternehmen des Gewerbetreibenden Abel fallen im Dezember 04 folgende Geschäftsvorfälle an:

1. Eine Kundenforderung in Höhe von 1 160 € geht auf dem Bankkonto ein.
2. Zur Begleichung einer Lieferantenrechnung in Höhe von 2 320 € geht A Wechselverbindlichkeiten in gleicher Höhe ein.
3. A kauft Material ein. Die Rechnung lautet:

Materiallieferung	3 000 €
+ USt 19 %	570 €
gesamt	3 570 €

   Die Bezahlung erfolgt erst im Jahre 05.
4. A begleicht Lieferantenrechnungen über 4 000 € durch Banküberweisung.
5. Zur Bestreitung des Lebensunterhalts entnimmt A aus seinem Betrieb 6 000 € in bar.
6. A zahlt Löhne in Höhe von 8 000 € aus:

Bruttolöhne	8 000 €
einbehaltene LSt und KiSt	700 €
einbehaltene Sozialversicherungsbeiträge	600 €

   Die einbehaltenen Beträge in Höhe von 700 € werden im Januar 05 dem Finanzamt überwiesen. Der Arbeitgeberanteil zur Sozialversicherung in Höhe von 600 € und die einbehaltenen Sozialversicherungsbeiträge werden noch im Dezember abgeführt.
7. A berechnet seinen Kunden für ausgeführte Arbeiten:

erbrachte Leistungen	9 000 €
+ USt 19 %	1 710 €
gesamt	10 710 €

   Die Zahlung erfolgt im Jahre 05.

TEIL A
Fall 1
Buchungstechnik, Bewertungsgrundsätze, Abschlusstechnik

8. A zahlt auf das betriebliche Bankkonto 4 000 € aus privaten Mitteln ein.

Aufgabe

1. Für die einzelnen Geschäftsvorfälle sind die Buchungssätze zu bilden.
2. Die Auswirkungen der einzelnen Geschäftsvorfälle auf Betriebsvermögen und Erfolg sind anzugeben.

Lehrbuch Buchführung und Bilanzsteuerrecht, Rdn. 71 ff., 117 ff.

1. Buchungssätze:

1.	Bank	1 160 €	an	Forderungen	1 160 €
2.	Verbindlichkeiten	2 320 €	an	Schuldwechsel	2 320 €
3.	Wareneinkauf	3 000 €			
	VoSt	570 €	an	Verbindlichkeiten	3 570 €
4.	Verbindlichkeiten	4 000 €	an	Bank	4 000 €
5.	Entnahmen	6 000 €	an	Kasse	6 000 €
6.	Lohnaufwendungen	8 000 €	an	Kasse	6 700 €
	soziale Aufwendungen	600 €		Bank	1 200 €
				sonst. Verbindlichkeiten	700 €
7.	Forderungen	10 710 €	an	Erlöse aus Leistungen	9 000 €
				USt	1 710 €
8.	Bank	4 000 €	an	Einlagen	4 000 €

2. Auswirkungen der Geschäftsvorfälle:

	auf das Betriebsvermögen	auf den Erfolg	Art des Geschäftsvorfalls
1.	–	–	BV-Umschichtung
2.	–	–	BV-Umschichtung
3.	–	–	BV-Umschichtung
4.	–	–	BV-Umschichtung
5.	– 6 000 €	–	BV-Änderung
6.	– 8 600 €	– 8 600 €	BV-Änderung
7.	+ 9 000 €	+ 9 000 €	BV-Änderung
8.	+ 4 000 €	–	BV-Änderung

Konten, Buchungssätze

Sachverhalt

Der Gewerbetreibende Brecht ist Handelsvertreter. Seine Buchführung für die Zeit vom 1.1. bis 31.12.04 besteht aus der Eröffnungsbilanz und folgenden Sachkonten:

Eröffnungsbilanz

Pkw	5 000 €	Sonstige Verbindlichkeiten	1 000 €
Provisionsforderungen	6 800 €	Kapital	15 800 €
Bankguthaben	3 000 €		
Kassenbestand	2 000 €		
	16 800 €		16 800 €

Pkw

1.1.	5 000 €	Absetzung für Abnutzung	1 000 €
		SBK	4 000 €
	5 000 €		5 000 €

Provisionsforderungen

1.1.	6 800 €	(2) Kasse, Bank	60 000 €
(1) Erlöse, USt	79 730 €	SBK	26 530 €
	86 530 €		86 530 €

Bank

1.1.	3 000 €	(3) Büroaufwendungen, Vorsteuer	5 400 €
(2) Provisionsforderungen	56 000 €	(5) Sonstige Aufwendungen, Vorsteuer	1 020 €
		(6) Privatentnahmen	25 000 €
		(9) USt	11 890 €
		SBK	15 690 €
	59 000 €		59 000 €

Fall 2

Kasse

1.1.		2 000 €	(3) Büroaufwendungen,	
(2) Provisionsforderungen		4 000 €	Vorsteuer	1 580 €
(7) Privateinlagen		1 500 €	(5) Sonstige Aufwendungen,	
			Vorsteuer	3 720 €
			SBK	2 200 €
		7 500 €		7 500 €

Sonstige Verbindlichkeiten

SBK	2 320 €	1.1.	1 000 €
		(4) Büroaufwendungen	
		Vorsteuer	1 320 €
	2 320 €		2 320 €

Kapital

Privatentnahmen	25 000 €	1.1.	15 800 €
SBK	46 100 €	Privateinlagen	1 500 €
		GuV-Konto	53 800 €
	71 100 €		71 100 €

Privatentnahmen

(6) Bank	25 000 €	Kapital	25 000 €
	25 000 €		25 000 €

Privateinlagen

Kapital	1 500 €	(7) Kasse	1 500 €
	1 500 €		1 500 €

Provisionserlöse

GuV-Konto	67 000 €	(1) Provisionsforderungen	67 000 €
	67 000 €		67 000 €

Büroaufwendungen

(3) Bank, Kasse	6 500 €	GuV-Konto	7 700 €
(4) Sonst. Verbindlichkeiten	1 200 €		
	7 700 €		7 700 €

Sonstige Aufwendungen

(5) Bank	4 500 €	GuV-Konto	4 500 €
	4 500 €		4 500 €

Absetzung für Abnutzung

Pkw	1 000 €	GuV-Konto	1 000 €
	1 000 €		1 000 €

Umsatzsteuer

(8) VoSt	840 €	(1) Provisionsforderungen	12 730 €
(9) Bank	11 890 €		
	12 730 €		12 730 €

Vorsteuer

(3) Bank, Kasse	480 €	(8) USt	840 €
(4) Sonst. Verbindlichkeiten	120 €		
(5) Bank, Kasse	240 €		
	840 €		840 €

Gewinn- und Verlust-Konto

Büroaufwendungen	7 700 €	Provisionserlöse	67 000 €
Sonstige Aufwendungen	4 500 €		
Absetzung für Abnutzung	1 000 €		
Kapital (Gewinn)	53 800 €		
	67 000 €		67 000 €

Schlussbilanzkonto

Pkw	4 000 €	Sonst. Verbindlichkeiten	2 320 €
Provisionsforderungen	26 530 €	Kapital	46 100 €
Bankguthaben	15 690 €		
Kassenbestand	2 200 €		
	48 420 €		48 420 €

TEIL A
Fall 2

Buchungstechnik, Bewertungsgrundsätze, Abschlusstechnik

Aufgabe
Für die auf den Sachkonten vorgenommenen Buchungen sind die Buchungssätze zu bilden, und zwar geordnet nach Eröffnungsbuchungen, laufenden Buchungen und Abschlussbuchungen.

Lehrbuch Buchführung und Bilanzsteuerrecht, Rdn. 117 ff., 124 ff.

1. Buchungssätze zu den Buchungen

Eröffnungsbuchungen:

Pkw an EBK	5 000 €
Provisionsforderungen an EBK	6 800 €
Bank an EBK	3 000 €
Kasse an EBK	2 000 €
EBK an sonstige Verbindlichkeiten	1 000 €
EBK an Kapital	15 800 €

Laufende Buchungen:

1.	Provisionsforderungen	79 730 €	an	Provisionserlöse	67 000 €
				Umsatzsteuer	12 730 €
2.	Bank	56 000 €			
	Kasse	4 000 €	an	Provisionsforderungen	60 000 €
3.	Büroaufwendungen	6 500 €	an	Bank	5 400 €
	Vorsteuer	480 €		Kasse	1 580 €
4.	Büroaufwendungen	1 200 €			
	Vorsteuer	120 €	an	sonst. Verbindlichkeiten	1 320 €
5.	Sonst. Aufwendungen	4 500 €	an	Bank	1 020 €
	Vorsteuer	240 €		Kasse	3 720 €
6.	Privatentnahmen	25 000 €	an	Bank	25 000 €
7.	Kasse	1 500 €	an	Privateinlagen	1 500 €
8.	Umsatzsteuer	840 €	an	Vorsteuer	840 €
9.	Umsatzsteuer	11 890 €	an	Bank	11 890 €

2. Vorbereitende und Hauptabschlussbuchungen

Absetzung für Abnutzung an Pkw	1 000 €
Provisionserlöse an GuV-Konto	67 000 €
GuV-Konto an Büroaufwendungen	7 700 €
GuV-Konto an sonstige Aufwendungen	4 500 €
GuV-Konto an Absetzung für Abnutzung	1 000 €
Kapital an Privatentnahmen	25 000 €
Privateinlagen an Kapital	1 500 €
GuV-Konto an Kapital	53 800 €
SBK an Pkw	4 000 €
SBK an Provisionsforderungen	26 530 €
SBK an Bank	15 690 €
SBK an Kasse	2 200 €
Sonst. Verbindlichkeiten an SBK	2 320 €
Kapital an SBK	46 100 €

Warenkonten

Sachverhalt

Aus den Unterlagen des Gewerbetreibenden Fleischer ergibt sich für 04 folgendes Zahlenmaterial (zusammengefasst):

1. Warenanfangsbestand	21 000 €
2. Warenendbestand	24 000 €
3. Kapital am 1. 1. 04	97 000 €
4. Wareneinkauf netto (ohne USt)	210 000 €
5. Rücksendungen an Lieferer netto	3 000 €
6. Liefererskonti netto	2 000 €
7. Warenverkäufe netto	305 000 €
8. Rücksendungen von Kunden netto	5 000 €
9. Kundenskonti netto	2 500 €
10. Mieterträge netto	4 000 €
11. Löhne und Gehälter	39 000 €
12. Soziale Aufwendungen	3 900 €
13. Provisionsaufwendungen netto	4 600 €
14. Sonstige Aufwendungen netto	19 600 €

TEIL A	Buchungstechnik, Bewertungsgrundsätze, Abschlusstechnik
Fall 3	

15. Einkommensteuer (ESt)	16 000 €
16. Kirchensteuer (KiSt)	1 600 €
17. Privatentnahmen bar	21 340 €
18. Privateinlagen bar	3 000 €
19. Warenentnahmen, Teilwert	6 000 €
20. Wareneinlagen, Teilwert (= Anschaffungskosten)	2 000 €

Aufgabe

1. Getrennte Warenkonten sind zu erstellen und nach dem Bruttoprinzip abzuschließen.
2. Die Abweichungen von der Lösung zu 1. sind anzugeben, wenn der Abschluss nach dem Nettoprinzip erfolgt.
3. Ein gemischtes Warenkonto ist zu erstellen und abzuschließen.
4. Die Unterkonten des Kapitalkontos sind zu erstellen und über das Kapitalkonto abzuschließen (GuV-Konto nach Bruttoprinzip).
5. Das Kapitalkonto ist in Staffelform zu entwickeln.
6. Aufschlagsatz, Rohgewinnsatz und Reingewinnsatz sind zu ermitteln

Lehrbuch Buchführung und Bilanzsteuerrecht, Rdn. 149 ff.

1. Getrennte Warenkonten (Bruttoprinzip)

		Wareneinkauf		
1. 1.		21 000 €	5. Rücksendungen	
4. Wareneinkauf		210 000 €	an Lieferer	3 000 €
20. Wareneinlage		2 000 €	19. Warenentnahme	6 000 €
			SBK	24 000 €
			GuV (Wareneinsatz)	200 000 €
		233 000 €		233 000 €

		Warenverkauf		
8. Rücksendungen von Kunden		5 000 €	7. Kundenforderungen	305 000 €
GuV-Konto		300 000 €		
		305 000 €		305 000 €

10

2. Getrennte Warenkonten (Nettoprinzip)

Statt der Abschlussbuchung „GuV-Konto an Wareneinkaufskonto 200 000 €" wird gebucht: „WV an Wareneinkaufskonto". Die Abschlussbuchung für das WV-Konto lautet dann: „WV-Konto an GuV-Konto 100 000 €" (= Rohgewinn).

3. Gemischtes Warenkonto

Ware

1.1.		21 000 €	5. Rücksendungen	
4.	Wareneinkäufe	210 000 €	an Lieferer	3 000 €
8.	Rücksendungen		7. Kundenforderungen	305 000 €
	von Kunden	5 000 €	19. Warenentnahme	6 000 €
20.	Wareneinlage	2 000 €	SBK	24 000 €
GuV (= Rohgewinn)		100 000 €		
		338 000 €		338 000 €

4. Kapitalunterkonten

Privatentnahmen

15. Einkommensteuer	16 000 €	Kapital	45 900 €
16. Kirchensteuer	1 600 €		
17. Barentnahmen	21 340 €		
19. Warenentnahmen	6 960 €		
	45 900 €		45 900 €

Privateinlagen

Kapital	5 000 €	18. Bareinlagen	3 000 €
		20. Wareneinlagen	2 000 €
	5 000 €		5 000 €

Gewinn- und Verlustkonto

Wareneinsatz	200 000 €	Warenverkauf	300 000 €
Löhne und Gehälter	39 000 €	Liefererskonti	2 000 €
Soziale Aufwendungen	3 900 €	Mieterträge	4 000 €
Provisionsaufwendungen	4 600 €		
Kundenskonti	2 500 €		
Sonstige Aufwendungen	19 600 €		
Gewinn (per Kapital)	36 400 €		
	306 000 €		306 000 €

TEIL A
Fall 4
Buchungstechnik, Bewertungsgrundsätze, Abschlusstechnik

		Kapital	
Privatentnahmen	45 900 €	1.1.	97 000 €
SBK	92 500 €	Einlagen	5 000 €
		Gewinn (GuV)	36 400 €
	138 400 €		138 400 €

5. Kapitalkonto in Staffelform

Kapital 1. Januar 04	97 000 €
Privatentnahmen	./. 45 900 €
	51 100 €
Privateinlagen	+ 5 000 €
	56 100 €
Gewinn	+ 36 400 €
Kapital 31.12.04	92 500 €

6. Aufschlagsatz, Rohgewinnsatz, Reingewinnsatz

Aufschlagsatz: $\dfrac{\text{Rohgewinn}}{\text{Wareneinsatz}} \times 100 = \dfrac{100\,000}{200\,000} \times 100 = 50\,\%$

Rohgewinnsatz: $\dfrac{\text{Rohgewinn}}{\text{Warenerlöse}} \times 100 = \dfrac{100\,000}{300\,000} \times 100 = 33^{1}/_{3}\,\%$

Reingewinnsatz: $\dfrac{\text{Reingewinn}}{\text{Warenerlöse}} \times 100 = \dfrac{36\,400}{300\,000} \times 100 = 12{,}13\,\%$

(Beachte: wirtschaftlicher Umsatz hier gleich Warenerlöse.)

FALL 4

Kundenforderungskonto, Skonti, Boni

Sachverhalt

Gewerbetreibender Gausemann (G) hatte am 1.1.04 aufgrund von Warenlieferungen folgende Forderungen (einschließlich Umsatzsteuer in Höhe von 19 %):

1. an Fa. Adele Adam in Höhe von	5 950 €
2. an Fa. Berta Bluff in Höhe von	9 520 €
3. an Fa. Cäcilia Cranz in Höhe von	11 900 €
4. an Fa. Dora Doll in Höhe von	2 380 €

Zu 1: Adele Adam zahlt am 3. Juli unter Abzug von 3 % Skonto und des ihr von G für die Zeit vom 1. Januar bis 30. Juni gewährten Treuerabatts in Höhe von 595 € durch Banküberweisung 5 176,50 €.

Zu 2: Über das Vermögen der Berta Bluff wurde im April 04 das Insolvenzverfahren eröffnet, das jedoch im November 04 mangels Masse eingestellt wurde.

Zu 3: Cäcilia Cranz (C) beanstandet die Qualität der gelieferten Ware und schickt deshalb die Hälfte der Ware an G zurück. Aufgrund einer Verhandlung zwischen C und G wird die restliche Forderung auf 4 000 € zuzüglich 760 € für USt vermindert.

Zu 4: An die Fa. Dora Doll (D) hatte G eine Forderung in Höhe von 2 000 € zuzüglich USt in Höhe von 380 €, die er jedoch bereits im Mai 04 wegen völliger Zahlungsunfähigkeit der D auf 0 € abgeschrieben hatte. Infolge eines Lottogewinns ist D nunmehr wieder zahlungsfähig und überweist im November 04 auf Aufforderung den offen stehenden Betrag in Höhe von 2 200 € (einschließlich Nebenkosten) zuzüglich 418 € für USt durch Banküberweisung.

Aufgabe

1. Die Buchung der einzelnen Vorgänge ist in Form von Buchungssätzen anzugeben.
2. Das Konto „Kundenforderungen" ist zu erstellen.

Lehrbuch Buchführung und Bilanzsteuerrecht, Rdn. 173 ff.

1. Buchungen in Buchungssätzen

a) **Adele Adam**

Kundenskonti	150,00 €	an	Kundenforderungen	5 950,00 €
Rabatte	500,00 €			
Umsatzsteuer	123,50 €			
Bank	5 176,50 €			

b) **Berta Bluff**

Forderungsausfälle	8 000 €	an	Kundenforderungen	9 520 €
Umsatzsteuer	1 520 €			

c) **Cäcilia Cranz**

Warenverkauf	5 000 €	an	Kundenforderungen	5 950 €
Umsatzsteuer	950 €			
Erlösschmälerungen	1 000 €	an	Kundenforderungen	1 190 €
Umsatzsteuer	190 €			

d) Dora Doll

Forderungsausfälle	2 000 €	an	Kundenforderungen	2 380 €
Umsatzsteuer	380 €			
Kundenforderungen	2 618 €	an	Eingänge aus abgeschriebenen Forderungen	2 000 €
			Erträge	200 €
			Umsatzsteuer	418 €
Bank	2 618 €	an	Kundenforderungen	2 618 €

2. Konto Kundenforderungen

Kundenforderungen

1.1.		29 750,00 €	1.	Kundenskonti	150,00 €
4.	Eingänge aus abgeschriebenen Forderungen	2 000,00 €	1.	Rabatte	500,00 €
			1.	Umsatzsteuer	123,50 €
			1.	Bank	5 176,50 €
4.	Erträge	200,00 €	2.	Forderungsausfälle	8 000,00 €
4.	Umsatzsteuer	418,00 €	2.	Umsatzsteuer	1 520,00 €
			3.	Warenverkauf	5 000,00 €
			3.	Erlösschmälerungen	1 000,00 €
			3.	Umsatzsteuer	1 140,00 €
			4.	Forderungsausfall	2 000,00 €
			4.	Umsatzsteuer	380,00 €
			4.	Bank	2 618,00 €
			Saldo		4 760,00 €
		32 368,00 €			32 368,00 €

Personenkonten

Sachverhalt

Aus den Unterlagen des Gewerbetreibenden Haus ergeben sich folgende Vorgänge:

1. Inventarverzeichnis zum 31.12.03

	€	€
Geschäftseinrichtung laut Sonderverzeichnis		1 000
Warenbestand		13 000
Kundenforderungen:		
an Anton Amann	700	
an Bernhard Bolz	200	
an Clara Carsten	400	1 300
Bankguthaben		5 370
Kassenbestand		500
Summe der Besitzposten		21 170
Liefererschulden:		
an Tilbert Tiemann	600	
an Ulrich Ulstein	2 000	
an Volker Versten	2 500	
an Wolfram Wiegmann	700	5 800
Sonstige Schulden		3 000
Summe der Schuldposten		8 800

Die Bewertung der einzelnen Besitz- und Schuldposten entspricht den gesetzlichen Vorschriften.

2. Geschäftsvorfälle

			€	€
1.	Wareneinkäufe auf Ziel von:			
	a)	Tilbert Tiemann, Rechnungsbeträge	1 200	
		zuzüglich USt	228	1 428
	b)	Ulrich Ulstein, Rechnungsbeträge	1 700	
		zuzüglich USt	323	2 023
	c)	Volker Versten, Rechnungsbeträge	2 900	
		zuzüglich USt	551	3 451
	d)	Wolfram Wiegmann, Rechnungsbeträge	1 300	
		zuzüglich USt	247	1 547
2.	Barverkäufe lt. Registerkasse, sämtlich USt-pflichtig:			11 900
3.	Warenverkäufe auf Ziel an:			
	a)	Anton Amann, Rechnungsbeträge	800	
		zuzüglich USt	152	952
	b)	Bernhard Bolz, Rechnungsbeträge	400	
		zuzüglich USt	76	476

	c)	Clara Carsten, Rechnungsbeträge	900	
		zuzüglich USt	171	1 071
	d)	Doris Diel, Rechnungsbeträge	200	
		zuzüglich USt	38	238
4.		Bareinzahlung auf das Bankkonto		6 000
5.		Zahlungen von Kunden (Überweisungen auf das Bankkonto):		
	a)	Anton Amann		900
	b)	Bernhard Bolz		500
	c)	Clara Carsten		324
6.		Überweisungen an Lieferanten:		
	a)	an Tiebert Tiemann		1 300
	b)	an Ulrich Ulstein		1 700
	c)	an Volker Versten		3 200
	d)	an Wolfram Wiegmann		1 500
7.		Eingangsfrachten, bar bezahlt	100	
		zuzüglich USt	19	119
8.		Auszahlung der Gehälter (bar):		
		Bruttogehälter	2 000	
		Einbehaltene Steuern und Sozialausgaben	360	1 640
		Arbeitgeberanteil an der Sozialversicherung		110
9.		Privatentnahmen, bar		250
10.		Sonstige Aufwendungen fallen an und werden bar bezahlt		540
		Darin lt. Belegnachweis USt in Höhe von 30 €.		
11.		Abführung der LSt und KiSt sowie der Sozialversicherungsbeiträge (in den sonstigen Schulden enthalten) durch Banküberweisung		420

3. Inventurergebnisse vom 31. 12. 04

Die Inventur ergab zum 31. 12. 04 einen Warenbestand in Höhe von 13 500 €. Die AfA für die Geschäftseinrichtung beträgt 500 €. Im Übrigen stimmen die Buchwerte mit den Inventurwerten überein.

Aufgabe

1. Die Geschäftsvorfälle sind auf den Sachkonten und auf den Personenkonten zu buchen.
2. Der Abschluss ist durchzuführen.
3. Zweck und Führung der Personenkonten sind zu erläutern.

Buchungstechnik — TEIL A — Fall 5

Lehrbuch Buchführung und Bilanzsteuerrecht, Rdn. 53, 124 ff.

1. und 2. Buchungen und Abschluss

a) Sachkonten

Geschäftseinrichtung

1.1.	1 000 €	AfA	500 €
		SBK	500 €
	1 000 €		1 000 €

Wareneinkauf

1.1.	13 000 €	SBK	13 500 €
1. a) Liefererschulden	1 200 €	GuV-Konto	
1. b) Liefererschulden	1 700 €	(= Wareneinsatz)	6 700 €
1. c) Liefererschulden	2 900 €		
1. d) Liefererschulden	1 300 €		
7. Kasse	100 €		
	20 200 €		20 200 €

Kundenforderungen

1.1.	1 300 €	5. a) Bank	900 €
3. a) Warenverkauf, USt	952 €	5. b) Bank	500 €
3. b) Warenverkauf, USt	476 €	5. c) Bank	324 €
3. c) Warenverkauf, USt	1 071 €	SBK	2 313 €
3. d) Warenverkauf, USt	238 €		
	4 037 €		4 037 €

Bank

1.1.	5 370 €	6. a) Liefererschulden	1 300 €
4. Kasse	6 000 €	6. b) Liefererschulden	1 700 €
5. a) Kundenforderungen	900 €	6. c) Liefererschulden	3 200 €
5. b) Kundenforderungen	500 €	6. d) Liefererschulden	1 500 €
5. c) Kundenforderungen	324 €	11. Sonstige Schulden	420 €
		SBK	4 974 €
	13 094 €		13 094 €

TEIL A — Fall 5
Buchungstechnik, Bewertungsgrundsätze, Abschlusstechnik

Kasse

1.1.		500 €	4. Bank	6 000 €
2. Warenverkauf, USt		11 900 €	7. Wareneinkauf,	
			Vorsteuer	119 €
			8. Gehälter	1 640 €
			9. Privatentnahmen	250 €
			10. Sonstige Aufwendungen,	
			Vorsteuer	540 €
			SBK	3 851 €
		12 400 €		12 400 €

Lieferschulden

6. a) Bank		1 300 €	1.1.	5 800 €
6. b) Bank		1 700 €	1. a) Wareneinkauf,	
6. c) Bank		3 200 €	Vorsteuer	1 428 €
6. d) Bank		1 500 €	1. b) Wareneinkauf,	
SBK		6 549 €	Vorsteuer	2 023 €
			1. c) Wareneinkauf,	
			Vorsteuer	3 451 €
			1. d) Wareneinkauf,	
			Vorsteuer	1 547 €
		14 249 €		14 249 €

Sonstige Schulden

11. Bank	420 €	1.1.	3 000 €
SBK	3 050 €	8.	360 €
		8. Soziale Aufwendungen	110 €
	3 470 €		3 470 €

Vorsteuer

1. a) Liefererschulden	228 €	USt	1 398 €
1. b) Liefererschulden	323 €		
1. c) Liefererschulden	551 €		
1. d) Liefererschulden	247 €		
7. Kasse	19 €		
10. Kasse	30 €		
	1 398 €		1 398 €

Umsatzsteuer

VoSt	1 398 €	2. a) Kasse	1 900 €
SBK	939 €	3. a) Kundenforderungen	152 €
		3. b) Kundenforderungen	76 €
		3. c) Kundenforderungen	171 €
		3. d) Kundenforderungen	38 €
	2 337 €		2 337 €

Warenverkauf

GuV-Konto (wirtschaftlicher Umsatz)	12 300 €	2. a) Kasse	10 000 €
		3. a) Kundenforderungen	800 €
		3. b) Kundenforderungen	400 €
		3. c) Kundenforderungen	900 €
		3. d) Kundenforderungen	200 €
	12 300 €		12 300 €

Gehälter

8. Kasse, sonstige Schulden	2 000 €	GuV-Konto	2 000 €
	2 000 €		2 000 €

Soziale Aufwendungen

8. sonstige Schulden	110 €	GuV-Konto	110 €
	110 €		110 €

Absetzungen für Abnutzung

Geschäftseinrichtung	500 €	GuV-Konto	500 €
	500 €		500 €

Sonstige Aufwendungen

10. Kasse	510 €	GuV-Konto	510 €
	510 €		510 €

Kapital

Privatentnahmen	250 €	1.1	12 370 €
SBK	12 120 €		
	12 370 €		12 370 €

Privatentnahmen

9. Kasse	250 €	Kapital	250 €
	250 €		250 €

GuV-Konto

Wareneinsatz	6 700 €	Wirtschaftlicher Umsatz	12 300 €
Gehälter	2 000 €		
Soziale Aufwendungen	110 €		
Absetzungen für Abnutzungen	500 €		
Sonstige Aufwendungen	510 €		
Gewinn	2 480 €		
	12 300 €		12 300 €

Schlussbilanzkonto

Geschäftseinrichtung	500 €	Liefererschulden	6 549 €
Warenbestand	13 500 €	Sonstige Schulden	3 050 €
Kundenforderungen	2 313 €	USt	939 €
Bankguthaben	4 974 €	Kapital	14 600 €
Kassenbestand	3 851 €		
	25 138 €		25 138 €

b) Personenkonten
Debitoren (Kunden)

		Anton Amann		
1.1		700 €	5. a) Bank	900 €
3. a) Warenverkauf		952 €	Saldo	752 €
		1 652 €		1 652 €

		Bernhard Bolz		
1.1		200 €	5. b) Bank	500 €
3. b) Warenverkauf		476 €	Saldo	176 €
		676 €		676 €

		Clara Carsten		
1.1		400 €	5. c) Bank	324 €
3. c) Warenverkauf		1 071 €	Saldo	1 147 €
		1 471 €		1 471 €

		Doris Diel		
3. d) Warenverkauf		238 €	Saldo	238 €
		238 €		238 €

Kreditoren (Lieferanten)

		Tilbert Tiemann		
6. a) Bank		1 300 €	1.1	600 €
Saldo		728 €	1. a) Wareneinkauf	1 428 €
		2 028 €		2 028 €

		Ulrich Ulstein		
6. b) Bank		1 700 €	1.1	2 000 €
Saldo		2 323 €	1. b) Wareneinkauf	2 023 €
		4 023 €		4 023 €

		Volker Versten		
6. c) Bank		3 200 €	1.1	2 500 €
Saldo		2 751 €	1. c) Wareneinkauf	3 451 €
		5 951 €		5 951 €

	Wolfram Wiegmann		
6. d) Bank	1 500 €	1. 1.	700 €
Saldo	747 €	1. d) Warenverkauf	1 547 €
	2 247 €		2 247 €

3. Zweck und Führung der Personenkonten

Die Personenkonten bilden zusammen das Geschäftsfreundebuch. Sie dienen dem reibungslosen Ablauf des Rechnungsverkehrs mit den Kunden bzw. mit den Lieferanten sowie der (inventurmäßigen) Ermittlung bzw. Überprüfung des Bestandes an Kundenforderungen und Liefererschulden. Die Buchungen auf den Personenkonten erfolgen im Wege der Übertragung der auf dem Sachkonto Kundenforderungen bzw. Lieferschulden vorgenommenen Buchungen. Die Personenkonten sind also eine Aufgliederung des betreffenden Sachkontos.

FALL 6

Periodenabgrenzungen

Sachverhalt

Im Unternehmen des Gewerbetreibenden Jonas (J) fallen im Dezember 04 u. a. folgende Geschäftsvorfälle an:

1. J erhält eine Provisionsabrechnung, wonach ihm noch ein Betrag in Höhe von 4 000 € zuzüglich 760 € USt zusteht, den er aber erst im folgenden Wirtschaftsjahr erhält.

2. J zahlt für Dezember 04 Brutto-Löhne in Höhe von 5 000 € aus. Die einbehaltene Lohnsteuer und Kirchensteuer in Höhe von zusammen 330 € werden erst im Januar des folgenden Wirtschaftsjahres abgeführt. Die einbehaltenen Sozialversicherungsbeträge wurden Ende Dezember 04 abgeführt.

3. J erhält im Dezember 04 von einem Mieter den Mietzins für ein vermietetes Ladenlokal in Höhe von 500 € zuzüglich 95 € für USt für Januar des folgenden Wirtschaftsjahres durch Bankscheck.

4. J überweist im Dezember 04 per Postscheck den Pachtzins für ein gepachtetes Grundstück in Höhe von 1 200 € zuzüglich 228 € für USt für die Zeit von Januar bis März des folgenden Wirtschaftsjahres. Eine ordnungsmäßige Rechnung liegt vor.

Aufgabe

1. Zu den einzelnen Geschäftsvorfällen ist Stellung zu nehmen; die sich ergebenden Bilanzposten sind zu erläutern.

2. Die Buchungssätze für die im abgelaufenen Wirtschaftsjahr und für die im folgenden Wirtschaftsjahr erforderlichen Buchungen sind zu bilden.

LITERATURHINWEIS

Lehrbuch Buchführung und Bilanzsteuerrecht, Rdn. 265 ff.

LÖSUNG

1. Erläuterung der einzelnen Geschäftsvorfälle

1. Die Provisionsbeträge sind für J sowohl Ertrag als auch Betriebseinnahme, wobei der Ertrag in das abgelaufene und die Betriebseinnahme in das folgende Wirtschaftsjahr fällt.

   Dadurch liegt für J am Bilanzstichtag eine noch (später) zu erhaltende Betriebseinnahme vor, die in der Bilanz zu einem Aktivposten führt.

2. Die einbehaltene Lohn- und Kirchensteuer sowie die einbehaltenen Sozialversicherungsbeiträge sind für J Aufwand und Betriebsausgabe. Der Aufwand fällt in das abgelaufene und die Betriebsausgabe zum Teil in das folgende Wirtschaftsjahr.

   Damit liegt für J am Bilanzstichtag eine noch (später) zu leistende Betriebsausgabe vor, die in der Bilanz zu einem Passivposten führt.

   Hinsichtlich der Lohn- und Kirchensteuer handelt es sich um Geldbewegungen, die erst im folgenden Wirtschaftsjahr eintreten, während die Erfolgsauswirkung bereits in das abgelaufene Wirtschaftsjahr fällt. Solche Bilanzposten werden als **antizipative Posten** bezeichnet.

3. Der vereinnahmte Mietzins ist, wie die Provisionen im Fall der Ziffer 1, für J ein Ertrag und eine Betriebseinnahme. Im Gegensatz zu Ziffer 1 fällt aber die Betriebseinnahme in das abgelaufene und der Ertrag in das folgende Wirtschaftsjahr.

   Dadurch liegt für J am Bilanzstichtag eine im Voraus erhaltene Betriebseinnahme vor, die in der Bilanz zu einem Passivposten führt.

4. Der geleistete Pachtzins ist, wie die Lohn- und Kirchensteuer im Fall der Ziffer 2, für J Aufwand und Betriebsausgabe, wobei aber die Betriebsausgabe in das abgelaufene und der Aufwand in das folgende Wirtschaftsjahr fällt.

   Damit liegt für J am Bilanzstichtag eine im Voraus geleistete Betriebsausgabe vor, die in der Bilanz zu einem Aktivposten führt.

   In beiden Fällen 3 und 4 handelt es sich im Gegensatz zu den beiden ersten Fällen um bereits im abgelaufenen Wirtschaftsjahr erfolgte Geldbewegungen, während die Erfolgsauswirkung erst in das folgende Wirtschaftsjahr fällt; solche Bilanzposten werden als **transitorische Posten** bezeichnet.

   Bei den antizipativen Posten handelt es sich um Geldansprüche bzw. um Geldverpflichtungen. Die antizipativen Posten werden deshalb als **sonstige Forderungen** bzw. **sonstige Schulden** bezeichnet.

   Sonstige Forderungen und sonstige Schulden müssen bilanziert werden. Bei den transitorischen Posten handelt es sich dagegen um andere Ansprüche bzw. um andere Verpflichtungen. Die transitorischen Posten werden als **aktive** bzw. **passive Rechnungsabgrenzungsposten** bezeichnet (aRAP bzw. pRAP).

Schematisch zusammengestellt ergibt sich demnach folgende Übersicht:

Bilanzposten, die der Jahresabgrenzung dienen

Antizipative Posten		Transitorische Posten	
die Erfolgswirkung geht dem finanziellen Ausgleich voraus		die Geldbewegung geht der Erfolgsauswirkung voraus	
noch (später) zu erhaltene Betriebseinnahmen	noch (später) zu leistende Betriebsausgaben	im Voraus erhaltende Betriebseinnahmen	im Voraus geleistete Betriebsausgaben
Aktivposten als sonstige Forderungen	Passivposten als sonstige Schulden	Passivposten also passive Rechnungsabgrenzungsposten (pRAP)	Aktivposten also aktive Rechnungsabgrenzungsposten (aRAP)
(Ziff. 1)	(Ziff. 2)	(Ziff. 3)	(Ziff. 4)

Bei den transitorischen Posten ist zu beachten, dass sie nur unter den Voraussetzungen des § 250 HGB und § 5 Abs. 5 EStG bilanzierungsfähig sind, wenn sie also auf einen bestimmten Zeitraum des folgenden Wirtschaftsjahres entfallen (hier der Fall).

Nach dem BFH-Urteil vom 19. 5. 2010 (I R 65/09) ist ein schuldrechtlicher Vertrag nicht Voraussetzung für die Bildung eines RAP, sondern auch öffentlich-rechtliche Abgaben, soweit sie das nächste Jahr betreffen, fallen hierunter.

Weiterhin hat der BFH in seinem Urteil vom 18. 3. 2010 (X R 20/09) entschieden, dass in Fällen geringer Bedeutung auf eine Aktivierung eines RAP verzichtet werden kann. Das gilt, wenn die Grenze von 410 € (netto) nicht überschritten wird. Diese Wertgrenze ist für jeden einzelnen RAP zu prüfen.

Der BFH begründet seine Entscheidung unter Hinweis auf den handelsrechtlichen Grundsatz der Wesentlichkeit, nach dem unwesentliche Elemente bei Bilanzierung und Bewertung außer Betracht gelassen werden können.

Der Abzug von Betriebsausgaben kann dabei in das Jahr der Zahlung vorgezogen werden.

Nach Auffassung des BMF soll es aber bei der Ansatzpflicht bleiben. Im Zusammenhang mit der Bildung von Rückstellungen hat der BFH auch für geringe Beträge die Rückstellungspflicht bejaht (BFH v. 19.7.2011 X R 26/10, BStBl 2012 II 856).

2. Buchungssätze

Für das abgelaufene Wirtschaftsjahr:

1.	Sonstige Forderungen	4 760 €	an	Provisionserträge	4 000 €
				USt	760 €
2.	Löhne und Gehälter	5 000 €	an	Kasse	4 420 €
				sonstige Schulden	330 €
				Bank	250 €
3.	Bank	595 €	an	passive Rechnungsabgrenzung	500 €
				USt	95 €
4.	Aktive Rechnungsabgrenzung	1 200 €	an	Postbank	1 428 €
	Vorsteuer	228 €			

Für das folgende Wirtschaftsjahr:

1.	Kasse oder Bank	4 760 €	an	sonstige Forderungen	4 760 €
2.	Sonstige Schulden	330 €	an	Kasse oder Bank	330 €
3.	Passive Rechnungsabgrenzung	500 €	an	Mieterträge	500 €
4.	Pachtaufwendungen	1 200 €	an	aktive Rechnungsabgrenzung	1 200 €

FALL 7

Rückstellungen

Sachverhalt

Im Zuge der Abschlussarbeiten zum 31.12.04 stellt Gewerbetreibender Kornelius (K) folgende, in seiner Buchführung noch nicht erfasste Tatbestände fest:

1. Im abgelaufenen Wirtschaftsjahr hat K u. a. Arbeiten für insgesamt 400 000 € (netto) ausgeführt, für deren Qualität und Güte er vereinbarungsgemäß zwei Jahre garantiert.

   Nach seinen bisherigen Erfahrungen musste K am Bilanzstichtag noch mit Inanspruchnahmen aus dieser Garantieverpflichtung in Höhe von ca. 1 % der mit Garantie belastenden Arbeiten rechnen. Die später tatsächlich angefallenen Garantieaufwendungen aufgrund dieser Arbeiten betragen 4 500 €.

2. Nach Berücksichtigung der Garantieverpflichtungen laut Ziff. 1 ergibt sich ein vorläufiger Gewinn in Höhe von 80 500 €. Dabei sind aber Gewerbesteuervorauszahlungen (GewSt-VZ) in Höhe von insgesamt 2 000 € als Aufwand erfasst. Der Hebesatz der Gemeinde beträgt für

die GewSt 250 %. Im folgenden Wirtschaftsjahr erhält K den Gewerbesteuerbescheid, wonach die endgültige GewSt 5 075 € und die Abschlusszahlung 3 075 € beträgt, die er bis Ablauf der Zahlungsfrist per Bank überweist.

Aufgabe

1. Zu den beiden Tatbeständen ist Stellung zu nehmen. Die sich ergebenden Bilanzposten sind zu ermitteln. Dabei ist davon auszugehen, dass sich Abweichungen des Gewerbeertrages vom Gewinn nicht ergeben (keine Zu- und Abrechnungen).
2. Für die erforderlichen Buchungen sind Buchungssätze anzugeben.
3. Das Rückstellungskonto ist zu erstellen.

Lehrbuch Buchführung und Bilanzsteuerrecht, Rdn. 275, 1067 ff.

1. Stellungnahme zum Sachverhalt

a) Garantieverpflichtung

Durch die Garantieübernahme wird der Betrieb des K belastet. Der Aufwand ist im Zeitpunkt der Entstehung der Garantieverpflichtung (also im abgelaufenen Wirtschaftsjahr) entstanden, während die hierauf beruhenden Betriebsausgaben erst in den beiden folgenden Jahren anfallen.

Während aber bei einer sonstigen Schuld oder bei einem passiven Abgrenzungsposten die Verpflichtung dem Grunde und der Höhe nach genau feststeht, ist hier die Höhe der noch (später) zu leistenden Betriebsausgaben recht ungewiss. Die Höhe einer solchen Verpflichtung kann deshalb nur im Schätzungswege ermittelt werden. Solche Verpflichtungen, die zwar dem Grunde nach gewiss, der Höhe nach aber ungewiss sind, werden als **Rückstellungen** bezeichnet.

Nach § 253 Abs. 1 HGB sind Rückstellungen in Höhe des nach vernünftiger kaufmännischer Beurteilung notwendigen Erfüllungsbetrags anzusetzen. Künftige Preis- und Kostensteigerungen sind zu berücksichtigen, wenn ausreichende objektive Hinweise darauf schließen lassen.

Rückstellungen mit einer Restlaufzeit von mehr als einem Jahr sind mit dem ihrer Laufzeit entsprechenden durchschnittlichen Marktzinssatz der vergangenen 7 Geschäftsjahre abzuzinsen. Dieser Abzinsungssatz wird von der Deutschen Bundesbank nach Maßgabe einer Rechtsverordnung ermittelt und monatlich bekanntgegeben.

Die Bewertung der Rückstellung in der Steuerbilanz richtet sich nach § 6 Abs. 1 Nr. 3a EStG. Dabei sind die Wertverhältnisse am Bilanzstichtag maßgebend. Künftige Preis- und Kostensteigerungen dürfen nicht berücksichtigt werden.

Außerdem sind die Rückstellungen mit einem Zinssatz von 5,5 % zu verzinsen, soweit die Restlaufzeit am Bilanzstichtag 1 Jahr und mehr beträgt.

Auf Pauschalrückstellungen findet das Abzinsungsgebot aus Vereinfachungsgründen keine Anwendung (BMF v. 26. 5. 2005, BStBl I 2005, 699).

Die Ansätze in HB und StB können voneinander abweichen mit der Folge, dass bei Vorliegen der entsprechenden Voraussetzungen latente Steuern auszuweisen sind (Hinweis auf Fall 16).

Dabei ist zu beachten, dass die Maßgeblichkeit der Handelsbilanz für die Steuerbilanz durch spezielle steuerliche Bewertungsvorschriften eingeschränkt wurde (§ 5 Abs. 1 EStG). In dem neugefassten R 6.11 EStÄR 2012 soll aber festgelegt werden, dass mit Ausnahme der Pensionsrückstellungen die Höhe der Rückstellung in der Steuerbilanz den zulässigen Ansatz in der Handelsbilanz nicht überschreiten darf. Im Ergebnis wäre dann ein niedrigerer Wert in der Handelsbilanz maßgeblich für die Steuerbilanz.

Die Bewertung der Rückstellungen kann dabei nach dem jeweiligen einzelnen Garantierisiko oder als Pauschalierung nach den Erfahrungen des Unternehmens erfolgen. Grundlage der Pauschalierung ist in der Regel der garantiebehaftete Sollumsatz. Voraussetzung ist, dass mit einer gewissen Wahrscheinlichkeit mit einer Inanspruchnahme gerechnet werden muss oder dass sich aus der branchenmäßigen Erfahrung und der individuellen Gestaltung des Betriebs die Wahrscheinlichkeit der Inanspruchnahme ergibt (H 5.7 Abs. 5 EStR), (Hinweis auch auf das BFH-Urteil vom 27. 1. 2010 I R 35/10). Die Garantierückstellung ist deshalb zu bilanzieren mit 1 % von 400 000 € = 4 000 €.

Die im folgenden Wirtschaftsjahr tatsächlich angefallenen Garantieaufwendungen werden gewinnmindernd über ein Aufwandskonto (oder gegebenenfalls mehrere Aufwandskonten) verbucht. Die Auflösung der Rückstellung wirkt sich aber gewinnerhöhend aus, so dass im folgenden Wirtschaftsjahr nur in Höhe des Unterschieds zwischen der Rückstellung und den tatsächlich eingetretenen Aufwendungen eine Gewinnauswirkung, hier ein Aufwand in Höhe von 500 €, eintritt.

HINWEIS

Rückstellungen für Aufwendungen, die in künftigen Wirtschaftsjahren als Anschaffungs- oder Herstellungskosten eines Wirtschaftsgutes zu aktivieren sind, dürfen nicht gebildet werden (§ 5 Abs. 4b EStG).

b) Gewerbesteuer (GewSt)

Die GewSt-Restschuld für das abgelaufene Wirtschaftsjahr ist mit Ablauf dieses Wirtschaftsjahres entstanden; außerdem gehört sie wirtschaftlich zu diesem Zeitraum.

Wie bei der Garantieverpflichtung ist deshalb auch für die GewSt-Restschuld ein antizipativer Passivposten zu bilden. Die Höhe der GewSt-Rückstellung kann zwar genau errechnet werden, bleibt aber dennoch ungewiss, weil das Finanzamt die Bemessungsgrundlage (nämlich den Gewinn) noch nicht anerkannt hat. Deshalb wird auch die GewSt-Restschuld als Rückstellung bezeichnet.

Die Rückstellung ist in der Handelsbilanz auszuweisen (§ 249 Abs. 1 HGB). Im Zuge der Unternehmensteuerreform 2008 wurde der Betriebsausgabenabzug der Gewerbesteuer einschließlich

TEIL A — Buchungstechnik, Bewertungsgrundsätze, Abschlusstechnik
Fall 7

der Nebenkosten abgeschafft. Daraus folgt, dass die Aufwendungen für die Gewerbesteuer bei Einzelunternehmen und Personengesellschaften als nichtabziehbare Betriebsausgaben zu behandeln sind. Eine Rückstellung kann aber weiterhin in der Steuerbilanz gebildet werden (§ 4 Abs. 5 EStG).

Soweit Aufwandsbuchungen vorgenommen wurden, sind die Beträge außerhalb der Steuerbilanz dem Gewinn wieder hinzuzurechnen.

Außerdem wurde eine einheitliche Steuermesszahl von 3,5 % für alle Gesellschaftsformen (Einzelunternehmen, Personengesellschaften, Kapitalgesellschaften) eingeführt.

Als Ausgleich ermäßigt sich die Einkommensteuer für Einzelunternehmer und Personengesellschafter um das 3,8-fache des Gewerbesteuermessbetrags, soweit dieser Wert nicht höher ist, als die tatsächlich zu zahlende Gewerbesteuer. Die Gewerbesteuerrückstellung kann dabei nach folgendem Schema berechnet werden (§ 35 Abs. 1 EStG):

		KapG	Ez/PG
1.	vorläufig	Einkommen	Gewinn
2.	GewSt-VZ	+ …	…
3.	§ 8 GewStG	+ …	…
4.	§ 9 GewStG	./. …	…
5.	§ 10a GewStG	./. …	…
		…	…
6.	Abrundung auf volle 100	…	…
7.	Freibetrag	./. …	./. 24 500
8.	vorl. Gewerbeertrag	…	…
9.	davon 3,5 %	…	…
10.	x Hebesatz Gemeinde	…	…
11.	Vorauszahlungen	./. …	…
12.	Rückstellung	…	…

Dabei wurden die gewerbesteuerlichen Hinzurechnungen durch das Unternehmensteuergesetz 2008 neu geregelt. In § 8 Nr. 1 GewStG wurden Finanzierungsanteile aus Mieten, Pachten, Leasingraten und Lizenzgebühren gesetzlich festgelegt.

Nach einem Urteil des FG Hamburg (Urteil v. 29. 2. 2012 1 K 138/10, NWB DokID: IAAAE-04693) bestehen Bedenken an der Verfassungsmäßigkeit des § 8 Nr. 1 GewStG. Deshalb soll die Entscheidung darüber vom BVG eingeholt werden.

Die GewSt-Rückstellung errechnet sich wie folgt:

Vorläufiger Gewinn (= Gewerbeertrag)	80 500 €
darin GewSt-VZ als Aufwand abgezogen	2 000 €
mithin Gewinn vor GewSt-Abzug	82 500 €
./. Freibetrag (§ 11 Abs. 1 GewStG)	24 500 €
=	58 000 €
Messbetrag 3,5 % § 11 Abs. 2 GewStG	2 030 €
davon erhebt die Gemeinde 250 % als GewSt	5 075 €
bereits vorausgezahlt	2 000 €
mithin GewSt-Restschuld = Rückstellung	3 075 €

2. Buchungssätze

Garantieaufwand	4 000 €	an	Rückstellung	4 000 €
Betriebsteuern (GewSt)	3 075 €	an	Rückstellung	3 075 €
GewSt-Rückstellung	3 075 €	an	Bank	3 075 €

3. Rückstellungskonten

Garantie-Rückstellung

SBK	4 000 €	Garantieaufwand	4 000 €
	4 000 €		4 000 €

Gewerbesteuer-Rückstellung (in der HB)

SBK	3 075 €	Betriebsteuern	3 075 €
	3 075 €		3 075 €

(Die Gegenkonten sind in den Rückstellungskonten jeweils vermerkt.)

HINWEIS

Der durch das BilMoG neugefasste § 253 Abs. 1 Satz 2 HGB sieht vor, dass Rückstellungen mit dem Erfüllungsbetrag auszusetzen sind. Damit wird klargestellt, dass die Höhe einer Rückstellung von den Preis- und Kostenverhältnissen im Zeitpunkt des tatsächlichen Anfalls der Aufwendungen abhängt.

III. Bewertungsgrundsätze

Anschaffungskosten

Sachverhalt

Gewerbetreibender Meier erwarb am 2. Juli 04 eine Maschine für seinen Betrieb. Die Rechnung der Lieferfirma lautete wie folgt:

Listenpreis	140 000 €
Verpackung	1 200 €
Versendung und Versicherung	3 800 €
	145 000 €
+ USt 19 %	27 550 €
gesamt	172 550 €

Die Lieferfirma räumte einen Rabatt von 5 % ein. Die Nutzungsdauer beträgt 5 Jahre. Darüber hinaus entstanden bis zur Produktionsbereitschaft der Maschine noch folgende weitere Aufwendungen:

a)	Kreditkosten für notwendige Darlehensaufnahme	4 000 €
b)	Kosten der Einkaufsabteilung	1 000 €
c)	Transportkosten vom Bahnhof zum Betrieb (mit eigenem Fahrzeug durchgeführt), anteilige Gemeinkosten	1 200 €
d)	Fundamentierungskosten (von eigenen Arbeitnehmern ausgeführt und einwandfrei feststellbar):	
	Löhne	8 000 €
	Material	2 000 €
	Gemeinkosten (Löhne und Material)	2 000 €

Die Zahlungen erfolgten insgesamt über das betriebliche Bankkonto unter Inanspruchnahme des Rabatts von 5 %.

Aufgabe

1. Die steuerlichen Anschaffungskosten und der Ansatz in der Steuerbilanz zum 31. 12. 04 sind zu ermitteln. Dabei ist die lineare AfA zu berücksichtigen.

2. Die sich ergebenden Buchungssätze sind zu bilden.

Lehrbuch Buchführung und Bilanzsteuerrecht, Rdn. 828 ff.

Bewertungsgrundsätze — TEIL A, Fall 8

LÖSUNG

1. Anschaffungskosten eines Wirtschaftsgutes sind alle Aufwendungen, die geleistet werden, um das Wirtschaftsgut zu erwerben und in einen dem angestrebten Zweck entsprechenden betriebsbereiten Zustand zu versetzen. Zu den Anschaffungskosten gehören der Anschaffungspreis und die Nebenkosten der Anschaffung, soweit sie dem Wirtschaftsgut einzeln zugeordnet werden können. Nachträgliche Erhöhungen oder Minderungen der Anschaffungskosten sind zu berücksichtigen.

Gemeinkosten gehören nicht zu den Anschaffungskosten. Dasselbe gilt für die Finanzierungskosten und die abziehbare Vorsteuer. In Anspruch genommene Skonti, vom Lieferanten gewährte Boni, Rabatte und sonstige Zahlungsabzüge mindern die Anschaffungskosten. Die Fundamentierungskosten stellen für sich betrachtet Herstellungskosten dar, deshalb sind hier die Gemeinkosten, die eindeutig feststellbar sind, mit zu erfassen. Der Gesamtvorgang wird aber als Anschaffung bezeichnet.

Damit ermitteln sich die Anschaffungskosten wie folgt:

Rechnungspreis	145 000 €
abzüglich 5 % Rabatt	7 250 €
gesamt	137 750 €

Die AfA ermittelt sich nach § 7 Abs. 1 bzw. 2 EStG i. V. m. R 7.4 Abs. 2 EStR. Laut Aufgabenstellung soll die lineare AfA berücksichtigt werden.

Bilanzansatz zum 31.12.04:

Anschaffungskosten	137 750 €
+ Fundamentierung	12 000 €
	149 750 €
./. AfA 20 % für ½ Jahr	14 975 €
31.12.04	134 775 €

2. **Buchungen**:

Maschinen	149 750 €			
VoSt	26 172 €			
Finanzierungskosten	4 000 €			
allg. Verwaltungskosten	1 000 €			
Transportkosten	1 200 €	an	Bank	170 122 €
			Löhne, Material	12 000 €
AfA	14 975 €	an	Maschinen	14 975 €

TEIL A — Buchungstechnik, Bewertungsgrundsätze, Abschlusstechnik
Fall 9

Herstellungskosten

Sachverhalt

Gewerbetreibender Müller stellt in seinem Betrieb Maschinen her. Aus der Buchhaltung und dem Betriebsabrechnungsbogen für 04 ergeben sich folgende Aufwendungen für:

Fertigungsmaterial	500 000 €
Meistergehälter	70 000 €
Monteurlöhne	1 200 000 €
Hilfslöhne Betrieb	5 000 €
Gehälter der Geschäftsleitung	200 000 €
Energiekosten Betrieb	60 000 €
Verkaufsvertreter	30 000 €
Abschreibung Betrieb	80 000 €
Abschreibung Geschäftseinrichtung	40 000 €

Sämtliche Beträge haben nicht nur Kosten-, sondern gleichzeitig Aufwandscharakter.

Die Gemeinkosten sind zu $2/5$ material- und zu $3/5$ lohngebunden.

Die Inventur zum 31.12.04 ergab pro Maschine folgende Einzelkosten:

Fertigungsmaterial	100 €
Fertigungslöhne	200 €

Aufgabe

Zu ermitteln sind nach handelsrechtlichen Grundsätzen:

1. a) Die Einzelkosten sowie

   b) die Gemeinkosten.

2. Die Zuschläge der Gemeinkosten auf die Einzelkosten.

3. Die Herstellungskosten pro Maschine zum 31.12.04, wobei davon auszugehen ist, dass der Stpfl. einen möglichst niedrigen Bilanzansatz wünscht.

Lehrbuch Buchführung und Bilanzsteuerrecht, Rdn. 863 ff.

1. Einzelkosten sind solche Kosten, die den einzelnen Endprodukten aufgrund genauer Aufzeichnungen direkt zugerechnet werden können. Hierzu gehören die Fertigungseinzelkosten (Fertigungslöhne) und die Materialeinzelkosten.

   Gemeinkosten sind demgegenüber solche Kosten, die nicht unmittelbar für das einzelne Erzeugnis anfallen. Sie betreffen vielmehr eine Gesamtheit von Aufträgen oder gar den Betrieb insgesamt. Diese Kosten werden nach bestimmten Schlüsseln mit Hilfe des Betriebsabrechnungsbogens auf die einzelnen Produkte verteilt. Hierbei lassen sich auch Fertigungsgemeinkosten und Materialgemeinkosten unterscheiden.

   Aufteilung der Kosten in

	Fertigungseinzelkosten	Materialeinzelkosten	Gemeinkosten
Fertigungsmaterial	–	500 000 €	–
Meistergehälter	–	–	70 000 €
Monteuerlöhne	1 200 000 €	–	–
Hilfslöhne Betrieb	–	–	5 000 €
Gehälter Geschäftsleitung	–	–	–
Energiekosten Betrieb	–	–	60 000 €
Verkaufsvertreter	–	–	–
Abschreibung Betrieb	–	–	80 000 €
Abschreibung Geschäft	–	–	–
gesamt	1 200 000 €	500 000 €	215 000 €
Aufteilung Gemeinkosten	³/₅ 129 000 €	²/₅ 86 000 €	

2. Ermittlung der Zuschläge:

   Der Zuschlag der Gemeinkosten auf die Fertigungseinzelkosten beträgt:

   $$\frac{129\,000}{1\,200\,000} \times 100 = \mathbf{10{,}75\,\%}$$

   Der Zuschlag der Gemeinkosten auf die Materialkosten beträgt:

   $$\frac{86\,000}{500\,000} \times 100 = \mathbf{17{,}2\,\%}$$

3. Herstellungskosten eines Wirtschaftsguts sind alle Aufwendungen, die durch den Verbrauch von Gütern und die Inanspruchnahme von Diensten für die Herstellung des Wirtschaftsguts, seine Erweiterung oder für eine über seinen ursprünglichen Zustand hinausgehende wesentliche Verbesserung entstehen. Dazu gehören die Materialkosten einschließlich der notwendigen Materialgemeinkosten, die Fertigungskosten, insbesondere Fertigungslöhne einschließlich der notwendigen Fertigungsgemeinkosten, die Sonderkosten der Fertigung und der Wertverzehr von Anlagevermögen, soweit er durch die Herstellung des Wirtschaftsguts ver-

anlasst ist. Kosten der allgemeinen Verwaltung sowie Aufwendungen für soziale Einrichtungen des Betriebs, für freiwillige soziale Leistungen und für betriebliche Altersversorgung brauchen nicht in die Herstellungskosten einbezogen zu werden (§ 255 Abs. 2 HGB).

Nach dem BMF-Schreiben vom 12. 3. 2010 (BStBl 2010 I 239) sind zu den nach § 6 Abs. 1 Nr. 2 EStG bei der steuerlichen Gewinnermittlung anzusetzenden Herstellungskosten stets auch die in § 255 Abs. 2 HGB genannten

- allgemeinen Verwaltungskosten
- Aufwendungen für soziale Einrichtungen des Betriebs
- Aufwendungen für freiwillige soziale Leistungen
- Aufwendungen für die betriebliche Altersversorgung

anzusetzen.

Die steuerrechtliche Bewertungsvorschrift geht wegen des Bewertungsvorbehalts in § 5 Abs. 6 EStG der handelsrechtlichen Regelung vor. Das gilt auch dann, wenn der Kaufmann vom Ansatz dieser Kosten gemäß § 255 Abs. 2 HGB absehen kann.

Die Einbeziehungspflicht soll in den R 6.3 EStÄR 2012 umgesetzt werden. Die Anwendung des bisherigen Wahlrechts nach R 6.3 EStR 2008 bleibt deshalb solange zulässig für Wirtschaftsjahre, die vor der Veröffentlichung der geänderten Fassung enden (BMF-Schreiben v. 22. 6. 2010, BStBl 2010 I 597).

Nach dem BMF-Schreiben v. 25. 3. 2013 (BStBl 2013 I 296) kann das Wahlrecht bis zu einer Neufassung der EStR ausgeübt werden (BBK 8/2013 S. 343).

Forschungs- und Vertriebskosten gehören weder nach Handelsrecht noch nach Steuerrecht zu den Herstellungskosten.

Die Herstellungskosten für eine Maschinen ermitteln sich wie folgt:

Materialeinzelkosten	100,00 €
+ Zuschlag Gemeinkosten 17,2 %	17,20 €
Fertigungseinzelkosten	200,00 €
+ Zuschlag Gemeinkosten 10,75 %	21,50 €
Herstellungskosten	338,70 €

Teilwert

Sachverhalt

Gewerbetreibender Schulte ist Großhändler und Fabrikant. Zum 31. 12. 04 sind noch folgende Vorgänge zu beurteilen:

1. **Wertpapiere**

Schulte hat 04 Wertpapiere zur nicht nur vorübergehenden Verstärkung seines Betriebskapitals erworben.

Bewertungsgrundsätze — TEIL A — Fall 10

Es haben betragen:

Nennwert	10 000 €
Kurswert	20 000 €
Nebenkosten	600 €

Der Kurswert zum Bilanzstichtag beträgt nur noch 18 000 €

2. Handelwaren

Im Warenbestand befindet sich eine Warengruppe, die nur noch zu herabgesetzten Preisen verkauft werden kann.

Es haben betragen:

Anschaffungskosten	20 000 €
Rohgewinnaufschlagssatz	100 %
ursprünglicher Verkaufspreis	40 000 €
noch erzielbarer Verkaufspreis	25 000 €
durchschnittlicher Unternehmergewinn	5 %

Nach der Betriebsabrechnung fallen nach dem Bilanzstichtag noch 70 % der betrieblichen Kosten an, die sich wie folgt errechnen:

ursprünglicher Veräußerungspreis		40 000 €
./. Anschaffungskosten	20 000 €	
durchschnittlicher Gewinn 5 %	2 000 €	22 000 €
		18 000 €

3. Fertigerzeugnisse

Die Herstellung einer Maschine ist wie folgt kalkuliert worden:

Materialeinzelkosten	200 €
Materialgemeinkosten (10 %)	20 €
Fertigungseinzelkosten	140 €
Fertigungsgemeinkosten (100 %)	140 €
Herstellungskosten	500 €
Verwaltungskosten (5 %)	25 €
Vertriebskosten (3 %)	15 €
Selbstkosten	540 €
Gewinn (10 % vom Verkaufspreis)	60 €
Verkaufspreis	600 €

Die Verwaltungs- und Vertriebskosten entfallen in Höhe von 15 € auf die Zeit vom Bilanzstichtag bis zur Veräußerung.

Die Maschinen werden nicht mehr hergestellt. Der Verkaufspreis musste bereits am Bilanzstichtag auf 520 € herabgesetzt werden.

TEIL A	Buchungstechnik, Bewertungsgrundsätze, Abschlusstechnik
Fall 10	

Aufgabe

Die Teilwerte der einzelnen Wirtschaftsgüter zum 31.12.04 sind zu ermitteln. Die getroffenen Entscheidungen sind kurz zu begründen.

Lehrbuch Buchführung und Bilanzsteuerrecht, Rdn. 897 ff.

Allgemeines

Teilwert ist der Betrag, den ein Erwerber des ganzen Betriebs im Rahmen des Gesamtkaufpreises für das einzelne Wirtschaftsgut ansetzen würde. Dabei ist davon auszugehen, dass der Erwerber den Betrieb fortführt. Bei der Ermittlung des Teilwerts ist davon auszugehen, dass er nicht höher als die gewöhnlichen Wiederbeschaffungskosten bzw. Wiederherstellungskosten und nicht niedriger als der Einzelveräußerungspreis sein kann.

1. Wertpapiere

Die Wertpapiere gehören zum nichtabnutzbaren Anlagevermögen. Die Anschaffungskosten betragen 20 600 €. Im Zeitpunkt der Anschaffung ist der Teilwert in der Regel identisch mit den Anschaffungskosten. Zum Bilanzstichtag entspricht der Teilwert dem Kurswert zuzüglich der anteiligen Nebenkosten, hier also 18 540 €.

Inwieweit Teilwertabschreibungen zulässig sind, siehe Fall 12.

2. Handelswaren

Sind Wirtschaftsgüter des Vorratsvermögens, die zum Absatz bestimmt sind, im Wert gemindert, ist als niedrigerer Teilwert der Betrag anzusetzen, der von dem voraussichtlich erzielbaren Veräußerungserlös nach Abzug des durchschnittlichen Unternehmergewinns und des nach dem Bilanzstichtag noch anfallenden betrieblichen Aufwands verbleibt. Im Regelfall kann davon ausgegangen werden, dass der Teilwert dem Betrag entspricht, der sich nach Kürzung des erzielbaren Verkaufserlöses um den nach dem Bilanzstichtag noch anfallenden Teil des durchschnittlichen Rohgewinnaufschlags ergibt.

Der Teilwert ermittelt sich wie folgt:

voraussichtlicher Verkaufspreis			25 000 €
./.	5 % von 25 000	1 250 €	
	70 % von 18 000 (40 000 – 2 000 – 20 000)	12 600 €	13 850 €
	Teilwert		11 150 €

In den Fällen, in denen der Stpfl. keine Betriebsabrechnung hat, die für die Ermittlung des Teilwerts nach der obigen Subtraktionsmethode notwendigen Daten liefert, ist es nicht zu beanstanden, für die Teilwertermittlung die Formelmethode zu verwenden (Näheres hierzu siehe unter H 6.8 EStH und *Lehrbuch Buchführung und Bilanzsteuerrecht*, Rdn. 987 ff.).

3. Fertigerzeugnisse

Eine Teilwertabschreibung ist nur gerechtfertigt, sofern die voraussichtlich erzielbaren Verkaufserlöse die Selbstkosten und den durchschnittlichen Unternehmergewinn nicht decken.

Der Teilwert ermittelt sich wie folgt:

voraussichtlicher Verkaufspreis	520 €
noch anfallende Verwaltungs- und Vertriebskosten	15 €
durchschnittlicher Unternehmergewinn	52 €
Teilwert	**453 €**

Bewertung abnutzbarer Wirtschaftsgüter

Sachverhalt

Der Schuhwarenfabrikant Pieper hat im Januar 04 eine Maschine für 100 000 € zuzüglich USt erworben. Laut Kaufvertrag hatte P neben dem Kaufpreis auch die Kosten für den Transport vom Lieferwerk bis zu ihm in Höhe von 1 000 € zuzüglich USt zu tragen. Die Montage kostete P weitere 4 000 € (innerbetriebliche Aufwendungen, daher ohne USt). Den Kaufpreis beglich P unter Abzug von 3 % Skonto sofort nach Erhalt der Maschine.

Diese Maschine diente seither unverändert der Produktion von Gegenständen, deren Verkauf steuerpflichtige Umsätze darstellen.

Die betriebsgewöhnliche Nutzungsdauer der Maschine beträgt nach den glaubhaften Darstellungen des P 10 Jahre.

Der Teilwert der Maschine beträgt:

▶ am 31.12.04	100 000 €
▶ am 31.12.05	85 000 €
▶ am 31.12.06	68 000 €
▶ am 31.12.07	62 000 €

Außerdem hat P. am 10.6.04 drei Werktische für jeweils 140 + 26,60 € USt und im August 04 drei Werkbänke für jeweils 800 + 152 € USt mit einer Nutzungsdauer von 4 Jahren angeschafft.

Aufgabe

Die an den einzelnen Bilanzstichtagen möglichen Wertansätze in der Steuerbilanz (= Handelsbilanz) für die Wirtschaftsgüter sind zu ermitteln. Die AfA ist nach der linearen Methode (Zeit-AfA) vorzunehmen. Wenn an einem Bilanzstichtag mehrere Ansätze in Betracht kommen, ist davon auszugehen, dass P den niedrigsten möglichen Ansatz wünscht.

Lehrbuch Buchführung und Bilanzsteuerrecht, Rdn. 932 ff.

TEIL A	Buchungstechnik, Bewertungsgrundsätze, Abschlusstechnik
Fall 11	

LÖSUNG

Die Maschine gehört zum abnutzbaren Anlagevermögen. Wirtschaftsgüter des abnutzbaren Anlagevermögens sind nach § 6 Abs. 1 Nr. 1 EStG in der Steuerbilanz grundsätzlich mit den Anschaffungs- bzw. Herstellungkosten abzüglich Absetzung für Abnutzung (AfA) anzusetzen. AfA muss also vorgenommen werden.

Ist der Teilwert aufgrund einer voraussichtlich dauernden Wertmindung niedriger, so kann dieser angesetzt werden. Wirtschaftsgüter, die bereits am Schluss des vorangegangenen Wirtschaftsjahres zum Anlagevermögen gehört haben, sind mit den fortgeführten Anschaffungs- oder Herstellungskosten anzusetzen, es sei denn, der Stpfl. weist nach, dass ein niedrigerer Teilwert (bei dauernder Wertminderung) angesetzt werden kann. Für Wirtschaftsgüter des abnutzbaren Anlagevermögens kann dabei von einer voraussichtlich dauernden Wertminderung ausgegangen werden, wenn der Wert des jeweiligen Wirtschaftsgutes zum Bilanzstichtag mindestens für die halbe Restnutzungsdauer unter dem planmäßigen Restbuchwert liegt.

Das gilt auch dann, wenn es sich um ein langlebiges Wirtschaftsgut (z. B. Gebäude) handelt (BFH v. 29. 4. 2009 I R 74/08).

Würde sich die Wertminderung aus besonderem Anlass ergeben (Katastrophenfall, technischer Fortschritt), dann ist die Wertminderung auch ohne Vergleich mit der halben Restnutzungsdauer als dauerhaft anzusehen. Es ist dann Sache des Stpfl., die Voraussetzungen hierfür nachzuweisen (BMF-Schreiben v. 25. 2. 2000, BStBl 2000 I 372).

Handelsrechtlich besteht bei einer nicht nur vorübergehenden Wertminderung eine Abschreibungspflicht unabhängig vom Ansatz in der Steuerbilanz.

Eine Teilwertabschreibung kann nur zum Bilanzstichtag und nicht auf einen beliebigen Tag zwischen zwei Bilanzstichtagen vorgenommen werden.

a) Die Bilanzansätze für die Maschine errechnen sich wie folgt:

▶ **1. Ansatz 31. 12. 04**

Kaufpreis	100 000 €
Erwerbsnebenkosten	1 000 €
Montagekosten	4 000 €
	105 000 €
Skonto (3 % von 100 000 €)	3 000 €
mithin Anschaffungskosten (AK)	102 000 €
AfA für 04	10 200 €
fortgeführte AK am 31. 12. 04	91 800 €

Da der Teilwert höher ist, ist die Maschine mit den fortgeführten AK zu bilanzieren.

▶ **2. Ansatz 31.12.05**

Letzter Bilanzansatz	91 800 €
AfA für 05 (10 % von 102 000)	10 200 €
fortgeführte AK am 31.12.05	81 600 €

Da auch zu diesem Zeitpunkt der Teilwert höher als die fortgeführten AK ist, ist die Maschine mit diesem Wert zu bilanzieren.

▶ **3. Ansatz 31.12.06**

Letzter Bilanzansatz	81 600 €
AfA für 06	10 200 €
fortgeführte AK am 31.12.06	71 400 €

Eine Teilwertabschreibung auf 68 000 ist nicht zulässig. Die Minderung ist voraussichtlich nicht von Dauer, da der Wert des Wirtschaftsgutes zum Bilanzstichtag schon nach 1 Jahr und damit früher als nach mehr als der Hälfte der Restnutzungsdauer erreicht wird.

▶ **4. Ansatz 31.12.07**

Letzter Bilanzansatz	71 400 €
AfA für 07	10 200 €
fortgeführte AK am 31.12.07	61 200 €

Da der Teilwert höher ist, muss P die Maschine mit den fortgeführten AK bilanzieren.

Nach § 253 Abs. 5 HGB besteht bei Fortfall der Gründe für eine außerplanmäßige Abschreibung ein Zuschreibungsgebot. Höchstansatz sind die Anschaffungs- oder Herstellungskosten abzüglich planmäßiger Abschreibungen. Darüber hinaus besteht gemäß § 6 Abs. 1 EStG ein strenges Wertaufholungsgebot auf den höheren Teilwert, höchstens jedoch auf die fortgeführten Anschaffungs- oder Herstellungskosten. Der niedrigere Teilwert darf nur noch dann beibehalten werden, wenn nachgewiesen wird, dass tatsächlich keine Wertsteigerung eingetreten ist.

b) Werktische, Werkbänke

Für Gewinneinkünfte, unabhängig ob P seinen Gewinn nach § 4 Abs. 1, Abs. 3 oder § 5 EStG ermittelt, gilt unter Berücksichtigung des BMF-Schreibens vom 30.9.2010 für die Behandlung geringwertiger Wirtschaftsgüter Folgendes:

▶ betragen die Anschaffungs- oder Herstellungskosten bis 150 € (netto), können diese in voller Höhe gem. § 6 Abs. 2 EStG als Betriebsausgaben abgezogen oder aktiviert und abgeschrieben werden.

Dabei kann das Wahlrecht für jedes Wirtschaftsgut individuell beansprucht werden.

▶ Wirtschaftsgüter mit Anschaffungs- oder Herstellungskosten von mehr als 150 € (netto) bis 410 € (netto) können in voller Höhe nach § 6 Abs. 2 EStG abgezogen, aktiviert und abgeschrieben oder in einem Sammelposten erfasst werden.

▶ Wirtschaftsgüter mit Anschaffungs- oder Herstellungskosten von mehr als 410 € (netto) bis 1 000 € (netto) sind entweder einzeln zu aktivieren und entsprechend abzuschreiben oder in einem Sammelposten zu erfassen.

Soll ein Sammelposten gebildet werden, sind darin alle im Wirtschaftsjahr angeschafften oder hergestellten Wirtschaftsgüter mit dem jeweils maßgeblichen Wert von mehr als 150 € bis 1 000 € einzubeziehen (§ 6 Abs. 2a EStG).

Der Sammelposten ist dann im Jahr der Bildung ohne Rücksicht auf den jeweiligen Zugang und in den folgenden vier Jahren mit jeweils $1/5$ aufzulösen. Ausscheiden oder Wertverlust innerhalb dieser Zeit haben keine Auswirkung. Teilwert- bzw. Sonderabschreibungen sind nicht zulässig.

Danach können die Werktische in voller Höhe abgeschrieben werden (§ 6 Abs. 2 EStG).

Für die Werkbänke gilt das Wahlrecht. Da der Stpfl. einen möglichst niedrigen Gewinn ausweisen will, kommt eine Aktivierung und Abschreibung auf 4 Jahre in Betracht.

Bewertung nichtabnutzbarer Wirtschaftsgüter

Sachverhalt

Der Elektro-Großhändler Reinhard hat im September 04 Aktien mit einem Nennwert von 100 000 € zum Kurswert von 200 000 € zuzüglich Nebenkosten in Höhe von 3 600 € zwecks langfristiger Kapitalanlage im Rahmen seines Betriebs erworben. R führt ordnungsgemäß seine Bücher und ermittelt daher den Gewinn nach § 5 EStG.

Die Kurswerte dieser Aktien betrugen:

▶ am 31. 12. 04   160 000 €,
▶ am 31. 12. 05   190 000 €.

R hat diese Aktien in seinen Handels- und Steuerbilanzen wie folgt angesetzt:

	Handelsbilanz	Steuerbilanz
31. 12. 04	170 000 €	160 000 €
31. 12. 05	162 880 €	162 880 €

Aufgabe

1. Die Bewertung der Aktien an den einzelnen Bilanzstichtagen ist zu beurteilen, der Bewertungsspielraum nach Handels- wie nach Steuerrecht ist darzustellen.

2. Die steuerlich richtigen Ansätze sind zu ermitteln.

Lehrbuch Buchführung und Bilanzsteuerrecht, Rdn. 989 ff.

Weil die Aktien der langfristigen Kapitalanlage dienen, gehören sie zum (nichtabnutzbaren) Anlagevermögen.

Nach den Urteilen des BFH (BFH v. 21.9.2011 I R 89/10, BFH/NV 2012 S. 306 NWB DokID: FAAAD-98629; und I R 7/11, BFH/NV 2012 S. 310, NWB DokID: VAAAD-98628) sind Teilwertabschreibungen auf börsennotierte Aktien des Anlagevermögens zulässig, wenn der Kursverlust am Bilanzstichtag größer als 5 % ist. Das gilt auch dann, wenn sich der Kurs nach dem Bilanzstichtag wieder erholt. Es liegen in solchen Fällen wertbegründende Tatsachen vor.

Steuerrechtlich können nach § 6 Abs. 1 Nr. 2 EStG Teilwertabschreibungen vorgenommen werden, weil nach dem BFH in der Regel von einer nicht nur vorübergehenden Wertminderung auszugehen ist, wenn der Börsenkurswert der Aktie am Bilanzstichtag unter den Anschaffungskosten liegt.

Handelsrechtlich kann dagegen eine außerplanmäßige Abschreibung nach § 253 Abs. 3 HGB vorgenommen werden, wenn nur eine vorübergehende Wertminderung vorliegt, sie muss aber bei einer voraussichtlich dauernder Wertminderung erfolgen.

Sowohl nach Handelsrecht als auch nach Steuerrecht besteht ein Wertaufholungsgebot.

Ein Erwerber würde für die Aktien den Betrag aufwenden, den er im Falle eines Erwerbs bei einer Bank auch aufwenden müsste, also den Kurswert zuzüglich der Nebenkosten.

Der Teilwert der Aktien beträgt damit an den einzelnen Bilanzstichtagen:

31.12.04:   203 600 €   x $\frac{160}{200}$ =   162 880 €

31.12.05:   203 600 €   x $\frac{190}{200}$ =   193 420 €

Für die einzelnen Bilanzstichtage ergibt sich daher Folgendes:

1. **Ansatz am 31.12.04**

a) Handelsrechtlicher Ansatz:

Bei vorübergehender Wertminderung und auch bei voraussichtlich dauernder Wertminderung ist der Ansatz von 170 000 € zulässig.

b) Steuerrechtlicher Ansatz:

Ansatz kann zum Kurswert von 160 000 € + Nebenkosten erfolgen (162 880), ohne Rücksicht auf den handelsrechtlichen Ausweis.

2. **Ansatz am 31.12.05**

a) Handelsrechtlicher Ansatz:

Nach § 253 Abs. 5 HGB besteht ein Wertaufholungsgebot.

Ansatz mit 190 000 € + Nebenkosten.

b) Steuerrechtlicher Ansatz:

Soweit in 04 außerplanmäßig abgeschrieben, muss Wertaufholung auf 190 000 € + Nebenkosten erfolgen.

Bei unterschiedlichen Ansätzen in HB und StB sind unter den entsprechenden Voraussetzungen latente Steuern zu berücksichtigen (siehe hierzu Fall 16).

Soweit Aktien zum Umlaufvermögen gehören, ist eine Teilwertabschreibung zulässig, auch wenn die Grenze von 5 % nicht überschritten wird. Nach den Grundsätzen des BMF im Schreiben vom 25. 2. 2000 (BStBl 2000 I 372) liegt eine dauernde Wertminderung in der Regel vor, wenn diese vom Bilanzstichtag bis zum Zeitpunkt der Bilanzaufstellung bzw. bis vor dem vorangegangenen Verkaufszeitpunkt anhält.

Bewertung von Umlaufvermögen

Sachverhalt

Siegfried Steiger (S) betreibt den Handel von Haushaltsgeräten.

S besitzt ordnungsmäßige Buchführung und ermittelt daher seinen Gewinn nach § 5 EStG.

Im Laufe des Wirtschaftsjahres 04 hatte er Haushaltsgeräte einer bestimmten Gattung mit einem Aufwand in Höhe von 100 000 € angeschafft.

Am 31.12.04 war erst die Hälfte dieser Geräte verkauft. Infolge von Rationalisierungsmaßnahmen der Hersteller lagen die Wiederbeschaffungskosten für solche Geräte nach den Verhältnissen vom 31.12.04 um 20 % unter den tatsächlich aufgewendeten Anschaffungskosten.

Am 31.12.05 waren von den 04 angeschafften Geräten nur noch 20 % vorhanden. Die Wiederbeschaffungskosten für solche Geräte nach den Verhältnissen vom 31.12.05 haben sich infolge mehrerer kleinerer Preiskorrekturen der Lieferanten gegenüber dem 31.12.04 um 10 % erhöht.

S hat diese 04 angeschafften Geräte in seiner Handels- und Steuerbilanz zum 31.12.04 mit 45 000 € und zum 31.12.05 mit 20 000 € aktiviert.

Aufgabe

Zu den von S gewählten Bilanzansätzen der Geräte ist Stellung zu nehmen.

Die steuerlich zulässigen Bilanzansätze sind zu ermitteln, wobei eine nicht nur vorübergehende Wertminderung unterstellt werden kann.

Der Stpfl. möchte einen möglichst niedrigen steuerlichen Gewinn ausweisen.

Lehrbuch Buchführung und Bilanzsteuerrecht, Rdn. 1005 ff.

LÖSUNG

Die von S angeschafften Geräte sind zum Verkauf bestimmt und gehören daher zum Umlaufvermögen.

a) **Handelsrechtliche Bewertung:**

Die Bewertung richtet sich nach § 253 Abs. 4 HGB. Danach sind Abschreibungen auf einen niedrigeren Wert zwingend vorgeschrieben (strenges Niederstwertprinzip).

Es gilt ein Wertaufholungsgebot.

b) **Steuerrechtliche Bewertung:**

Der Ansatz eines niedrigeren Teilwerts ist nach § 6 Abs. 1 Nr. 2 Satz 2 EStG nur bei einer voraussichtlich dauernden Wertminderung zulässig. Die Wirtschaftsgüter des Umlaufvermögens sind nicht dazu bestimmt, dem Betrieb auf Dauer zu dienen. Sie werden regelmäßig für den Verkauf oder Verbrauch gehalten. Deshalb kommt dem Zeitpunkt der Veräußerung oder Verwendung für die Bestimmung einer voraussichtlich dauernden Wertminderung eine besondere Bedeutung zu. Hält die Wertminderung bis zum Zeitpunkt der Aufstellung der Bilanz oder dem vorangegangenen Verkaufs- oder Verbrauchszeitpunkt an, so ist die Wertminderung voraussichtlich von Dauer. Zusätzliche Erkenntnisse bis zu diesem Zeitpunkt sind zu berücksichtigen. Allgemeine Marktentwicklungen sind dabei in die Beurteilung einzubeziehen.

1. Ansatz am 31.12.04

Die Anschaffungskosten der am 31.12.04 noch vorhandenen Geräte betragen 50 % von 100 000 € = 50 000 €.

Der Teilwert dieser Geräte beträgt wegen der gesunkenen Wiederbeschaffungskosten 50 000 € abzüglich 20 % = 40 000 €.

In der Handelsbilanz gilt das **Niederstwertprinzip**. Deshalb sind die Geräte mit 40 000 € anzusetzen. Da eine dauernde Wertminderung unterstellt wird, kann in der Steuerbilanz der niedrigere Teilwert angesetzt werden.

Die Maßgeblichkeit der Handelsbilanz für die Steuerbilanz bleibt im Grundsatz auch nach der Änderung des HGB durch das BilMoG erhalten. Das gilt aber nicht, wenn eine steuerliche Regelung besteht, die für die Frage der Bilanzierung oder auch Bewertung eine andere Regelung vorsieht (siehe hierzu § 5 Abs. 1 Satz 1 EStG).

In der StB kann der höhere Wert beibehalten werden. Wegen eines möglichst niedrigen Gewinnausweises sind aber in der StB ebenfalls 40 000 € anzusetzen.

2. Ansatz zum 31.12.05

Am 31.12.05 ergeben sich für diese Geräte folgende Werte:

Anschaffungskosten:	$1/5$ von 100 000 €	=	20 000 €
letzter Bilanzansatz:	$20/50$ von 40 000 €	=	16 000 €
nunmehriger Teilwert:	16 000 € zuzüglich 10 %	=	17 600 €

TEIL A	Buchungstechnik, Bewertungsgrundsätze, Abschlusstechnik
Fall 14	

Nach § 253 Abs. 4 HGB darf S die Geräte nur mit 17 600 € aktivieren. Ein höherer Ansatz, etwa mit den Anschaffungskosten, ist unzulässig.

Steuerrechtlich und handelsrechtlich gilt ein **strenges Wertaufholungsgebot**.

Handelsrechtlich und steuerrechtlich sind 17 600 € auszuweisen.

Zusammenfassende Übersicht über die Bewertung des Anlage- und Umlaufvermögens

	Anlagevermögen Wertminderung(s)		Umlaufvermögen Wertminderung(s)		Wertauf-holungs-
	vorübergehend	dauernd	vorübergehend	dauernd	
HB	a) Finanzanlagen Wahlrecht b) sonstiges AV -verbot	-gebot	-gebot	-gebot	-gebot
StB	a) -verbot b) -verbot	Wahlrecht	-verbot	Wahlrecht	-gebot

FALL 14

Bewertung von Entnahmen

Sachverhalt

Im Unternehmen des Fabrikanten Theodor Tinnen (T) sind für 04 folgende Vorgänge buchmäßig nicht bzw. noch nicht vollständig erfasst:

1. T schenkte seiner Tochter am 2. April 04 einen bisher ausschließlich betrieblichen Zwecken dienenden Pkw, den T 2 Jahre zuvor für 10 000 € + USt erworben hatte. Entsprechend der voraussichtlichen betriebsgewöhnlichen Nutzungsdauer von 5 Jahren betrug der Buchwert dieses Pkw am 31. 12. 04 6 000 €. Der Teilwert betrug im Zeitpunkt der Schenkung 7 000 €.

2. Am 6. August 04 entnahm T ein bisher betrieblichen Zwecken dienendes unbebautes Grundstück mit der Absicht, darauf ein Einfamilienhaus für seine Tochter anlässlich ihrer bevorstehenden Hochzeit zu errichten. Die Anschaffungskosten und gleichzeitig der Buchwert im Zeitpunkt der Entnahme betrugen 40 000 €, der Teilwert im Zeitpunkt der Entnahme 70 000 €.

3. Im Januar 04 erwarb T einen Pkw für 20 000 € zuzüglich 3 800 € Umsatzsteuer. Weitere Buchungen im Zusammenhang mit diesem Pkw hat T bisher nicht vorgenommen.

   Mit diesem Pkw erledigt T auch seine Privatfahrten, die laut Fahrtenbuch 15 % der Gesamtnutzung ausmachen und sich gleichmäßig über das ganze Kalenderjahr 04 verteilen.

   Die voraussichtliche betriebsgewöhnliche Nutzungsdauer dieses Pkw beträgt 5 Jahre.

   Die 04 mit USt belasteten Aufwendungen für diesen Pkw betragen ohne AfA 9 200 € (netto).

Bewertungsgrundsätze

TEIL A
Fall 14

Aufgabe

1. Die grundsätzliche buch- und bilanzmäßige Behandlung von Privatentnahmen ist darzustellen, wobei davon auszugehen ist, dass T ordnungsmäßige Bücher führt und daher seinen Gewinn nach § 5 EStG ermittelt.

2. Die steuerlich richtige Behandlung der einzelnen Vorgänge ist zu erläutern. Die Buchung der einzelnen Vorgänge ist in Buchungssätzen anzugeben.

Lehrbuch Buchführung und Bilanzsteuerrecht, Rdn. 1031 ff.

1. Buch- und bilanzmäßige Behandlung von Privatentnahmen

Privatentnahmen mindern das Betriebsvermögen, ohne dass ein betrieblicher Vorgang, also ein Aufwand vorliegt. Deshalb müssen Privatentnahmen beim Bestandsvergleich dem Vermögensunterschied hinzugerechnet werden.

Die Bewertung der Privatentnahmen hat nach § 6 Abs. 1 Nr. 4 Satz 1 1. HS EStG mit dem Teilwert zu erfolgen.

In den Fällen des § 4 Abs. 1 Satz 3 EStG ist gemäß § 6 Abs. 1 Nr. 5 Satz 1 Ziff. a EStG der gemeine Wert einzusetzen.

Stellt eine Privatentnahme eine nach § 3 UStG unentgeltliche Wertabgabe dar, so ist die darauf entfallende USt nach § 12 Nr. 3 EStG nicht als Betriebsausgabe abzugsfähig. Die USt wird daher zweckmäßig wie eine Privatentnahme auf dem Privatentnahmekonto gebucht.

2. Erläuterung und Buchung der einzelnen Vorgänge

1. Die Schenkung an die Tochter stellt eine private Verwendung des Pkw dar. Der Schenkung geht daher eine Entnahme des Pkw unmittelbar voraus.

   Weil der Pkw bis zum Zeitpunkt der Schenkung noch betrieblich genutzt wurde, ist die Absetzung für Abnutzung bis zu diesem Zeitpunkt noch als betrieblicher Aufwand zu erfassen.

   Weil die Entnahme des Pkw gleichzeitig ein umsatzsteuerbarer Vorgang nach § 3 Abs. 1b UStG ist und eine Befreiungsvorschrift nicht zum Zuge kommt, fällt Umsatzsteuer an.

   Damit ergeben sich noch folgende Buchungen:

a)	Absetzung für Abnutzung ($^1/_4$ von 20 % von 10 000 €)	500 €	an	Fuhrpark	500 €
b)	Privatentnahmen	7 000 €	an	Fuhrpark	5 500 €
				s. b. Erträge	1 500 €
c)	Privatentnahmen	1 330 €	an	Umsatzsteuer	1 330 €

2. Die Grundstücksentnahme ist ebenfalls ein umsatzsteuerbarer, aber nach § 4 Nr. 9a UStG umsatzsteuerfreier Vorgang. Die Buchung der Grundstücksentnahme ergibt sich daher wie folgt:

Privatentnahmen	70 000 €	an	Grundstücke	40 000 €
			s. b. Erträge	30 000 €

3. Trotz der teilweisen Privatnutzung des Pkw bleibt dieser Wagen in vollem Umfang Betriebsvermögen. Entnommen wird lediglich die auf private Verwendung des Pkw entfallende Nutzung. Die Bewertung der Entnahme erfolgt dabei im Wege der Aufteilung der durch die Gesamtnutzung insgesamt anfallenden Aufwendungen.

Nicht in die Aufteilung fallen dagegen die ausschließlich dem betrieblichen oder privaten Bereich betreffenden Aufwendungen (oder auch Erträge); z. B. Teilwertminderung durch wirtschaftliche Überholung, Aufwand oder Ertrag bei Veräußerung oder Entnahme.

Der Unternehmer kann den Vorsteuerabzug in voller Höhe in Anspruch nehmen. Die private Kfz-Nutzung ist als unentgeltliche Wertabgabe (§ 3 Abs. 9a Nr. 1 UStG) der USt zu unterwerfen.

Die noch zu erfassende Privatentnahme errechnet sich wie folgt:

Laufende Aufwendungen 04 insgesamt	9 200,00 €
Absetzung für Abnutzung für 04: 20 % von 20 000 €	4 000,00 €
mithin Aufwendungen durch Gesamtnutzung	13 200,00 €
davon entfallen auf die Privatnutzung 15 %	1 980,00 €
USt	376,20 €
	2 356,20 €

Damit ergeben sich folgende Buchungen:

a)	Absetzung für Abnutzung	4 000,00 €	an	Pkw	4 000,00 €
b)	Privatentnahmen	2 356,20 €	an	Pkw-Aufwendungen	1 380,00 €
				Absetzung für Abnutzung	600,00 €
				USt	376,20 €

FALL 15

Bewertung von Einlagen

Sachverhalt

Uwe Unstet (U) führt in Münster ein Baugeschäft. Er führt seine Bücher ordnungsgemäß und ermittelt daher seinen Gewinn nach § 5 EStG.

Für 04 sind in seiner Buchführung noch folgende Vorgänge zu erfassen:

1. U setzte einen Lkw, den er bislang in einem anderen Gewerbebetrieb (Baustoffgroßhandel in Dortmund) nutzte, ab März 04 in seinem Baugeschäft in Münster ein.

   Der Buchwert dieses Lkw betrug in diesem Zeitpunkt 12 000 €, der Teilwert 19 000 €.

2. Am 5. April 04 führte U seinem Betrieb ein unbebautes Grundstück zu, das er vor fünf Jahren für 20 000 € für private Zwecke erworben hatte. Der Teilwert dieses Grundstückes betrug im Zeitpunkt der Einlage 50 000 €.

3. Im Mai 04 legte U zur weiteren Verstärkung seines Betriebskapitals Aktien mit einem Nennwert in Höhe von 10 000 € in seinen Betrieb ein. U hatte diese Aktien zwei Jahre zuvor zum Kurswert von 20 000 € zuzüglich Nebenkosten in Höhe von 480 € von einer Bank (umsatzsteuerfrei) erworben. Im Zeitpunkt der Einlage betrug der Kurswert dieser Aktien 24 000 €.

4. Am 5. Juni 04 brachte U darüber hinaus GmbH-Anteile in Höhe von 30 % des Stammkapitals dieser Gesellschaft in sein Betriebsvermögen ein. U hatte diese Anteile vor vier Jahren für insgesamt 100 000 € erworben. Der Teilwert beträgt nunmehr 140 000 €.

5. Außerdem führte U Anfang Juli 04 seinem Betrieb einen Pkw zu, den er genau $2^1/_2$ Jahre vorher für 8 000 € (ohne USt) für private Zwecke erworben hatte.

   Die voraussichtliche Nutzungsdauer dieses Pkw beträgt vier Jahre und hat sich durch die Einbringung in das Betriebsvermögen nicht verändert. Der Teilwert dieses Pkw betrug im Zeitpunkt der Einlage 5 000 €.

Aufgabe

1. Die buch- und bilanzmäßige Behandlung der Privateinlagen ist zu erläutern.
2. Zu den einzelnen Vorgängen des Sachverhalts ist die richtige steuerliche Behandlung darzustellen.

Die Buchung der einzelnen Vorgänge ist in Form von Buchungssätzen anzugeben.

Lehrbuch Buchführung und Bilanzsteuerrecht, Rdn. 1055 ff.

1. Buch- und bilanzmäßige Behandlung von Privateinlagen

Privateinlagen erhöhen das Betriebsvermögen, ohne dass ein Ertrag (= betriebsbedingte Vermögenserhöhung) vorliegt. Zur richtigen Gewinnermittlung müssen die Einlagen daher vom Vermögensunterschied abgezogen werden.

Die Bewertung der Privateinlagen erfolgt nach § 6 Abs. 1 Nr. 5 EStG grundsätzlich mit dem Teilwert. Dabei dürfen jedoch höchstens die (fortgeführten) Anschaffungskosten angesetzt werden, wenn das eingelegte Wirtschaftsgut innerhalb der letzten drei Jahre vor der Einlage angeschafft oder hergestellt wurde oder wenn es sich um eine Beteiligung im Sinne des § 17 Abs. 1 EStG handelt.

Dabei werden nach dem BMF-Schreiben vom 27.10.2010 (BStBl I 1204) bei der Einlage abnutzbarer Wirtschaftsgüter folgende Fallgruppen unterschieden:

	Fallgruppe 1	Fallgruppe 2	Fallgruppe 3	Fallgruppe 4
Zeitpunkt	außerhalb von 3 Jahren			innerhalb von 3 Jahren
Höhe des Einlagewertes (= TW)	AoH oder höher	geringer als AoH, aber nicht geringer als fortgeführte AoH	geringer als fortgeführte AoH	fortgeführte AoH
Einlage	zum TW	zum TW	zum TW	zu fortgeführten AoH
AfA-BMG nach Einlage	TW abzüglich bisherige AfA	TW abzüglich bisherige AfA, mindestens fortgeführte AoH	zum TW	fortgeführte AoH

Eine Kürzung der Anschaffungs- oder Herstellungskosten (AoH) um die AfA, die auf die Zeit vor der Einlage entfällt, ist unabhängig davon, ob sich diese einkommensmindernd ausgewirkt hat.

Soweit nach Ablauf der Nutzungsdauer noch ein Restbuchwert verbleibt (z. B. bei Gebäuden), ist dieser erst im Zeitpunkt der Veräußerung bzw. Entnahme gewinnmindernd zu erfassen. Lediglich Teilwertabschreibungen sowie agw. AfA sind zulässig (§ 6 Abs. 1 Nr. 1 Satz 2 u. § 7 Abs. 1 Satz 7 EStG).

2. Erläuterung und Buchung der einzelnen Vorgänge

1. Privateinlagen wie auch Privatentnahmen setzen neben dem Betriebsvermögen einen außerbetrieblichen Lebensbereich (Privatsphäre) voraus. Nur bei Überführung aus dem einen in den anderen Lebensbereich liegt eine Privateinlage bzw. eine Privatentnahme vor.

   Entnahmen liegen aber auch dann vor, wenn ein Wirtschaftsgut von einem Betrieb in einen anderen Betrieb desselben Stpfl. überführt wird, und eine Erfassung der stillen Reserven ertragsteuerlich nicht mehr gewährleistet ist. Diese Voraussetzungen liegen nicht vor. Nach § 6 Abs. 5 EStG ist das Wirtschaftsgut mit dem Wert anzusetzen, der sich nach den Vorschriften der Gewinnermittlung ergibt. Das ist hier der Buchwert.

   Die Buchung im Betrieb in Münster lautet:

   Fuhrpark   12 000 €   an   Kapital   12 000 €

2. Weil die Begrenzungen des § 6 Abs. 1 Nr. 5 a oder b EStG nicht zum Zuge kommen, erfolgt die Einlage zum Teilwert und die Buchung lautet:

   Grundstücke   50 000 €   an   Einlagen   50 000 €

3. Weil die Einlage der Aktien innerhalb von drei Jahren nach der Anschaffung (für private Zwecke) erfolgte, ist die Einlage nur mit den ursprünglichen Anschaffungskosten in Höhe von 20 000 € + 480 € = 20 480 € zu erfassen. Zu buchen ist:

   Wertpapiere   20 480 €   an   Einlagen   20 480 €

4. Die eingebrachten GmbH-Anteile stellen eine Beteiligung im Sinne des § 17 Abs. 1 EStG dar. Daher ist die Einlage nach § 6 Abs. 1 Nr. 5b EStG ohne Rücksicht auf die Länge des Zeitraumes

zwischen Anschaffung und Einlage mit den ursprünglichen Anschaffungskosten, also mit 100 000 € anzusetzen.

Die Buchung lautet:

| Anteile | 100 000 € | an | Einlagen | 100 000 € |

5. Zwischen Anschaffung und Einlage des Pkw liegen $2^1/_2$ Jahre. Deshalb ist die Einlage höchstens mit den Anschaffungskosten – das bedeutet, weil es sich um ein abnutzbares Wirtschaftsgut handelt, mit den abgeschriebenen Anschaffungskosten – anzusetzen. (R 6.12 EStR).

Der Einlagewert ergibt sich wie folgt:

Anschaffungskosten	8 000 €
AfA bei 4jähriger Nutzungsdauer für $2^1/_2$ Jahre	5 000 €
mithin Einlagewert nach § 6 Abs. 1 Nr. 5a EStG	3 000 €

Die Buchung lautet mithin:

| Fuhrpark | 3 000 € | an | Einlagen | 3 000 € |

Latente Steuern

X-AG in Bonn hat ein selbsthergestelltes immaterielles Wirtschaftsgut in der HB mit Herstellungskosten in Höhe von 200 € bilanziert.

Einsatz im eigenen Betrieb am 2.1.08. Die Nutzungsdauer beträgt 4 Jahre. Die Abschreibung wird linear vorgenommen. Am 5.1.09 wird das Wirtschaftsgut günstig für 170 € veräußert.

Aufgaben

1. Welche Gewinnauswirkungen ergeben sich mit welchen Folgen in der HB und StB?
2. Welche Buchungen sind vorzunehmen?

Der Steuersatz ist mit 30 % anzunehmen.

Lehrbuch Buchführung und Bilanzsteuerrecht, Rdn. 1119 f.

1. Nach Handelsrecht kann ein selbstgeschaffener immaterieller Vermögenswert bilanziert werden (§ 248 Abs. 2 HGB).

   Im Steuerrecht besteht dagegen ein Aktivierungsverbot (§ 5 Abs. 2 EStG).

Weiterhin entstehen latente Steuern in der HB, weil handelsrechtlich und steuerrechtlich zulässigerweise unterschiedliche Ansatz- und Bewertungsmethoden angewendet worden sind.

Latente Steuern sind dabei nach dem bilanzorientierten „Temporary-Konzept" zu ermitteln. Die entstandenen Differenzen kehren sich künftig steuerbe- oder -entlastend um.

Eine sich ergebende Steuerbelastung ist als passive latente Steuer anzusetzen, eine Steuerentlastung kann als aktive latente Steuer ausgewiesen werden (§ 274 Abs. 2 HGB). In der Gewinn- und Verlustrechnung ist nach § 274 Abs. 2 HGB der Aufwand oder Ertrag gesondert unter „Steuern vom Einkommen oder Ertrag" zu erfassen.

Aus § 247 Abs. 2 HGB ergibt sich ein Abzinsungsverbot. Kleine Kapitalgesellschaften sind nach § 274a Nr. 5 HGB von der Ermittlung latenter Steuern ausgenommen.

Ein Ansatz latenter Steuern in der StB ist verboten.

Ermittlung der Differenzen:

	HB	StB	Differenz	Steuer 30 %
Abschreib. 08	- 50	Aufw. 200	- 150	- 45
Veräußerung 09	+ 20	Ertr. 170	+ 150	+ 45

2. Buchungen:

08:

HB:	Wirtschaftsgut	200 €	an	Materialaufwand	200 €
	Abschreibung	50 €	an	Wirtschaftsgut	50 €
	Steueraufwand	45 €	an	pass. latente St.	45 €
StB:	Aufwand 200	200 €	an	Materialaufwand	200 €

09:

HB:	Geldkonto	170 €	an	Wirtschaftsgut	150 €
				Erlöse	20 €
	Pass. latente	45 €	an	Steuerertrag	45 €
StB:	Geldkonto	170 €	an	Erlöse	170 €

Beispiel zur Entstehung latenter Steuern

Vorgang	Handelsbilanz	Steuerbilanz	Folge
Firmenwert	Ansatzpflicht Abschreibung auf 5 Jahre. Keine Wertaufholung, §§ 246 Abs. 1, 285 Nr. 13 HGB	Ansatzpflicht Abschreibung auf 15 Jahre. Wertaufholungsgebot, § 7 Abs. 1 EStG	aktive latente Steuer
selbst geschaffene immaterielle WG des AV	Ansatzwahlrecht § 248 Abs. 2 HGB	Ansatzverbot § 5 Abs. 2 EStG	passive latente Steuer
Sonderposten mit Rücklageanteil	Ansatzverbot (umgekehrte Maßgeblichkeit aufgehoben).	Ansatzwahlrecht § 6b EStG	passive latente Steuer

Rückstellungen mit Laufzeit über 1 Jahr	Verzinsung mit durchschnittlichem Marktzins der letzten 7 Jahre, § 253 Abs. 2 HGB	Verzinsung mit 5,5 %, § 6 Abs. 1 Nr. 3a EStG	je nach Höhe des Zinssatzes entweder aktive oder passive latente Steuern
als Herstellungskosten behandelt: – Kosten für soziale Aufwendungen und Einrichtungen – allgemeine Verwaltungskosten	Ansatzwahlrecht § 255 Abs. 2 HGB	bisher: Ansatzwahlrecht zukünftig: Ansatzpflicht R 6.3 Abs. 4 EStR 2008 bzw. EStÄR 2012	je nach Ausübung des Wahlrechts entweder aktive oder passive latente Steuern
Bewertungsvereinfachungsverfahren	Lifo und Fifo zulässig § 256 HGB	nur Lifo zulässig § 6 Abs. 1 Nr. 2a EStG	je nach Entwicklung der Preisverhältnisse aktive oder passive latente Steuern

IV. Abschlusstechnik

FALL 17

Eröffnung und Abschluss

Sachverhalt

Gewerbetreibender Otto (O) ist als selbständiger Industrieberater tätig. Die Inventur zum 31.12.03 hatte folgende Bestände ergeben:

Praxiseinrichtung	8 000 €
Pkw	10 000 €
Kundenforderungen	17 000 €
sonstige Forderungen	10 000 €
Bankguthaben	5 000 €
Kassenbestand	3 000 €
Sonst. Verbindlichkeiten	5 000 €

Die einzelnen Werte entsprechen den **steuerlichen Bewertungsvorschriften**. In der Zeit vom 1. Januar bis 31. Dezember 04 fallen folgende Geschäftsvorfälle an:

1. Aufwendungen für die Praxis fallen in Höhe von 800 € zuzüglich 152 € für Umsatzsteuer (USt) an und werden in Höhe von 530 € durch Banküberweisung und in Höhe von 422 € bar bezahlt.
2. Für ausgeführte Beratungen berechnet O seinen Kunden 22 000 € zuzüglich 4 180 € für USt.
3. Von den Kunden gehen 10 000 € auf dem Bankkonto und 3 000 € bar ein.

TEIL A
Fall 17

Buchungstechnik, Bewertungsgrundsätze, Abschlusstechnik

4. Geräte für die Praxis werden für 15 000 € zuzüglich 2 850 € für USt angeschafft. 12 000 € werden noch 04, der Rest erst 05 durch Banküberweisung bezahlt.

5. Die Angestellten erhalten ihre Gehälter in Höhe von insgesamt 4 800 €, wovon für LSt und KiSt 420 € und für Sozialversicherungsbeiträge 300 € einbehalten werden, so dass 4 080 € bar ausgezahlt werden. Der Arbeitgeberanteil zur Sozialversicherung beträgt ebenfalls 300 €.

6. LSt und KiSt in Höhe von 420 € werden unter Verrechnung mit einem Steuererstattungsanspruch (sonstige Forderungen) beglichen. Die Sozialversicherungsbeiträge werden durch Banküberweisung abgeführt.

7. O hebt vom Bankkonto für private Zwecke 6 000 € ab.

8. Gegenstände der Praxiseinrichtung mit einem Buchwert in Höhe von 2 000 € werden für 2 500 € zuzüglich 475 € für USt gegen Barzahlung verkauft und durch neue Gegenstände ersetzt. Die Anschaffungskosten betragen laut Rechnung 4 000 € zuzüglich 760 € für USt. Bezahlung erfolgt durch Banküberweisung. Die Anschaffungskosten betragen pro Gegenstand jeweils mehr als 1 000 €.

9. Von den Kunden gehen insgesamt weitere 7 000 € auf dem Bankkonto und 2 000 € bar ein.

10. Ein Kunde beanstandet eine Rechnung. O kürzt daraufhin den Netto-Rechnungsbetrag um 200 € und berichtigt dementsprechend die dem Kunden berechnete USt um 38 €.

11. O berechnet seinen Kunden für ausgeführte Beratungen weitere 25 000 € zuzüglich 4 750 € für USt.

12. Von den Kunden gehen auf dem Bankkonto 30 000 € ein. Eine Kundenforderung in Höhe von 2 380 € (brutto!) fällt aus.

13. O bezahlt den fälligen Mietzins für die Praxisräume in Höhe von 1 800 € zuzüglich 342 € für USt durch Banküberweisung.

14. Laufende kleinere Aufwendungen in Höhe von insgesamt 2 000 € zuzüglich 380 € für USt werden in bar bezahlt.

15. An Kraftfahrzeugkosten fallen insgesamt 3 000 € zuzüglich 360 € für USt an; die Bezahlung erfolgt durch Scheck.

Aufgabe

1. Die Eröffnungsbilanz des O auf den 1. Januar 04 ist zu erstellen.

2. Die Sachkonten sind zu eröffnen, die Geschäftsvorfälle sind zu buchen.

3. Der Abschluss ist zum 31.12. 04 durch Umbuchungen auf Abschlusskonten durchzuführen. Das Privatentnahmekonto ist dabei über das Kapitalkonto, das GuV-Konto über das Schlussbilanzkonto abzuschließen. Als Absetzung für Abnutzung sind anzusetzen:

   für Praxiseinrichtung: 2 500 €
   für Pkw: 2 000 €

   Im Übrigen entsprechen die Buchwerte den Inventurwerten.

4. Zu den einzelnen Geschäftsvorfällen sind die Buchungssätze zu bilden (laufende Buchungen).

Abschlusstechnik TEIL A
Fall 17

5. Eine Hauptabschlussübersicht (HÜ) ist zu erstellen.

Lehrbuch Buchführung und Bilanzsteuerrecht, Rdn. 202 ff., 278 ff.

1. Eröffnungsbilanz

Eröffnungsbilanz 1.1.01

Praxiseinrichtung	8 000 €	Sonstige Schulden	5 000 €
Pkw	10 000 €	Kapital	48 000 €
Kundenforderungen	17 000 €		
sonst. Forderungen	10 000 €		
Bankguthaben	5 000 €		
Kassenbestand	3 000 €		
	53 000 €		53 000 €

2. und 3. Buchungen und Abschluss

Praxiseinrichtung

EBK	8 000 €	8. Kasse	2 000 €
4. Bank, Sonstige		Absetzung für Abnutzung	2 500 €
Verbindlichkeiten	15 000 €	SBK	22 500 €
8. Bank	4 000 €		
	27 000 €		27 000 €

Pkw

EBK	10 000 €	Absetzung für Abnutzung	2 000 €
		SBK	8 000 €
	10 000 €		10 000 €

Kundenforderungen

EBK		17 000 €	3. Bank, Kasse	13 000 €
2. Erlöse, USt		26 180 €	9. Bank, Kasse	9 000 €
11. Erlöse, USt		29 750 €	10. Erlöse, USt	238 €
			12. Bank	30 000 €
			12. Forderungsausfälle, USt	2 380 €
			SBK	18 312 €
		72 930 €		72 930 €

TEIL A — Buchungstechnik, Bewertungsgrundsätze, Abschlusstechnik
Fall 17

	sonstige Forderungen			
EBK	10 000 €	6.	noch abzuf. Abgaben	420 €
			SBK	9 580 €
	10 000 €			10 000 €

	Bank			
EBK	5 000 €	1.	Praxisaufwendungen, Vorsteuer	530 €
3. Kundenforderungen	10 000 €			
9. Kundenforderungen	7 000 €	4.	Praxiseinrichtung, Vorsteuer	12 000 €
12. Kundenforderungen	30 000 €			
		6.	Noch abzuführende Abgaben	600 €
		7.	Privatentnahmen	6 000 €
		8.	Praxiseinrichtung, Vorsteuer	4 760 €
		13.	Praxisaufwendungen, Vorsteuer	2 142 €
		15.	Sonstige Aufwendungen, Vorsteuer	3 360 €
			SBK	22 608 €
	52 000 €			52 000 €

	Kasse			
EBK	3 000 €	1.	Praxisaufwendungen, Vorsteuer	422 €
3. Kundenforderungen	3 000 €			
8. Praxiseinrichtung, a. o. Ertrag, USt	2 975 €	5.	Gehälter	4 080 €
9. Kundenforderungen	2 000 €	14.	Sonstige Aufwendungen, Vorsteuer	2 380 €
			SBK	4 093 €
	10 975 €			10 975 €

	Vorsteuer		
1. Bank, Kasse	152 €	USt	4 844 €
4. Bank, Sonstige Verb.	2 850 €		
8. Bank	760 €		
13. Bank	342 €		
14. Kasse	380 €		
15. Bank	360 €		
	4 844 €		4 844 €

Umsatzsteuer

10. Kundenforderungen	38 €	2. Kundenforderungen	4 180 €
12. Kundenforderungen	380 €	8. Kasse	475 €
VoSt	4 844 €	11. Kundenforderungen	4 750 €
SBK	4 143 €		
	9 405 €		9 405 €

Noch abzuführende Abgaben

Bank	600 €	5. Gehälter	720 €
sonst. Ford.	420 €	5. Sonstige Aufwendungen	300 €
	1 020 €		1 020 €

Sonstige Verbindlichkeiten

SBK	10 850 €	EBK	5 000 €
		4. Praxiseinrichtung, Vorsteuer	5 850 €
	10 850 €		10 850 €

Kapital

Privatentnahmen	6 000 €	EBK	48 000 €
SBK	42 000 €		
	48 000 €		48 000 €

Privatentnahmen

7. Bank	6 000 €	Kapital	6 000 €
	6 000 €		6 000 €

Erlöse

10. Kundenforderungen	200 €	2. Kundenforderungen	22 000 €
GuV-Konto	46 800 €	11. Kundenforderungen	25 000 €
	47 000 €		47 000 €

Sonstige betriebliche Erträge

GuV-Konto	500 €	8. Kasse	500 €
	500 €		500 €

TEIL A
Fall 17

Buchungstechnik, Bewertungsgrundsätze, Abschlusstechnik

Gehälter

5. Kasse, noch abzuführende Abgaben	4 800 €	GuV-Konto	4 800 €
	4 800 €		4 800 €

Praxisaufwendungen

1. Bank, Kasse	800 €	GuV-Konto	2 600 €
13. Bank	1 800 €		
	2 600 €		2 600 €

Forderungsausfälle

12. Kundenforderungen	2 000 €	GuV-Konto	2 000 €
	2 000 €		2 000 €

Sonstige Aufwendungen

5. Noch abzuführende Abgaben	300 €	GuV-Konto	5 300 €
14. Kasse	2 000 €		
15. Bank	3 000 €		
	5 300 €		5 300 €

Absetzung für Abnutzung

Praxiseinrichtung	2 500 €	GuV-Konto	4 500 €
Pkw	2 000 €		
	4 500 €		4 500 €

Schlussbilanz (SBK)

Praxiseinrichtung	22 500 €	USt-Schuld	4 143 €
Pkw	8 000 €	Sonstige Verb.	10 850 €
Kundenforderungen	18 312 €	Kapital	42 000 €
sonst. Forderungen	9 580 €	Gewinn (GuV)	28 100 €
Bankguthaben	22 608 €		
Kassenbestand	4 093 €		
	85 093 €		85 093 €

GuV-Rechnung (GuV-Konto)

Gehälter	4 800 €	Erlöse	46 800 €
Praxisaufwendungen	2 600 €	s. b. Erträge	500 €
Forderungsausfälle	2 000 €		
Sonstige Aufwendungen	5 300 €		
Absetzung für Abnutzung	4 500 €		
Gewinn	28 100 €		
	47 300 €		47 300 €

4. Buchungssätze zu den einzelnen Geschäftsvorfällen

1.	Praxisaufwendungen	800 €	an	Bank	530 €
	Vorsteuer	152 €		Kasse	422 €
2.	Kundenforderungen	26 180 €	an	Erlöse	22 000 €
				USt	4 180 €
3.	Bank	10 000 €	an	Kundenforderungen	13 000 €
	Kasse	3 000 €			
4.	Praxiseinrichtung	15 000 €	an	Bank	12 000 €
	Vorsteuer	2 850 €		sonst. Verb.	5 850 €
5. a)	Gehälter	4 800 €	an	noch abzuführende Abgaben	720 €
				Kasse	4 080 €
b)	Sonstige Aufwendungen	300 €	an	noch abzuführende Abgaben	300 €
6.	Noch abzuführende Abgaben	1 020 €	an	sonst. Ford.	420 €
				Bank	600 €
7.	Privatentnahmen	6 000 €	an	Bank	6 000 €
8. a)	Kasse	2 975 €	an	Praxiseinrichtung	2 000 €
				s. b. Erträge	500 €
				USt	475 €
b)	Praxiseinrichtung	4 000 €	an	Bank	4 760 €
	Vorsteuer	760 €			
9.	Bank	7 000 €	an	Kundenforderungen	9 000 €
	Kasse	2 000 €			
10.	Erlöse	200 €	an	Kundenforderungen	238 €
	USt	38 €			
11.	Kundenforderungen	29 750 €	an	Erlöse	25 000 €
				Umsatzsteuer	4 750 €
12.	Bank	30 000 €	an	Kundenforderungen	30 000 €

	Forderungsausfälle	2 000 € an	Kundenforderungen		2 380 €
	USt	380 €			
13.	Praxisaufwendungen	1 800 € an	Bank		2 142 €
	VoSt	342 €			
14.	Sonst. Aufwendungen	2 000 € an	Kasse		2 380 €
	VoSt	380 €			
15.	Sonst. Aufwendungen	3 000 € an	Bank		3 360 €
	VoSt	360 €			

Abschlusstechnik — TEIL A — Fall 17

5. Hauptabschlussübersicht

	Eröffnungsbilanz		Verkehrsbilanz		Summenbilanz		Saldenbilanz I		Umbuchungen		Saldenbilanz II		Schlussbilanz		GuV-Rechnung	
	€	€	€	€	€	€	€	€	€	€	€	€	€	€	€	€
Praxiseinrichtung	8 000		19 000	2 000	27 000	2 000	25 000			2 500	22 500		22 500			
Pkw	10 000				10 000		10 000			2 000	8 000		8 000			
Kundenforderungen	17 000		55 930	54 618	72 930	54 618	18 312				18 312		18 312			
sonst. Ford.	10 000			420	10 000	420	9 580				9 580		9 580			
Bank	5 000		47 000	29 392	52 000	29 392	22 608				22 608		22 608			
Kasse	3 000		7 975	6 882	10 975	6 882	4 093				4 093		4 093			
Vorsteuer			4 844		4 844		4 844			4 844						
Umsatzsteuer			418	9 405	418	9 405		8 987	4 844			4 143		4 143		
Noch abzuführende sonstige Abgaben				1 020		1 020		1 020								
sonstige Verb.		5 000		5 850		10 850		10 850				10 850		10 850		
Kapital		48 000				48 000		48 000	6 000			42 000		42 000		
Privatentnahmen			6 000		6 000		6 000			6 000						
Erlöse			200	47 000	200	47 000		46 800				46 800				46 800
s. b. Erträge				500		500		500				500				500
Gehälter			4 800		4 800		4 800				4 800				4 800	
Praxisaufwendungen			2 600		2 600		2 600				2 600				2 600	
Forderungsausfälle			2 000		2 000		2 000				2 000				2 000	
Sonstige Aufwendungen			5 300		5 300		5 300				5 300				5 300	
Absetzung für Abnutzung									4 500		4 500				4 500	
Summe	53 000	53 000	157 087	157 087	210 087	210 087	115 137	115 137	15 344	15 344	104 293	104 293	85 093	56 993	19 200	47 300
Gewinn														28 100	28 100	
Summe													85 093	85 093	47 300	47 300

TEIL A
Fall 18
Buchungstechnik, Bewertungsgrundsätze, Abschlusstechnik

Abschluss eines Einzelunternehmers

Sachverhalt

Der Kaufmann Max Albers (A) betreibt in Nordkirchen unter seiner im Handelsregister eingetragenen Firma einen Holzverarbeitungsbetrieb mit Möbelhandel. A ermittelt seinen Gewinn nach § 4 Abs. 1 EStG i.V. m. § 5 EStG. Die in der Anlage beigefügte Hauptabschlussübersicht für das Wirtschaftsjahr 1.1.06 bis 31.12.06 ist bis zur Saldenbilanz I (Anlage 1) fertiggestellt. Die Eröffnungsbilanz zum 1.1.06 stimmt mit der Schlussbilanz 31.12.05 überein. A ist zum Vorsteuerabzug nach § 15 UStG berechtigt. Auf Befreiungen nach dem UStG hat er nicht verzichtet. Die Versteuerung erfolgt nach vereinbarten Entgelten (§§ 13, 16 UStG). Der Voranmeldungszeitraum ist der Kalendermonat (§ 18 UStG). Der USt-Satz für das Jahr 06 beträgt 19 %

Die folgenden Geschäftsvorfälle des Jahres 06 sind im Zahlenwerk der Buchführung nicht, bzw. wie bei den einzelnen Textziffern (Tz.) angegeben, gebucht worden.

Tz. 1: Unbebautes Grundstück, Mühlenstr. 26

Dieses unbebaute Grundstück, das etwas außerhalb des Ortes liegt, wurde im Jahre 01 für 100 000 € umsatzsteuerfrei erworben und seitdem als Lagerplatz genutzt. Infolge der Änderung des Bebauungsplanes durch die Gemeinde war der Teilwert des Grundstücks zum 31.12.03 nachweislich auf 80 000 € gefallen, ab Mitte 06 aber auf 90 000 € wieder angestiegen. Dieser Wert bestand auch noch zum 31.12.06.

A hatte in 03 zulässigerweise eine Teilwertabschreibung auf 80 000 vorgenommen. Für 06 will er diesen Wert beibehalten.

Tz. 2: Bebautes Grundstück, Münsterstr. 10

A hatte das unbebaute Grundstück Münsterstr. 10 am 1.4.05 für private Zwecke angeschafft. Es umfasst insgesamt 2 000 qm. Der Kaufpreis hatte 50 €/qm, die Nebenkosten der Anschaffung 3 €/qm betragen (alle Vorgänge ohne USt-Belastung).

Im Jahr 06 entschloss sich A, einen Teil dieses Grundstücks, nämlich 500 qm mit einer Lagerhalle zu bebauen und weitere 1 000 qm als zusätzlichen Lagerplatz zu benutzen.

Die restlichen 500 qm dienen auch weiterhin privaten Zwecken des A. Die betriebliche Nutzung der 1 500 qm des Grundstücks begann am 1.4.06 mit Baubeginn der Lagerhalle und Einrichtung des Lagerplatzes.

Der Teilwert zu diesem Zeitpunkt betrug 50 €/qm, die Nebenkosten eines Erwerbs unverändert 3 €/qm.

Eine Buchung wurde 06 nicht vorgenommen.

Die Lagerhalle wurde am 1.7.06 fertig gestellt und seit diesem Tage genutzt. Die Herstellungskosten haben laut Rechnung des Bauunternehmers 300 000 € + 57 000 € = 357 000 € betragen. A zahlte sofort nach Fertigstellung 200 000 € aus Mitteln, die ihm ein Geschäftsfreund darlehensweise überlassen hatte. A zahlte diesen Betrag Anfang 07 aus einem Lottogewinn zurück.

Den Rest überwies A noch im Jahre 06 von seinem betrieblichen Bankkonto an den Bauunternehmer und buchte:

Lagerhalle 157 000 €   an Bank 157 000 €

Weitere Buchungen erfolgten 06 nicht. Die zulässige AfA beträgt 3 %.

Tz. 3: Maschinen

A hatte am 20.12.05 eine neue Holzbearbeitungsmaschine bestellt, die am 20.1.06 geliefert worden war. Sie hat eine betriebsgewöhnliche Nutzungsdauer von 5 Jahren. Eine Anzahlung in Höhe von 6 000 € war bei Vertragsabschluss im Dezember 05 zu leisten gewesen.

A hatte diese Zahlung 05 wie folgt gebucht:

Anzahlung 6 000 €   an Bank 6 000 €

Die Rechnung für die Maschine ging am Lieferungstag ein. Sie lautet:

Maschine	43 600 €
Transport und Versicherung	1 400 €
	45 000 €
+ USt	8 550 €
zu zahlen	53 550 €

A überwies diesen Betrag im Februar 06 und buchte:

Maschine	43 600 €			
sonst. Aufw.	1 400 €			
VoSt	8 550 €	an	Bank	53 550 €

Im November 06 erhielt A von dem Lieferanten der Maschine folgendes Schreiben:

Lieber Geschäftsfreund!

Aus Versehen haben wir in der Rechnung vom 20.1.06 die von Ihnen geleistete Anzahlung in Höhe von 6 000 € nicht in Abzug gebracht. Außerdem ist uns in der Rechnung ein Schreibfehler unterlaufen. Der Kaufpreis der Maschine beträgt 46 300 € und nicht, wie in der Rechnung angegeben, 43 600 €. Wir überweisen Ihnen deshalb den

Differenzbetrag von		6 000 €
abzüglich	2 700 €	
+ USt	513 €	3 213 €
		2 787 €

Mit freundlichen Grüßen xxx

A war mit dieser Regelung einverstanden. Der Betrag ging am 15.1.07 auf seinem betrieblichen Bankkonto ein. Eine Buchung erfolgte insoweit in 06 nicht mehr.

Die AfA für die übrigen Maschinen beträgt 20 000 €.

TEIL A
Fall 18
Buchungstechnik, Bewertungsgrundsätze, Abschlusstechnik

Tz. 4: Fuhrpark

Zum Betriebsvermögen des A gehören drei Lastkraftwagen, zwei Traktoren und ein Personenkraftwagen. Diesen Pkw mit einer betriebsgewöhnlichen Nutzungsdauer von fünf Jahren hatte A am 20.1.06 erworben, ausgeliefert bekommen und vom Kfz-Händler hierüber folgende Rechnung erhalten:

Listenpreis Fahrzeug	30 000 €
Sonderausstattung	2 000 €
	32 000 €
+ USt	6 080 €
	38 080 €
abzüglich Rabatt 10 %	3 808 €
bleiben	34 272 €
+ verauslagte Versicherungsprämie für die Zeit vom 20.1.06 – 31.12.06	2 400 €
zu zahlen	36 672 €

Dieser Pkw wird nicht privat genutzt.

A überwies diesen Betrag noch im Januar 06 und buchte:

Fuhrpark	30 000 €	an	Bank	36 672 €
sonst. Aufw.	4 400 €		s. b. Erträge	3 808 €
VoSt	6 080 €			

Im Juni 06 erhielt A vom Kfz-Händler die Mitteilung, dass sich die in der Rechnung ausgewiesene USt wegen des Rabatts um 608 € auf 5 472 € mindere.

Eine Buchung aufgrund dieser Mitteilung wurde von A in 06 nicht vorgenommen. Die AfA für die übrigen Fahrzeuge beträgt 15 000 €.

Tz. 5: Geschäftseinrichtung

A hatte vor 5 Jahren von seinem Großvater einen alten, wertvollen Schreibtisch geerbt und seit dieser Zeit nur für private Zwecke benutzt. Am 1.4.06 entschloss sich A, den Schreibtisch in seinem betrieblichen Ausstellungsraum auszustellen, um ihn bei günstiger Gelegenheit zu verkaufen. Der Teilwert betrug zu diesem Zeitpunkt 3 000 €. Nach drei Monaten entschloss sich A jedoch, obwohl zwischenzeitlich einige Kaufinteressenten da gewesen waren, von einem Verkauf abzusehen, weil er sich von dem Möbelstück doch nicht trennen wollte. Er stellte es deshalb am 1.7.06 in seinem Büro auf und erledigte daran nur noch betriebliche Schreibarbeiten. Der Teilwert war zu diesem Zeitpunkt auf 3 500 € gestiegen.

Die Nutzungsdauer ab 1.7.06 kann noch mit fünf Jahren angenommen werden.

Buchungen wurden in diesem Zusammenhang nicht vorgenommen.

Die AfA für die übrige Geschäftseinrichtung beträgt 1 000 €.

Tz. 6: Waren

a) Ein Kunde hat am 28.10.06 eine Partie Fußbodenbretter im ursprünglichen Rechnungsbetrag von 10 000 € + 1 900 € USt = 11 900 € wegen eines Materialfehlers gegen eine gleiche Stückzahl anderer gleichwertiger Bretter umgetauscht. Der Lieferant des A, der seinerseits diese Partie Fußbodenbretter mit 7 000 € + 1 330 € USt = 8 330 € berechnet hatte, sagte noch im Jahre 06 eine entsprechende Erstattung des bereits gezahlten Kaufpreises zu. Die fehlerhaften Bretter wurden deshalb am 30.11.06 zurückgesandt.

Außer der ursprünglichen Lieferung an den Kunden wurden in 06 keine weiteren Buchungen vorgenommen, da Zahlungen bzw. Gutschriften erst 07 erfolgten.

b) Für private Zwecke hat A im Jahre 06 Kaminholz aus dem Lagerbestand entnommen. Es haben betragen

Anschaffungskosten	2 000 €
Teilwert	2 200 €
Verkaufspreis (netto)	3 000 €

A hatte hierfür einen Betrag von 3 570 € noch 06 bar eingezahlt und gebucht:

Kasse	3 570 €	an	Warenverkauf	3 000 €
			USt	570 €

c) A ist Eigentümer eines bebauten Grundstücks in Ascheberg, das **nicht** zu seinem Betriebsvermögen gehört. Dieses Grundstück hat er umsatzsteuerpflichtig vermietet (§ 4 Nr. 12a UStG).

Im Oktober 06 verursachte ein Unwetter einen Dachschaden am Gebäude, der eine völlige Neudeckung des Daches notwendig machte. Das hierfür benötigte Holz stellte A aus seinem Holzverarbeitungsbetrieb zur Verfügung. Die Reparaturarbeiten wurden von einer Dachdeckerfirma aus Münster durchgeführt. Diese Arbeiten waren noch im November 06 abgeschlossen.

Für das von A bereitgestellte Holz haben betragen:

Anschaffungskosten	10 000 € (netto)
Teilwert	9 500 €
Verkaufspreis	12 000 € (netto)

A hatte noch 06 gebucht:

Entnahmen	9 500 €	an	Warenverkauf	9 500 €

d) Der durch Inventur ermittelte Warenbestand zum 31.12.06 betrug 30 000 €.

Tz. 7: Gewerbesteuer

Der Steuerbescheid für 05 ging im September 06 bei A ein, der den angeforderten Betrag in Höhe von 6 500 € sofort bezahlte und buchte:

GewSt-Aufwand	6 500 €	an	Bank	6 500 €

Die GewSt-Vz. für I bis IV/06 wurden in Höhe von jeweils 1 500 € pünktlich gezahlt und gebucht:

GewSt-Aufwand	1 500 €	an	Bank	1 500 €

Weitere Buchungen wurden im Jahre 06 nicht vorgenommen.

Tz. 8: Sonstiges

A hatte sich am 5.1.06 einen jungen Wachhund zugelegt, der Tag und Nacht seinen Lagerplatz bewachen sollte. Nach Auskunft des Verkäufers (Privatmann) rechnete A damit, das Tier etwa 10 Jahre betrieblich verwenden zu können. A hatte für den Hund 1 000 € aus privaten Mitteln gezahlt. Rechnungen über den Kauf wurden nicht ausgestellt. Eine Buchung nahm A ebenfalls nicht vor.

In seiner Freizeit, insbesondere an den Wochenenden, wurde A häufig von Freunden zur Jagd eingeladen. In diesen Fällen nahm er auch seinen Wachhund mit. Dieser Nutzungsanteil kann für 06 mit etwa 20 % der Gesamtnutzung des Hundes angenommen werden.

An Futter und sonstigen Kosten für das Tier entstanden im Jahre 06 insgesamt 1 000 € + 190 € USt = 1 190 €, die als Betriebsausgaben (sonstige Aufwendungen) gebucht wurden, wobei die USt zutreffend behandelt wurde.

Die gute Pflege und die besondere Ausbildung des Wachhundes führten dazu, dass ein Hundezüchter den Wert des Tieres zum 31.12.06 auf 1 500 € schätzte.

Tz. 9: Sonstige Angaben

Soweit sich aus den einzelnen Sachverhalten nichts anderes ergibt, entsprechen die Buchwerte den jeweiligen Inventurwerten.

Aufgabe

Der Abschluss für 06 ist unter Verwendung der Anlage 1 durchzuführen. Zu den einzelnen Punkten des Sachverhalts ist kurz unter Angabe der Rechtsgrundlage Stellung zu nehmen. Die erforderlichen Buchungen sind unter Hinweis auf die entsprechenden Textziffern in einer Umbuchungsliste (Anlage 2) zu erfassen.

Die Zahlen der Umbuchungsliste sind in die Umbuchungsspalte der Hauptabschlussübersicht zu übertragen. Mehrfache Umbuchungen über ein Konto können mit Hilfe von T-Konten (Anlage 3) zusammengefasst werden.

Der Wareneinsatz ist in der Gewinn- und Verlustrechnung auszuweisen (Bruttoabschluss).

In der Bilanz ist nur ein Umsatzsteuerkonto auszuweisen. Die Privatkonten sind über das Kapitalkonto abzuschließen. Soweit Bilanzierungs- oder Bewertungswahlrechte bestehen, ist der getroffenen Entscheidung zu folgen. Liegt eine derartige Entscheidung nicht vor, ist die Sachbehandlung durchzuführen, die für das zu beurteilende Wirtschaftsjahr zum niedrigst zulässigen Gewinn führt. Die AfA ist jedoch in allen Fällen nur linear zu berücksichtigen. Aus Vereinfachungsgründen sind Centbeträge fortzulassen.

LITERATURHINWEIS

Lehrbuch Buchführung und Bilanzsteuerrecht, Rdn. 200 ff.

Abschlusstechnik — TEIL A — Fall 18

Hauptabschlussübersicht der Firma A – 31. 2. 06

Anlage 1 (Aufgabe)

Konten	Saldenbilanz I		Umbuchungen		Saldenbilanz II		Bilanz		GuV-Rechnung	
Grundst. Mühlenstr. 26	80 000	–								
GruBo Münsterstr.	–	–								
Lagerhalle Münsterstr.	157 000	–								
Maschinen	80 000	–								
Fuhrpark	70 000	–								
Geschäftseinrichtung	7 000	–								
Anzahlungen	6 000	–								
Ford./sonst. Forderungen	20 000	–								
Wareneinkauf	140 000	–								
Warenverkauf	–	300 000								
RAP	8 000	–								
Bank/Kasse		5 000								
Einlagen	–	50 000								
Entnahmen	40 000	–								
Kapital	–	170 000								
Verbindlichkeiten	–	80 000								
sonst. Verbindlichkeiten	–	29 000								
USt	–	60 000								
VoSt	12 000	–								
sonst. Aufwendungen	126 500	–								
s. b. Erträge	–	65 000								
GewSt-Aufwendungen	12 500	–								
	759 000	759 000								

65

TEIL A
Fall 18

Buchungstechnik, Bewertungsgrundsätze, Abschlusstechnik

Umbuchungsliste

Anlage 2 (Aufgabe)

Konto	Beträge im Soll	an Konto	Beträge im Haben

Anlage 3 (Aufgabe)

Grundst. Mühlenstr. 26	Grundst. Münsterstr. 10

Lagerhalle	Maschinen

Fuhrpark	Geschäftseinrichtung

Anzahlungen	Forderungen/sonst. Forderungen

Wareneinkauf	Warenverkauf

RAP	Einlagen

TEIL A
Fall 18
Buchungstechnik, Bewertungsgrundsätze, Abschlusstechnik

Entnahmen	sonst. Verbindlichkeiten

USt	VoSt

Darlehensschulden	sonst. Aufwendungen

GewSt-Aufwendungen	AfA

s. b. Erträge	

Tz. 1: Unbebautes Grundstück, Mühlenstr. 26

Das Grundstück gehört zum nichtabnutzbaren Anlagevermögen. Die Bewertung richtet sich nach § 6 Abs. 1 Nr. 2 EStG. Anzusetzen sind danach die Anschaffungskosten. Der niedrigere Teilwert kann angesetzt werden, wenn die Wertminderung voraussichtlich von Dauer ist. Davon ist im vorliegenden Fall auszugehen, so dass die Teilwertabschreibung in 03 zulässig war. Für Wirtschaftsgüter, die bereits am Schluss des vorangegangenen Wirtschaftsjahres zum Anlagevermögen gehört haben, gilt ein strenges Wertaufholungsgebot. Anzusetzen sind deshalb 90 000 €.

Buchungen: siehe Umbuchungsliste, Buchung Nr. 1

Tz. 2: Bebautes Grundstück, Münsterstr. 10

Ab 1.4.06 gehören 1 500 qm zum notwendigen Betriebsvermögen. Es liegt eine Einlage gem. § 4 Abs. 1 EStG vor, die gem. § 6 Abs. 1 Nr. 5 EStG zu bewerten ist. Die Einlage erfolgt innerhalb von drei Jahren nach der Anschaffung, so dass höchstens die Anschaffungskosten anzusetzen sind, soweit der Teilwert nicht niedriger ist.

Der Teilwert entspricht in der Regel den Wiederbeschaffungskosten für ein WG gleicher, Art und Güte im Zeitpunkt der Bewertung einschließlich aller Kosten, die bei einer Wiederbeschaffung aufzuwenden wären, also auch der Nebenkosten. Er ist im vorliegenden Fall niedriger als die ursprünglichen Anschaffungskosten. Die Einlage ist somit mit einem qm-Preis von 50 € zu bewerten, insgesamt also 75 000 €.

Buchung: siehe Umbuchungsliste, Buchung Nr. 2

Das Gebäude gehört zum abnutzbaren Anlagevermögen. Die Bewertung richtet sich nach § 6 Abs. 1 Nr. 1 EStG. Anzusetzen sind danach die Herstellungskosten abzüglich der AfA gem. § 7 Abs. 4 Nr. 1 EStG. Die AfA ist dabei für $^1/_2$ Jahr zu gewähren.

Die abziehbare Vorsteuer gehört nicht zu den Herstellungskosten (§ 9b EStG). Das Darlehen ist betrieblich veranlasst, es ist somit als notwendiges Betriebsvermögen auszuweisen.

Entwicklung:	Herstellungskosten	300 000 €
	./. AfA 3 % für $^1/_2$ Jahr	./. 4 500 €
	Bilanzansatz 31.12.	295 500 €

Buchungen: siehe Umbuchungsliste, Buchungen Nr. 3 und 4

Tz. 3: Maschinen

Die Holzbearbeitungsmaschine gehört zum abnutzbaren Anlagevermögen. Die Bewertung richtet sich nach § 6 Abs. 1 Nr. 1 EStG. Im Zeitpunkt des Erwerbs sind die Anschaffungskosten anzusetzen. Nebenkosten erhöhen die Anschaffungskosten. Die abzugsfähige Vorsteuer gehört nicht dazu (§ 9b Abs. 1 EStG). Die AfA richtet sich nach § 7 Abs. 1 EStG.

Entwicklung:	Kaufpreis	46 300 €
	Nebenkosten	1 400 €
	Anschaffungskosten	47 700 €
	./. AfA 20 %	./. 9 540 €
	Bilanzansatz 31. 12.	38 160 €

Zum 31.12.06 besteht eine sonstige Forderung in Höhe von 2 787 €.

Buchungen: siehe Umbuchungsliste, Buchungen Nr. 5 bis 7

Tz. 4: Fuhrpark

Der am 20.1.06 erworbene Pkw gehört zum abnutzbaren Anlagevermögen. Die Bewertung richtet sich nach § 6 Abs. 1 EStG. Anzusetzen sind im Zeitpunkt des Erwerbs die Anschaffungskosten. Dazu gehören auch die Nebenkosten. Zahlungsabzüge mindern die Anschaffungskosten. Die abzugsfähige Vorsteuer gehört nicht dazu (§ 9b EStG). Durch die Rabattgewährung ist die Vorsteuer entsprechend zu berichtigen. Die AfA richtet sich nach § 7 Abs. 1 EStG i.V. m. R 7.4 Abs. 2 EStR.

Entwicklung:	Kaufpreis	30 000 €
	Nebenkosten	2 000 €
		32 000 €
	./. Rabatt 10 %	./. 3 200 €
		28 800 €
	./. AfA 20 %	./. 5 760 €
	Bilanzansatz 31. 12.	23 040 €

Buchungen: siehe Umbuchungsliste, Buchungen Nr. 8 bis 10

Tz. 5: Geschäftseinrichtung

Mit der Überführung des WG in den betrieblichen Ausstellungsraum, in der Absicht, es im Rahmen des Möbelhandels zu verkaufen, gehört das WG zum notwendigen Betriebsvermögen (Umlaufvermögen). Es liegt am 1.4.06 eine Einlage vor, die gem. § 6 Abs. 1 Nr. 5 EStG mit dem Teilwert = 3 000 € zu bewerten ist. Die Übernahme in das abnutzbare Anlagevermögen am 1.7.06 führt zu keiner Wertänderung. Die AfA richtet sich nach § 7 Abs. 1 EStG i.V. m. R 7.4 Abs. 2 EStR und ist ab 1.7.06 vorzunehmen.

Entwicklung:	Teilwert	3 000 €
	./. AfA 20 % für 6 Monate	./. 300 €
	Bilanzansatz 31. 12.	2 700 €

Buchungen: siehe Umbuchungsliste, Buchungen Nr. 11 bis 13

▶ **Tz. 6: Waren**

a) Es liegt eine Rückgabe von Waren an den Lieferanten vor. Da die Abwicklung erst im Jahre 07 erfolgt, ist der Anspruch auf Ausgleich als Forderung auszuweisen. Die Vorsteuer ist entsprechend zu kürzen.

Buchungen: siehe Umbuchungsliste, Buchung Nr. 14

b) Es liegt eine Entnahme vor, die. gem. § 6 Abs. 1 Nr. 4 EStG mit dem Teilwert zu bewerten ist. Gleichzeitig unterliegt der Vorgang nach § 3 Abs. 1b als unentgeltliche Wertabgabe der USt. Die USt beträgt laut Aufgabenstellung 19 % Die Zahlung des A führt zu einer Einlage von Geld.

Buchungen: siehe Umbuchungsliste, Buchung Nr. 15

c) Der Vorgang ist zutreffend gebucht worden. Es liegt eine Entnahme vor, die mit dem Teilwert zu bewerten ist (§ 6 Abs. 1 Nr. 4 EStG). Ein umsatzsteuerbarer Vorgang liegt nicht vor, weil das Grundstück zum Rahmen des Unternehmens gehört.

Tz. 7: Gewerbesteuer

Die Gewerbesteuer und die darauf entfallenden Nebenleistungen sind keine Betriebsausgaben (§ 4 Abs. 5b EStG). Umgekehrt ist die erstattete Gewerbesteuer keine Betriebseinnahme. Da es sich aber dennoch um betrieblich veranlassten Aufwand bzw. Ertrag handelt, bleibt es bei der bisherigen buchmäßigen Behandlung mit der Folge, dass im Rahmen der steuerlichen Gewinnermittlung eine außerbilanzmäßige Hinzurechnung bzw. Abrechnung zu berücksichtigen ist. Handelsrechtlich ändert sich dagegen nichts.

Nach der Verfügung der OFD-Rheinland vom 5. 5. 2009 S 2137 2009/0006 - St 141 (NWB DokID: SAAAD-21120) kann auch in der Steuerbilanz eine Gewerbesteuer-Rückstellung ausgewiesen werden.

Tz. 8: Sonstiges

Der Wachhund ist ein WG des abnutzbaren Anlagevermögens. Die Bewertung richtet sich nach § 6 Abs. 1 Nr. 1 EStG. Die AfA ist gem. § 7 Abs. 1 EStG i.V. m. R 7.4 Abs. 2 EStR zu berücksichtigen. Ausweis erfolgt auf dem Konto Geschäftseinrichtung.

Die private Nutzung des Tieres stellt eine Entnahme dar. Hinsichtlich der laufenden Kosten liegt eine umsatzsteuerpflichtige unentgeltliche Wertabgabe vor. Die AfA gehört nicht dazu, weil das Tier von einem Privatmann (ohne Vorsteuerabzug) erworben worden war.

Entwicklung:	Anschaffungskosten	1 000 €
	./. AfA 10 %	100 €
	Bilanzansatz 31. 12.	900 €
	Aufwendungen (1 000 + AfA 100)	1 100 €
	davon 20 %	= 220 €
	+ USt (19 % v. 200 €)	38 €
	Entnahme	258 €

Buchungen: siehe Umbuchungsliste Nr. 16 bis 18

TEIL A
Fall 18

Anlage 1 (Lösung)

Hauptabschlussübersicht der Firma A – 31.2.6

Konten	Saldenbilanz I		Umbuchungen		Saldenbilanz II		Bilanz		GuV-Rechnung	
Grundst. Mühlenstr. 26	80 000	–	10 000	–	90 000	–	90 000	–	–	–
GruBo Münsterstr.	–	–	75 000	–	75 000	–	75 000	–	–	–
Lagerhalle Münsterstr.	157 000	–	143 000	4 500	295 500	–	295 500	–	–	–
Maschinen	80 000	–	4 100	29 540	54 560	–	54 560	–	–	–
Fuhrpark	70 000	–	–	21 960	48 040	–	48 040	–	–	–
Geschäftseinrichtung	7 000	–	4 000	1 400	9 600	–	9 600	–	–	–
Anzahlungen	6 000	–	–	6 000	–	–	–	–	–	–
Ford./sonst. Forderungen	20 000	–	11 117	–	31 117	–	31 117	–	–	–
Wareneinkauf	140 000	–	–	7 000	133 000	–	30 000	–	103 000	–
Warenverkauf	–	300 000	800	–	–	299 200	–	–	–	299 200
RAP	8 000	–	–	–	8 000	–	8 000	–	–	–
Bank/Kasse	–	5 000	–	–	–	5 000	–	5 000	–	–
Einlagen	–	50 000	132 570	82 570	–	–	–	–	–	–
Entnahmen	40 000	–	2 876	42 876	–	–	–	–	–	–
Kapital	–	170 000	42 876	132 570	–	259 694	–	259 694	–	–
Verbindlichkeiten	–	80 000	–	–	–	80 000	–	80 000	–	–
sonst. Verbindlichkeiten	–	29 000	–	–	–	29 000	–	29 000	–	–
USt	–	60 000	67 727	7 689	–	–	–	–	–	–
VoSt	12 000	–	57 513	69 513	–	–	–	–	–	–
Darlehensschuld	–	–	–	200 000	–	200 000	–	200 000	–	–
sonst. Aufwendungen	126 500	–	–	13 620	112 880	–	–	–	112 880	–
s. b. Erträge	–	65 000	3 808	–	–	61 192	–	–	–	61 192
GewSt-Aufwendungen	12 500	–	–	–	12 500	–	–	–	12 500	–
AfA	–	–	56 200	–	56 200	–	–	–	56 200	–
	759 000	759 000	611 587	611 587	934 086	934 086	573 694	649 506	284 580	360 392
							75 812	–	75 812	–
							649 506	649 506	360 392	360 392

Außerbilanzielle Hinzurechnung:
Gewinn lt. HÜ: 75 812
+ GewSt-Zahlungen: 12 500
steuerlicher Gewinn: 88 312

Abschlusstechnik TEIL A
Fall 18

Umbuchungsliste   Anlage 2 (Lösung)

	Konto	an	Konto	
		Beträge im Soll		Beträge im Haben
1.	Grundstück	10 000	sonst. Aufw.	10 000
2.	Grundstück	75 000	Einlagen	75 000
3.	Lagerhalle	143 000	Darlehen	200 000
	VoSt	57 000		
4.	AfA	4 500	Lagerhalle	4 500
5.	Maschinen	4 100	Anzahlungen	6 000
	VoSt	513	sonst. Aufw.	1 400
	sonst. Ford.	2 787		
6.	AfA	9 540	Maschinen	9 540
7.	AfA	20 000	Maschinen	20 000
8.	s. b. Erträge	3 808	Fuhrpark	1 200
			VoSt	608
			sonst. Aufw.	2 000
9.	AfA	5 760	Fuhrpark	5 760
10.	AfA	15 000	Fuhrpark	15 000
11.	Geschäftseinr.	3 000	Einlagen	3 000
12.	AfA	300	Geschäftseinr.	300
13.	AfA	1 000	Geschäftseinr.	1 000
14.	Forderungen	8 330	Wareneinkauf	7 000
			VoSt	1 330
15.	Entnahmen	2 618	Einlagen	3 570
	USt	152		
	Warenverkauf	800		

Umbuchungsliste

	Konto	an	Konto	
16.	Geschäfteinr.	1 000	Einlagen	1 000
17.	AfA	100	Geschäftseinr.	100
18.	Entnahmen	258	sonst. Aufw.	220
			USt	38

Vorbereitende Abschlussbuchungen:				
1.	Kapital	42 876	Entnahmen	42 876
2.	Einlagen	132 570	Kapital	132 570
3.	USt	67 727	VoSt	67 727

USt 69 513 ./. 1 938 + 152 = 67 727

Anlage 3 (Lösung)

	Grundstück Mühlenstr. 26			Grundstück Münsterstr. 10	
1)	10 000		2)	75 000	

	Lagerhalle			Maschinen	
3)	143 000	4) 4 500	5)	4 100	6) 9 540
			7)	20 000	
				29 540	

	Fuhrpark			Geschäftseinrichtung	
		8) 1 200	11)	3 000	12) 300
		9) 5 760	17)	1 000	13) 1 000
		10) 15 000			18) 100
		21 960		4 000	1 400

	Anzahlungen			Forderungen/sonst. Forderungen	
		5) 6 000	5)	2 787	
			14)	8 330	
				11 117	

	Wareneinkauf			Warenverkauf	
		14) 7 000			15) 800

	RAP			Einlagen	
					2) 75 000
					11) 3 000
					15) 3 570
					16) 1 000
					82 570

Abschlusstechnik — TEIL A — Fall 18

	Entnahmen			sonst. Verbindlichkeiten	
15)	2 618				
19)	258				
	2 876				

	USt				VoSt		
15)	152	19)	38	3)	57 000	8)	608
				5)	513	14)	1 330
					57 513		1 938

	Darlehensschulden				sonst. Aufwendungen	
		3)	200 000		1)	10 000
					5)	1 400
					8)	2 000
					14)	220
						13 620

	AfA		s. b. Erträge
4)	4 500	8)	3 808
6)	9 450		
7)	20 000		
9)	5 760		
10)	15 000		
12)	300		
13)	1 000		
18)	100		
	56 200		

Besonderheiten bei einer GmbH

Sachverhalt

Aus den Unterlagen der X-GmbH ergeben sich zum Jahresabschluss 02:

- Gezeichnetes Kapital   500 000 €
- Gewinn-Rücklagen (vom 1.1.)   100 000 €
- Gewinnvortrag aus 01   50 000 €
- vorläufiger Jahresüberschuss 02   1 000 000 €

  Bei Ermittlung des Jahresüberschusses wurden als Betriebsausgaben gebucht:
  - KSt-Aufwand   100 000 €
  - Vergütung Beirat   20 000 €
- KSt-Rückstellung (vorläufig)   50 000 €

Außerdem sollen in der Bilanz zum 31.12.02 zusätzlich 80 000 € in Gewinn-Rücklagen eingestellt und für 02 200 000 € ausgeschüttet werden. EK ist ausreichend vorhanden. Der Restgewinn soll nach 03 vorgetragen werden.

Im Jahr 03 beschloss aber die Gesellschafterversammlung für 02:

- Gewinnausschüttung nur   150 000 €
- Zuführung zu Gewinn-Rücklagen   120 000 €
- Rest als Gewinnvortrag nach 03

Aufgabe

1. Zu ermitteln sind

   a) Bilanzgewinn,

   b) Steuerbilanzgewinn,

   c) zu versteuerndes Einkommen,

   d) endgültige KSt-Rückstellung.

2. Jahresergebnis- und Ergebnisverwendungskonto für 02 sind zu erstellen.

3. Das Eigenkapital zum 31.12.02 ist darzustellen.

4. Das Gewinnverwendungskonto für 03 ist zu erstellen.

Lehrbuch Buchführung und Bilanzsteuerrecht, Rdn. 1706 ff.

Zu 1a):

Nach § 268 HGB darf die Bilanz auch unter Berücksichtigung der vollständigen oder teilweisen Verwendung des Jahresergebnisses aufgestellt werden. Geschieht das, so tritt an die Stelle der Posten „Jahresüberschuss/Jahresfehlbetrag" und „Gewinnvortrag/Verlustvortrag" der Posten „Bilanzgewinn/Bilanzverlust". Dabei ist ein vorhandener Gewinn- oder Verlustvortrag in den Posten Bilanzgewinn/Bilanzverlust einzubeziehen. Bereits bei der Feststellung des Jahresabschlusses können Teile des Jahresüberschusses in Gewinnrücklagen eingestellt werden, die nicht für Ausschüttungen an die Gesellschafter zur Verfügung stehen sollen. Das geschieht aus Gründen des Gläubigerschutzes.

Der Bilanzgewinn ergibt sich, wenn der Jahresüberschuss um die Beträge nach § 158 Abs. 1 Nr. 1 – 5 AktG korrigiert wird. Der Weg vom Jahresüberschuss zum Bilanzgewinn kommt nur dann in Betracht, wenn bereits bei Aufstellung der Bilanz für das abgelaufene Geschäftsjahr ein Teil des Jahresergebnisses verwendet wird bzw. Rücklagen aufgelöst werden.

Jahresüberschuss laut GuV	1 000 000 €
+ Gewinnvortrag	50 000 €
./. Einstellung in Rücklagen	80 000 €
(vorl. Bilanzgewinn)	970 000 €

Im Folgejahr erfolgt dann die Gewinnverwendung, wenn die Gesellschafterversammlung über die Verwendung beschließt. Bei der Gewinnverwendung nach Feststellung des Jahresergebnisses handelt es sich um Geschäftsvorfälle des neuen Geschäftsjahres. Der Bilanzgewinn wird deshalb auf ein Gewinnverwendungskonto übernommen. Die weiteren Buchungen, die den Bilanzgewinn betreffen, richten sich dann nach den Beschlüssen der Haupt- bzw. Gesellschafterversammlung. Diese bleibt damit grundsätzlich frei, im Rahmen des § 254 AktG andere Beschlüsse zu fassen. (Siehe unter 4, S. 79).

Zu 1b):

Jahresergebnis bzw. Bilanzgewinn zeigen nicht den Erfolg, sondern den Gewinn, über dessen Verwendung die Gesellschafterversammlung zu beschließen hat. Beide Größen sind deshalb für die Besteuerung unbrauchbar, weil viele Vorgänge sie beeinflusst haben, die steuerlich keine Auswirkungen haben dürfen.

Bilanzgewinn	970 000 €
+ Einstellung in Rücklagen	80 000 €
./. Gewinnvortrag	50 000 €
= Jahresüberschuss/Steuerbilanzgewinn	1 000 000 €

Zu 1c) Ermittlung des zu versteuernden Einkommens:

Nach § 278 HGB sind die Steuern vom Einkommen und Ertrag auf der Grundlage des Beschlusses über die Verwendung des Ergebnisses zu berechnen. Soweit ein Beschluss nicht vorliegt, ist vom Vorschlag über die Verwendung auszugehen.

Weicht der Beschluss später vom Vorschlag ab, braucht der Jahresabschluss nicht geändert zu werden.

Für die Ermittlung der KSt-Rückstellung ist deshalb zunächst das zu versteuernde Einkommen zu ermitteln.

Gewinn lt. Steuerbilanz (ggf. nach Berichtigung)	1 000 000 €
+ Körperschaftsteuer	100 000 €
+ Nebenleistungen zu Personensteuern	–
+ USt auf unentgeltliche Wertabgaben	–
+ 50 % der Aufsichtsratsvergütungen (§ 10 Nr. 4 KStG)	10 000 €
+ nichtabzugsfähige Aufwendungen (§ 4 Abs. 5 EStG)	–
+ sämtliche Spenden i. S. § 9 Abs. 1 Nr. 2 KStG	–
./. steuerfreie Einkünfte i. S. der § 3, 3 a EStG, z. B.: Zinsen, Sanierungsgewinne, Investitionszulagen; nach Verrechnung mit dem damit zusammenhängenden Ausgaben (§ 3c EStG)	–
= Einkommen vor Spendenabzug	1 110 000 €
./. abzugsfähige Spenden (§ 9 Abs. 1 Nr. 2 KStG)	–
= zu versteuerndes Einkommen	1 110 000 €

Zu 1d) Ermittlung der KSt-Rückstellung:

Zu versteuerndes Einkommen 1 110 000 € x 15 % =	166 500 €
./. als Aufwand gebuchte Zahlungen	100 000 €
bleiben	./. 66 500 €
./. Rückstellung bisher	50 000 €
Zuführung	16 500 €

Damit ergeben sich

- endgültiger Jahresüberschuss 1 000 000 € ./. 16 500 € = 983 500 €
- endgültiger Bilanzgewinn 970 000 € ./. 16 500 € = 953 500 €
- endgültiger StB-Gewinn 1 000 000 € ./. 16 500 € = 983 500 €

2. Auf dem Ergebnisverwendungskonto werden alle Vorgänge erfasst, die das Jahresergebnis (GuV) noch verändern. Der Saldo ist der Bilanzgewinn.

Bei Kapitalgesellschaften wird in der Regel unterschieden in

▶ Ergebnisverwendung

= Zuführung zu den Rücklagen
und

▶ Gewinnverwendung

= Beschluss der Haupt- bzw. Gesellschafterversammlung über die Verwendung des Bilanzgewinns

Bei vollständiger Verwendung des Jahresergebnisses nach § 268 HGB steht den Gremien kein verteilungsfähiger Gewinn zur Verfügung.

Jahresergebnis-Konto (GuV) 02

Zuführung Rückstellungen	16 500 €	vorl. Jahresüberschuss	1 000 000 €
Ergebnis-Verwendungs-Konto	983 500 €		
	1 000 000 €		1 000 000 €

Ergebnis-Verwendungs-Konto 02

Gewinn-Rücklagen	80 000 €	Jahresüberschuss	983 500 €
Bilanzgewinn	953 500 €	Gewinnvortrag	50 000 €
	1 033 500 €		1 033 500 €

3. Das Eigenkapital gliedert sich wie folgt:

Bilanz GmbH 31.12.02

...	gez. Kapital	500 000 €
	Gewinn-Rücklagen	180 000 €
	Bilanzgewinn	953 500 €
	...	

4. Wenn im Folgejahr abweichender Beschluss gefasst wird, ändert sich die ursprüngliche Rückstellung (02) nicht (§ 278 HGB).

Gewinnverwendungskonto 03

sonst. Verb. (Dividende)	150 000 €	Bilanzgewinn	953 500 €
Gewinn-Rücklage	40 000 €		
Gewinnvortrag	763 500 €		
	953 500 €		953 500 €

Darstellung des Anlagevermögens im Anlagespiegel gem. § 268 Abs. 2 HGB

Sachverhalt

Die X-GmbH in Münster ist eine große Kapitalgesellschaft i. S. des § 267 Abs. 3 HGB.

Aus der Buchführung für das Geschäftsjahr 05 ergeben sich u. a. folgende Vorgänge, die noch darzustellen und in das bereits vorbereitete Anlagegitter zu übertragen sind:

1. Im Jahr 01 hatte die GmbH für 500 000 € ein unbebautes Grundstück erworben, das sie seitdem als Lagerplatz nutzt. Im Jahr 03 war zulässigerweise eine Teilwertabschreibung auf 300 000 € vorgenommen worden, die aber 05 aufgrund geänderter Verhältnisse wieder zurückgenommen werden konnte.

2. Im Jahr 04 wurde mit der Errichtung einer Lagerhalle begonnen. Die Fertigstellung erfolgte am 1. 7. 05. Die auf das Jahr 04 entfallenden Herstellungskosten in Höhe von 200 000 € wurden unter dem Bilanzposten „geleistete Anzahlungen und Anlagen im Bau" aktiviert. Im Jahr 05 entstanden noch 150 000 € Herstellungskosten.

   Außerdem gehört zum Anlagevermögen ein Bürogebäude, das im Jahr 01 mit 500 000 € hergestellt und ab 1. 10. 01 in Betrieb genommen worden ist. Die GmbH nimmt jeweils die steuerrechtlich höchstzulässige AfA in Anspruch (01 = 10 %).

3. Die Entwicklung des Bilanzpostens „technische Anlagen …" im Anlagespiegel für 04 stellte sich wie folgt dar:

Anschaffungs- oder Herstellungskosten zum 1. 1. 04	200 000 €
Zugänge	+ 20 000 €
Abgänge	./. 30 000 €
kumulierte Abschreibungen	./. 40 000 €
Buchwert 31. 12. 04	150 000 €
Abschreibungen 04	15 000 €

   Am 31. 3. 05 wurde ein WG für 9 000 € (netto) veräußert. Es haben betragen:

Anschaffungskosten	20 000 €
Nutzungsdauer	10 Jahre
Abschreibungen bis 04 (linear)	12 000 €

   Die Abschreibungen der sonstigen WG in diesem Bilanzposten werden in 05 mit 15 000 € verrechnet.

Lehrbuch Buchführung und Bilanzsteuerrecht, Rdn. 922 ff.

Abschlusstechnik — TEIL A — Fall 20

Entwicklung des Anlagevermögens (Anlagespiegel) 05

	Stand 1.1. AK oder HK	Zugänge	Abgänge	Um-buchungen	Abschrei-bungen kumuliert	Zuschrei-bungen	End-bestand 31.12.	End-bestand Vorjahr	Abschrei-bungen Geschäfts-jahr
Lagerplatz	500 000							300 000	
Bebaute Grundstücke	700 000							500 000	
Technische Anlagen und Maschinen	190 000							150 000	
Anzahlungen und im Bau befindliche Anlagen	400 000							400 000	

TEIL A
Fall 20

LÖSUNG

Kapitalgesellschaften haben ein so genanntes Anlagegitter (Anlagespiegel) aufzustellen. Nach § 268 Abs. 2 HGB sind danach in der Bilanz oder im Anhang die Entwicklung der einzelnen Posten des Anlagevermögens darzustellen. Dabei sind, ausgehend von den gesamten Anschaffungs- oder Herstellungskosten, die Zugänge, Abgänge, Umbuchungen und Zuschreibungen des Geschäftsjahres sowie die Abschreibungen in ihrer gesamten Höhe (= kumuliert) gesondert aufzuführen. Außerdem ist nach § 265 Abs. 2 HGB in der Bilanz zu jedem Posten der entsprechende Betrag (Restbuchwert) des vorhergehenden Geschäftsjahres entweder in der Bilanz bei dem betreffenden Posten zu vermerken oder im Anhang anzugeben.

Kleine Kapitalgesellschaften sind nach § 274a HGB von der Anwendung des § 268 Abs. 2 HGB befreit.

Zu 1:

Entwicklung:

Aufwendungen 01	500 000
Abschreibungen 03	./. 200 000
Bestand 31.12.03	300 000
Zuschreibung 05	200 000
Bestand 31.12.05	500 000

Zu 2:

		Abschreibungen	
		kumuliert	Geschäftsjahr
Lagerhalle			
HK	350 000 €		
AfA 05	35 000 €	35 000 €	35 000 €
	315 000 €		
Bürogebäude			
HK	500 000 €		
AfA 01 – 04 (40 %)	200 000 €	200 000 €	
	300 000 €		
AfA 05 (5 %)	25 000 €	25 000 €	25 000 €
	275 000 €	260 000 €	60 000 €

Endbestand Vorjahr:

300 000 + (Differenz 700 – 500 = 200) = 500 000 €

Endbestand 05

315 000 + 275 000 + 200 000 = 790 000 €

Zu 3:

AfA für 05 für das verkaufte WG = $^1/_4$ v. 2 000 € = 500 €; Entwicklung im Anlagespiegel:

Anschaffungs- oder Herstellungskosten 1.1.05 (200 + 20 – 30) =	190 000 €
Zugänge	–
Abgänge	./. 20 000 €
kumulierte Abschreibungen	./. 43 500 €
Buchwert	126 500 €

Die kumulierten Abschreibungen ermitteln sich dabei wie folgt:

bisher	40 000 €
./.	12 000 €
	28 000 €
+	15 500 €
	43 500 €

Abschreibungen des Geschäftsjahres:

	15 000 €
+	500 €
+ Restwert	8 000 €
	23 500 €

TEIL A — Buchungstechnik, Bewertungsgrundsätze, Abschlusstechnik

Fall 20

Entwicklung des Anlagevermögens (Anlagespiegel) 05

	Stand 1.1. AK oder HK	Zugänge	Abgänge	Umbuchungen	Abschreibungen kumuliert	Zuschreibungen	Endbestand 31.12.	Endbestand Vorjahr	Abschreibungen Geschäftsjahr
Lagerplatz	500 000	–	–	–	200 000	200 000	500 000	300 000	
Bebaute Grundstücke	700 000	150 000	–	200 000	260 000	–	790 000	500 000	60 000
Technische Anlagen und Maschinen	190 000	–	20 000	–	43 500	–	126 500	150 000	23 500
Anzahlungen und im Bau befindliche Anlagen	400 000	–	–	200 000	–	–	200 000	400 000	–

Ausweis von Verbindlichkeiten im Handelsrecht

Sachverhalt

Die X-GmbH nimmt bei der Y-Bank ein Darlehen am 1.4.04 zu folgenden Bedingungen auf:

- Nominalwert: 1 400 000 €
- Auszahlung: 95 %
- Zinssatz: 9 % pro Jahr, Zahlung jeweils mit Ablauf des Jahres
- Laufzeit: 7 Jahre
- Tilgung: Jährlich mit 200 000 €
- Sicherung durch Grundschuld mit 1 400 000 €

Aufgabe

Welche Bilanzansätze in der Bilanz zum 31.12.04 ergeben sich nach HGB und welche notwendigen Angaben und Vermerke sind vorzunehmen?

Lehrbuch Buchführung und Bilanzsteuerrecht, Rdn. 1025 ff.

Der Adressat soll ein möglichst zutreffendes Bild von der Finanzlage des Unternehmens erlangen. Deshalb sind vorgeschrieben:

a) Nach 253 Abs. 1 HGB sind Verbindlichkeiten mit ihrem Erfüllungsbetrag anzusetzen: 1 400 000 €.

   Ausweis nach § 266 Abs. 3 HGB als „Verbindlichkeiten gegenüber Kreditinstituten".

   Unter diesem Bilanzposten sind ebenfalls die Zinsen für jeweils 9 Monate auszuweisen: 81 000 €

b) Nach § 268 Abs. 5 HGB ist der Betrag der Verbindlichkeiten mit einer Restlaufzeit bis zu einem Jahr bei jedem gesondert ausgewiesenen Posten zu vermerken, hier also

Zinsen	81 000 €
fällige Rate	200 000 €
	281 000 €

c) Nach § 285 Nr. 1a HGB sind im Anhang anzugeben der Gesamtbetrag der Verbindlichkeiten mit einer Restlaufzeit von mehr als fünf Jahren. Das bezieht sich hier auf die letzte Rate von 200 000 €.

Soweit eine Verbindlichkeit in Raten getilgt wird, erstreckt sich die Pflicht zur Angabe auf die jeweiligen Raten und nicht auf die gesamte Verbindlichkeit.

Soweit ein niedrigerer Betrag ausgezahlt wird, als nominal zurückgezahlt werden muss (Disagio), sieht das HGB ein Wahlrecht vor. Nach § 250 Abs. 3 HGB kann ein RAP gebildet und entsprechend abgeschrieben werden. Nach § 268 Abs. 6 HGB ist dann ein Vermerk aufzunehmen bzw. im Anhang zu erläutern, in welcher Höhe vom Wahlrecht Gebrauch gemacht worden ist.

Für die Kleinstkapitalgesellschaften sieht das Micro-BilG ein Verzicht auf die Laufzeitvermerke bei Verbindlichkeiten mit einer Restlaufzeit bis zu einem Jahr vor.

d) Außerdem sind im Anhang anzugeben der Gesamtbetrag der Verbindlichkeiten, die durch Pfandrechte oder ähnliche Rechte gesichert sind, unter Angabe von Art und Form der Sicherheiten. Das sind hier 1 281 000 €.

HINWEIS

Steuerlich ergeben sich aus der Neufassung des § 253 Abs. 1 HGB keine Auswirkungen, weil im aufgenommenen § 6 Abs. 1 Nr. 3a Buchst. f EStG das Stichtagsprinzip ausdrücklich festgeschrieben wird.

V. Gewinnermittlungsarten

FALL 22

Gewinnermittlungsarten (§ 4 Abs. 1 EStG, § 5 EStG und § 4 Abs. 3 EStG)

Sachverhalt

Aus den vollständigen Aufzeichnungen des Einzelhändlers Oskar Ortel (O) ergeben sich für 04 folgende Summen:

1. Bestände (vollständig und richtig)

	1.1.04	31.12.04
Kassen- und Bankbestand	3 000 €	11 470 €
Kundenforderungen (einschließl. USt)	8 000 €	35 520 €
Warenbestand	35 000 €	18 000 €
Geschäftseinrichtung	27 000 €	23 000 €
Pkw-Kombi	10 000 €	7 000 €
Gebäude	40 000 €	39 000 €
Grund und Boden	18 000 €	18 000 €

Lieferschulden (einschließl. USt)	39 000 €	28 860 €
Sonstige Schulden (ohne USt)	–	4 000 €
USt	1 000 €	1 320 €

Die Anschaffungskosten des am 31.12.04 vorhandenen Warenbestandes betrugen 18 000 €, der Teilwert dieser Ware beträgt 15 000 € (voraussichtlich dauernde Wertminderung).

2. Geschäftsvorfälle

1.	Wareneinkäufe (auf Ziel)	80 000 € zzgl. USt 15 200 € = 95 200 €
2.	Lohn- und Gehaltszahlungen	26 000 €
3.	Sonstige Betriebsausgaben (= Zahlungen)	11 000 € zzgl. USt 1 000 € = 12 000 €
4.	AfA Einrichtung	4 000 €
5.	AfA Pkw-Kombi	3 000 €
6.	AfA Gebäude	1 000 €
7.	Liefererskonti	2 000 € zzgl. USt 380 € = 2 380 €
8.	Kundenskonti	4 000 € zzgl. USt 760 € = 4 760 €
9.	Barentnahmen	17 000 €
10.	Warenentnahmen (Teilwert = Anschaffungskosten) im Mai 04	1 000 €
11.	Wareneinlage (Teilwert = Anschaffungskosten) im Okt. 04	4 000 €
	Geldeinlage im Nov. 04	22 000 €
12.	USt-Zahlungen an das Finanzamt	13 690 €

O schlägt auf die Rechnungspreise der eingekauften Waren 60 % auf. Seine Umsätze sind voll umsatzsteuerpflichtig.

Aufgabe

1. Folgende Konten sind zu erstellen:

   Wareneinkauf, Liefererschulden, Warenverkauf, Kundenforderungen. Bei Wahlrechten ist davon auszugehen, dass O für 04 einen möglichst hohen Gewinn ausweisen möchte.

2. Der Gewinn ist für 04 zu ermitteln, und zwar:

   a) nach § 4 Abs. 1 EStG durch Vermögensvergleich und GuV-Rechnung;

   b) nach § 5 EStG durch Vermögensvergleich und GuV-Rechnung;

   c) nach § 4 Abs. 3 EStG durch Überschussrechnung.

3. Der Unterschied zwischen dem Gewinn nach § 4 Abs. 1 EStG und § 5 EStG sowie zwischen dem Gewinn nach § 4 Abs. 1 EStG und § 4 Abs. 3 EStG ist zu begründen.

TEIL A
Fall 22

Buchungstechnik, Bewertungsgrundsätze, Abschlusstechnik

Lehrbuch Buchführung und Bilanzsteuerrecht, Rdn. 1207 ff.

1. Konten

Wareneinkauf

1.1.	35 000 €	Privatentnahmen	1 000 €
Liefererschulden	80 000 €	SBK	18 000 €
Privateinlagen	4 000 €	GuV (= WES)	100 000 €
	119 000 €		119 000 €

Liefererschulden

Liefererskonti,		1.1.	39 000 €
Vorsteuer	2 380 €	Wareneinkauf,	
Kasse oder Bank	102 960 €	Vorsteuer	95 200 €
SBK	28 860 €		
	134 200 €		134 200 €

Warenverkauf

GuV	160 000 €	Kundenforderungen	160 000 €
	160 000 €		160 000 €

Kundenforderungen

1.1.	8 000 €	Kundenskonti, USt	4 760 €
Warenverkauf, USt	190 400 €	Kasse und Bank	158 120 €
		SBK	35 520 €
	198 400 €		198 400 €

2. Gewinnermittlung

a) Nach § 4 Abs. 1 EStG

Betriebsvermögen 31.12.04	117 810 €
Betriebsvermögen 1.1.04	101 000 €
Betriebsvermögenserhöhung	16 810 €
Privatentnahme (17 000 € + 1 000 € + 190 € für USt)	+ 18 190 €
	35 000 €
Privateinlagen (4 000 € + 22 000 €)	./. 26 000 €
Gewinn	9 000 €

Gewinn- und Verlustrechnung

Wareneinsatz	100 000 €	Warenerlöse	160 000 €
Löhne und Gehälter	26 000 €	Liefererskonti	2 000 €
Sonstige Aufwendungen	15 000 €		
AfA	8 000 €		
Kundenskonti	4 000 €		
Gewinn	9 000 €		
	162 000 €		162 000 €

Wünschte O, den Warenbestand zum 31.12.04 mit dem niedrigeren Teilwert anzusetzen, wozu er bei Gewinnermittlung nach § 4 Abs. 1 EStG berechtigt, nicht aber verpflichtet ist, so vermindert sich hierdurch der Gewinn durch die Teilwertabschreibung um 3 000 € auf 6 000 €.

> **HINWEIS**
>
> Die sonstigen Aufwendungen (15 000 €) ermitteln sich wie folgt:
>
> | | |
> |---|---:|
> | gezahlte Betriebsausgaben (netto) | 11 000 € |
> | Erhöhung sonstige Schulden | 4 000 € |
> | | 15 000 € |

b) Nach § 5 EStG

Bei Gewinnermittlung nach § 5 EStG gelten für die steuerliche Gewinnermittlung neben den rein steuerlichen Vorschriften auch die handelsrechtlichen Bilanzierungs- und Bewertungsvorschriften, soweit dem steuerliche Regelungen nicht entgegenstehen.

Bei der Gewinnermittlung nach § 5 EStG hat O ein Wahlrecht, den niedrigeren Teilwert des Warenbestandes anzusetzen. Da aber nach der Aufgabenstellung ein möglichst hoher Gewinn ausgewiesen werden soll, erfolgt keine Teilwert-Abschreibung. Der Gewinn nach § 5 EStG ergibt sich daher wie folgt:

Betriebsvermögen 31.12.04	117 810 €
Betriebsvermögen 1.1.04 (unverändert)	101 000 €
Betriebsvermögenserhöhung	16 810 €
Privatentnahmen (17 000 € + 1 000 € + 190 € für USt)	+18 190 €
	35 000 €
Privateinlagen (4 000 € + 22 000 €)	./. 26 000 €
Gewinn nach § 5 EStG	9 000 €

GuV-Rechnung

Wareneinsatz	100 000 €	Warenerlöse	160 000 €
Löhne und Gehälter	26 000 €	Liefererskonti	2 000 €
Sonstige Aufwendungen	15 000 €		
AfA	8 000 €		
Kundenskonti	4 000 €		
Gewinn	9 000 €		
	162 000 €		162 000 €

c) Nach § 4 Abs. 3 EStG

Einnahmen aus Verkäufen		158 120 €
Warenentnahmen (zum Teilwert + USt)		1 190 €
Ausgaben für Löhne und Gehälter	26 000 €	
Sonstige Betriebsausgaben	12 000 €	
AfA	8 000 €	
Wareneinlage (Teilwert)	4 000 €	
Ausgaben für Ware	102 960 €	
USt-Zahlungen	13 690 €	
Verlust		7 340 €
	166 650 €	166 650 €

Dabei ermitteln sich

Einnahmen aus Verkäufen:		**Warenbezahlungen:**	
Warenerlöse	160 000 €	Wareneinkauf	95 200 €
+ USt	30 400 €	+ Verbindlichkeiten 1. 1.	39 000 €
	190 400 €		134 200 €
./. Forderungen 31. 12.	35 520 €	./. Verbindlichkeiten 31. 12.	28 860 €
	154 880 €		105 340 €
+ Forderungen 1. 1.	8 000 €	./. Lief.-Skonti	2 380 €
	162 880 €		102 960 €
./. Kunden-Skonti	4 760 €		
	158 120 €		

3. Unterschiede zwischen den ermittelten Gewinnen

a) Zwischen § 4 Abs. 1 EStG und § 5 EStG

Für O könnte sich ein Unterschied in der Höhe des Gewinns nur durch das Absinken des Teilwerts der am 31. 12. 04 vorhandenen Ware unter die Anschaffungskosten ergeben.

Ware gehört zum Umlaufvermögen. O kann nach § 6 Abs. 1 Nr. 2 EStG seinen Warenbestand in der Bilanz zum 31. 12. 04 mit den Anschaffungskosten oder mit dem niedrigeren Teilwert ansetzen, soweit die Wertminderung nicht nur vorübergehend eingetreten ist.

Bei Gewinnermittlung nach § 5 EStG sind aber neben dieser rein steuerlichen Vorschrift auch die handelsrechtlichen Grundsätze ordnungsmäßiger Buchführung zu beachten, soweit dem andere steuerliche Regelungen nicht entgegenstehen. Die Maßgeblichkeit der HB für die StB wird insoweit eingeschränkt. Der Stpfl. kann also abweichend von der HB sein steuerliches Wahlrecht ausüben.

Zu bemerken ist noch, dass eine Teilwertabschreibung auch bei Gewinnermittlung nach § 4 Abs. 1 EStG zulässig ist, so dass insoweit zwischen § 4 Abs. 1 EStG und § 5 EStG ein Unterschied bestehen kann, aber nicht muss.

b) Zwischen § 4 Abs. 1 EStG und § 4 Abs. 3 EStG

Betriebseinnahmen und Betriebsausgaben werden bei Gewinnermittlung nach § 4 Abs. 3 EStG im Zeitpunkt des Zu- bzw. Abflusses erfasst, während sie bei Gewinnermittlung nach § 4 Abs. 1 EStG in dem Wirtschaftsjahr erfasst werden, zu dem sie wirtschaftlich gehören. Soweit Betriebseinnahmen und Betriebsausgaben in das Wirtschaftsjahr fallen, zu dem sie auch wirtschaftlich gehören, müssen deshalb die Gewinne nach § 4 Abs. 1 EStG und § 4 Abs. 3 EStG gleich sein, und nur insoweit, als Betriebseinnahmen und Betriebsausgaben in ein anderes Wirtschaftsjahr fallen, ergeben sich Unterschiede.

Der Gewinn nach § 4 Abs. 1 EStG und der Gewinn nach § 4 Abs. 3 EStG unterscheiden sich also um die Veränderung

- des Bestandes an Kundenforderungen,
- des Bestandes an Lieferantenschulden,
- des Bestandes an Ware sowie
- des Bestandes an sonstigen Forderungen, sonstigen Schulden, aktiven und passiven RAP sowie Rückstellungen.

Der Gewinn nach § 4 Abs. 3 EStG ist höher als der Gewinn nach § 4 Abs. 1 EStG, wenn der Bestand an den genannten Posten sich insgesamt vermindert hat, und niedriger als der Gewinn nach § 4 Abs. 1 EStG, wenn der Bestand an den genannten Posten sich erhöht hat.

Es kann deshalb folgende Kontrollrechnung vorgenommen werden:

Erhöhung Forderungsbestand (35 520 € ./. 8 000 €)	27 520 €
Verminderung Warenbestand (35 000 € ./. 18 000 €)	./. 17 000 €
Verminderung Liefererschulden (39 000 € ./. 28 860 €)	+ 10 140 €
Erhöhung sonstiger Schulden	./. 4 000 €
Erhöhung USt-Schulden	./. 320 €
mithin Bestandsveränderung gesamt	+ 16 340 €
Gewinn nach § 4 Abs. 1 EStG	9 000 €
Erhöhung der Bestände	./. 16 340 €
Mithin Gewinn nach § 4 Abs. 3 EStG	./. 7 340 €

Fall 23

Gewinnermittlung nach § 4 Abs. 3 EStG und Übergang zur Gewinnermittlung nach § 5 EStG, Berichtigung eines Übergangs

Sachverhalt

Erwin Mahler (M) arbeitet seit 01 als selbständiger Rechtsanwalt in Lüdinghausen. Bis 04 einschließlich ermittelte er seine Gewinne durch Einnahmen-Überschuss-Rechnung gem. § 4 Abs. 3 EStG. Auf den 1.1.05 ließ er durch einen Steuerberater eine Anfangsbilanz aufstellen, da er ab 05 zur Gewinnermittlung durch Betriebsvermögensvergleich (§ 4 Abs. 1 EStG) übergeht. Seine Umsätze versteuert M ab 01 nach vereinbarten Entgelten. In 06 findet eine Außenprüfung für 04 und 05 statt, die folgende Feststellungen trifft:

Tz. 1:

Im Januar 04 hat M einen Personalcomputer für seine Kanzlei für 4 000 € + 760 € Umsatzsteuer angeschafft, den er in Raten bezahlte: am 10.6.04, am 10.9.04, am 10.12.04 und am 10.3.05 jeweils 1 190 €. Die betriebsgewöhnliche Nutzungsdauer dieses Computers beträgt fünf Jahre. Diesen Vorgang hat M wie folgt erfasst:

- Im Rahmen der Einnahmen-Überschuss-Rechnung für 04 wurden die Zahlungen in Höhe von 3 570 € als Betriebsausgaben erfasst. In ein Anlageverzeichnis wurde der Computer in 04 nicht aufgenommen.
- In der Anfangsbilanz auf den 1.1.05 hat M den Computer mit 2 400 € angesetzt, obwohl die Wiederbeschaffungskosten zum 1.1.05 für einen fabrikneuen Computer gleicher Art und Güte 3 000 € betrugen.

Tz. 2:

Da eine Kundenforderung gegen F aus Dezember 04 in Höhe von 2 380 € (einschließlich 380 € USt) durch Tod des Klienten am 3.1.05 uneinbringlich wurde, hat M weder diese Forderung noch die damit zusammenhängende Umsatzsteuerschuld in der Anfangsbilanz berücksichtigt.

Im Übrigen wurde die USt-Zahllast am 1.1.05 zutreffend ermittelt.

Bearbeitungshinweise:

Die Veranlagungen für 04 und 05 sind unter dem Vorbehalt der Nachprüfung ergangen (§ 164 AO).

Die AfA-Beträge für 04 wurden dem Anlageverzeichnis entnommen.

M hat sein Wahlrecht hinsichtlich der AfA so ausgeübt, dass er sich in allen Fällen für die lineare AfA entschieden hat. Hieran will er auf jeden Fall festhalten.

Aufgabe

1. Die Anfangsbilanz ist, soweit erforderlich, zu berichtigen.
2. Als Überschuss der Betriebseinnahmen über die Betriebsausgaben in 04 hat M bisher 41 000 € ermittelt. Der Überschuss laut Außenprüfung ist festzustellen.

3. Als Ergebnis des für 05 durchgeführten Betriebsvermögensvergleiches wurden bisher 45 000 € Bilanzgewinn errechnet. Ggf. ist der zutreffende Gewinn für 05 zu ermitteln. Gehen Sie hierbei davon aus, dass Feststellungen gegen die Richtigkeit der Bilanz auf den 31.12.05 **nicht** getroffen wurden.

4. M hat in 04 den Gewinn von 41 000 €, in 05 einen Gewinn von 45 000 € versteuert. Ermitteln Sie die zutreffenden steuerpflichtigen Gewinne für 04 und 05. Berücksichtigen Sie hierbei, dass M für 05 einen möglichst niedrigen Gewinn versteuern will. Ein ggf. erforderlicher Antrag gilt als gestellt.

Anfangsbilanz auf den 1.1.05

	StB	Änderungen	PB
Computer	2 400		
Geschäftsausstattung	25 000		
Pkw	20 000		
Honorarforderungen	34 200		
Summe Aktiva	81 600		
USt-Zahllast	2 400		
Sonst. Verbindlichkeiten			
– für Löhne	3 000		
– für Computer	1 190		
Kapital	75 010		
Summe Passiva	81 600		

Lehrbuch Buchführung und Bilanzsteuerrecht, Rdn. 1215 ff.

Zu 1:

Die berichtigte Bilanz ist aus der Anlage ersichtlich.

Die Honorarforderungen sind hierbei um 2 380 €, die USt ist entsprechend um 380 € zu erhöhen (Tz. 2).

Der Computer (Tz. 1) ist mit dem Teilwert anzusetzen. Dieser ermittelt sich wie folgt:

Anschaffungskosten eines fabrikneuen, baugleichen Computers zum Bilanzstichtag	3 000 €
./. AfA für 1 Jahr (20 % von 3 000 €)	600 €
	2 400 €

Zu 2:

Erklärter Gewinn 04 lt. Überschussrechnung	41 000 €
+ Betriebsausgabenkürzung lt. Tz. 1	3 000 €
./. AfA-Mehr lt. Tz. 1 (20 % von 4 000 €)	800 €
Gewinn 04 lt. Bp	43 200 €

Zu 3:

Die Gewinnauswirkung als Folge der Änderung der Anfangsbilanz lässt sich mit Hilfe einer Staffel darstellen:

Forderungen	StB	PB	Auswirkungen	
1.1.05	–	2 380	Kapital 1.1.	+ 2 000
			USt 1.1.	+ 380
Ausbuchung 05	–	./. 2 380	USt 05	./. 380
			Gewinn 05	./. 2 000
31.12.05	–	–		

Gewinn lt. StB	45 000 €
./. Gewinnminderung	2 000 €
Bilanzgewinn 05 lt. Bp	43 000 €

Zu 4:

Der Wechsel der Gewinnermittlungsart erfordert zur Vermeidung doppelter Auswirkung bzw. zwecks Berücksichtigung bisher noch nicht erfasster Erträge und noch nicht geltend gemachter Aufwendungen folgende Hinzu- bzw. Abrechnungen:

+ Forderungen 1.1.05	36 580 €
./. USt-Schuld 1.1.05	2 780 €
./. sonst. Verb. für Löhne 1.1.05	3 000 €
./. bisher nicht berücksichtigungsfähige Teilwertabschreibung (s. Tz. 1)	800 €
./. Vorsteuer in Restkaufpreisschuld „Computer", da keine AK	190 €
	29 810 €

Nach R 4.6 Abs. 1 Satz 4 EStR kann der Zurechnungsbetrag von 29 810 € gleichmäßig auf die Jahre 05 bis 07 verteilt werden.

Daher beträgt der steuerpflichtige Gewinn 05

Bilanzgewinn	43 000 €
$1/3$ von 29 810 €	9 936 €
	52 936 €

Für 04 ist als Gewinn das Ergebnis der Überschussrechnung zu versteuern: 43 200 €.

Anfangsbilanz auf den 1.1.05

	StB	Änderungen	PB
Aktiva			
Computer	2 400		2 400
Geschäftsausstattung	25 000		25 000
Pkw	20 000		20 000
Honorarforderungen	34 200	2) + 2 380	36 580
Summe Aktiva	81 600		83 980
Passiva			
USt-Zahllast	2 400	2) + 380	2 780
Sonst. Verbindlichkeiten			
– für Löhne	3 000		3 000
– für Computer	1 190		1 190
Kapital	75 010	2) + 2 000	77 010
Summe Passiva	81 600		83 980

VI. Internationale Rechnungslegung

Langfristige Fertigungsaufträge

Sachverhalt

Die X-AG hat in ihrer HB/StB-Bilanz zum 31.12.05 unter der Position „unfertige Erzeugnisse" eine Auftragsfertigung für die Y-AG bilanziert. Diesen Auftrag bekam die X-AG in 04. Sie bilanzierte die bis Ende 05 angefallenen Herstellungskosten mit 3 360 000 €. Die Fertigstellung war für Mitte 06 vorgesehen. Der mit der Y-AG vereinbarte Festpreis betrug 5 500 000 € zuzüglich 19 % Umsatzsteuer. Die Produktionskosten auf Vollkostenbasis belaufen sich insgesamt auf 4 200 000 € (netto).

Anzahlungen waren von der Y-AG in 05 in Höhe von 3 570 000 € (einschließlich 19 % Umsatzsteuer) geleistet worden. Die Umsatzsteuer war zutreffend von der X-AG noch in 05 an das zuständige Finanzamt abgeführt worden.

Zu unterstellen ist, dass die Auftragserlöse, die Auftragskosten und der Fertigungsgrad verlässlich geschätzt werden können.

Aufgabe

Welche Ansätze und Buchungen würden sich bei Übergang zur IAS/IFRS-Rechnungslegung ergeben? Die Steuerbelastung ist mit 30 % zu unterstellen.

TEIL A	Buchungstechnik, Bewertungsgrundsätze, Abschlusstechnik
Fall 24	

Lehrbuch Buchführung und Bilanzsteuerrecht, Rdn. 1851 ff. und 1892

Handels- und Steuerrecht sehen Erträge aus längerfristigen Fertigungsaufträgen grundsätzlich erst mit Fertigstellung und Abnahme als realisiert an.

Dagegen führen diese Aufträge unter bestimmten Voraussetzungen nach IAS 11 zu einer Gewinnrealisierung nach dem Leistungsfortschritt. Voraussetzungen sind u. a., dass

► Auftragserlöse,
► Auftragskosten,
► Fertigstellungsgrad

verlässlich geschätzt werden.

Zeitpunkt des Fertigstellungsauftrages und Zeitpunkt der Fertigstellung fallen dabei üblicherweise in zwei verschiedene Berichtsperioden.

Außerdem gehört dazu, dass diese Regelung nur auf Fertigungsaufträge angewendet wird, die für die wirtschaftliche Lage des Unternehmens wesentlich sind.

Der Fertigstellungsgrad kann dabei nach der „cost-to-cost-method" ermittelt werden. Die bis zum Stichtag angefallenen Auftragskosten werden ins Verhältnis zu den geschätzten gesamten Auftragskosten gesetzt. Erhaltene Anzahlungen sind gesondert auszuweisen. Ein Ansatz des Netto-Wertes ist zulässig.

Im Verhältnis zu den steuerlichen Regelungen wird es in der IAS/IFRS-Bilanz zu einem höheren Wertansatz kommen. Die Folge ist, dass in der IAS/IFRS-Bilanz passive Steuerlatenzen auszuweisen sind.

Ermittlung des Fertigungsgrades:

$$\frac{3\,360\,000}{4\,200\,000} = 80\,\%$$

80 % von 5 500 000	4 400 000
Herstellungskosten	3 360 000
Teilgewinn	1 040 000

Buchungen:

Forderungen aus unfertigen Erzeugnissen an unfertige Erzeugnisse	3 360 000
Forderungen aus unfertigen Erzeugnissen an Gewinnrücklage	1 040 000
Gewinnrücklage an latente Steuern	312 000

Die erhaltenen Anzahlungen werden mit 3 000 000 € (netto) gesondert ausgewiesen.

Fall 25

Forschungs- und Entwicklungskosten

Sachverhalt

In der Forschungs- und Entwicklungsabteilung der Y-AG wird seit 04 an einem Herstellungsverfahren gearbeitet, das voraussichtlich später in der eigenen Produktion Verwendung finden soll. Anfang 05 ist das Verfahren ausgereift, so dass es zum Patent angemeldet wurde. Anschließend wurde es dann in der Produktionsabteilung erfolgreich eingesetzt.

An Kosten sind angefallen:

Im Jahr 04

- Forschungskosten von 300 000 €,
- Entwicklungskosten von 200 000 €.

Im Jahr 05

- weitere Entwicklungskosten von 400 000 €,
- Patentanmeldung von 50 000 €.

Eine Aktivierung der angefallenen Herstellungskosten in der HB/StB erfolgte weder 04 noch 05.

Die Nutzungsdauer des Patentes kann mit 10 Jahren angenommen werden.

Zu unterstellen ist eine Steuerbelastung von 30 %.

Aufgabe

Welcher Ansatz und welche Buchungen ergeben sich bei Übergang in der IFRS-Bilanz 04 und 05?

Lehrbuch Buchführung und Bilanzsteuerrecht, Rdn. 1870

Selbstgeschaffene immaterielle Vermögenswerte, die im eigenen Produktionsbetrieb genutzt werden, dürfen nicht nach Steuerrecht aktiviert werden (§ 5 Abs. 2 EStG).

Die aufgewendeten Kosten stellen Aufwand dar in beiden Jahren.

Nach IAS 38 gilt:

- die in der Forschungsphase angefallenen Aufwendungen dürfen nicht aktiviert werden
- die in der Entwicklungsphase angefallenen Aufwendungen sind zu aktivieren, wenn die entsprechenden Voraussetzungen
  - technische Realisierbarkeit
  - Absicht und Fähigkeit der Fertigstellung und Nutzung

TEIL A — Buchungstechnik, Bewertungsgrundsätze, Abschlusstechnik

Fall 25

- Vorhandensein eines Marktes
- Fähigkeit exakter Kostenerfassung

gegeben sind.

Die einzubeziehenden Herstellungskosten sind erst ab dem Zeitpunkt zu aktivieren, in dem alle Voraussetzungen für den immateriellen Vermögenswert erbracht worden sind. Das sind im Beispielsfall grundsätzlich nur die Kosten, die in 05 entstanden sind.

In 04 bleibt es auch nach IAS 38 bei sofort abzugsfähigen Aufwendungen. Eine Nachaktivierung erfolgt nicht.

Damit sind in 05 zu aktivieren:

Entwicklungskosten	400 000 €
Patentanmeldung	50 000 €
	450 000 €

Der Bilanzansatz – Jahres-AfA unterstellt – zum 31.12.05 = 405 000 €.

Buchungen in der IFRS-Bilanz

IWG 405 000 € an Gewinnrücklage 405 000 €

Gewinnrücklage 121 500 € an latente Steuern 121 500 €

HINWEIS

Die im Regierungsentwurf zum BilMoG vorgesehene Streichung des § 248 Abs. 2 HGB hätte zu einer Aktivierungspflicht selbst hergestellter immaterieller Vermögensgegenstände geführt. Im Gesetzgebungsverfahren ist aber die Aktivierungspflicht zu einem Aktivierungswahlrecht ausgestaltet worden. Das Aktivierungsverbot in § 5 Abs. 2 EStG für die Steuerbilanz bleibt jedoch bestehen.

Bilanzieller Ausweis von selbst geschaffenen immateriellen Anlagewerten:

		Handelsbilanz	IFRS-Bilanz	Steuerbilanz
1.	entstandene Kosten in – Forschungsphase	Ansatzverbot (§§ 248 Abs. 2, 255 Abs. 2a HGB)	Ansatzverbot (IAS 38.54)	Ansatzverbot (§ 5 Abs. 2 EStG)
	– Entwicklungsphase	Ansatzwahlrecht (§§ 248 Abs. 2 HGB)	Ansatzpflicht (IAS 38.57)	Ansatzverbot (§ 5 Abs. 2 EStG)

		Handelsbilanz	IFRS-Bilanz	Steuerbilanz
2.	Abschreibungen – planmäßige	§ 253 Abs. 3 HGB	nur bei begrenzter Nutzungsdauer (IAS 38.97)	–
	– außerplanmäßige	§ 253 Abs. 3 HGB	– bei begrenzter Nutzungsdauer – bei unbegrenzter Nutzungsdauer Wertminderungstest (IAS 36.9)	–
3.	Wertaufholung	Gebot (§ 253 Abs. 5 HGB)	Gebot (IAS 36.117)	–
4.	generelles Ansatzverbot für	Markennamen Drucktitel Verlagsrechte Kundenlisten u. ä. (§ 248 Abs. 2 HGB)	wie in der Handelsbilanz (IAS 38.63)	–

Außerplanmäßige Abschreibung – latente Steuern

Die X-AG hat am 1.10.08 eine neue Maschine zur Herstellung von Kunststoffteilen für 200 000 € (netto) erworben und umgehend in der Produktion eingesetzt. Die Nutzungsdauer beträgt 10 Jahre. Es wird die lineare Abschreibung gewählt. Am 31.12.09 könnte diese Maschine für 165 000 € (netto) veräußert werden, wobei Veräußerungskosten in Höhe von 5 000 € (netto) entstehen würden.

Aufgabe:

Welche Auswirkungen und Buchungen ergeben sich zum 31.12.09 für die IFRS-Bilanz und Steuerbilanz, wenn unterstellt wird, dass die Wertminderung nicht von Dauer ist?

Der Steuersatz ist mit 30 % anzunehmen.

Lehrbuch Buchführung und Bilanzsteuerrecht, Rdn. 1896, 1901, 1907

Die Maschine ist mit den Anschaffungskosten von 200 000 € als abnutzbares Anlagevermögen zu bilanzieren (IAS 16.15 bzw. § 5 Abs. 1 EStG).

TEIL A — Buchungstechnik, Bewertungsgrundsätze, Abschlusstechnik
Fall 26

Der Unternehmer wählt die Abschreibungsmethode aus, die am genauesten den erwarteten Verlauf des Verbrauchs des künftigen wirtschaftlichen Nutzens des Vermögenswertes widerspiegelt. Das soll hier die lineare Abschreibung sein. Die Abschreibung erfolgt grundsätzlich monatsgenau ab Zeitpunkt der Fertigstellung bzw. Lieferung. Diese Regelungen entsprechen auch den Regelungen im Steuerrecht bzw. Handelsrecht.

An jedem Abschlussstichtag ist dann zu schätzen, ob irgendein Anhaltspunkt dafür vorliegt, der zu einer Wertminderung führt. Dabei sind externe und interne Informationsquellen heranzuziehen.

Ein Vermögenswert ist wertgemindert, wenn sein Buchwert seinen erzielbaren Betrag übersteigt. Diese Verringerung stellt einen Wertminderungsaufwand dar, der grundsätzlich im Gewinn oder Verlust zu erfassen ist (IAS 36).

Eine außerplanmäßige Abschreibung muss unabhängig von der Wertminderungsdauer erfolgen. Der erzielbare Betrag ist das Maximum aus beizulegendem Zeitwert abzüglich der Veräußerungskosten, also der Nettoveräußerungspreis (IAS 36.59).

Im Steuerrecht dagegen kann eine außerplanmäßige Abschreibung (= Teilwertabschreibung) beim Anlagevermögen nur dann erfolgen, wenn eine dauernde Wertminderung vorliegt (§ 6 Abs. 1 Nr. 1 EStG). Nach der IFRS-Rechnungslegung ergibt sich ein Ansatz von 165 000 − 5 000 = 160 000 € zum 31.12.09.

	StB	Gewinn	IFRS	Gewinn
1.10.08	200 000	–	200 000	–
Abschreibung	5 000	./. 5 000	5 000	./. 5 000
31.12.08	195 000	–	195 000	–
Abschreibung	20 000	./. 20 000	20 000	./. 20 000
apl. Abschreibung	–	–	15 000	./. 15 000
31.12.09	175 000		160 000	

Der Wert laut IFRS-Bilanz liegt somit um 15 000 € unter dem Ansatz in der St-Bilanz.

Im Ergebnis weichen IFRS-Gewinn und StB-Gewinn voneinander ab. Damit ist die Steuer auf den IFRS-Gewinn niedriger als die Steuer auf den StB-Gewinn.

Das wird durch latente Steuern korrigiert. Damit erfolgt durch die latenten Steuern die zutreffende Steuerabgrenzung im Verhältnis zur effektiven Steuer. In der IFRS-Bilanz sind sowohl aktive als auch passive latente Steuern auszuweisen. Es entsteht somit eine aktive latente Steuer in Höhe von 30 % v. 15 000 = 4 500 €, die durch planmäßige Abschreibung über die Restnutzungsdauer von $8^{3/4}$ Jahren aufgelöst wird.

Dabei sind zu unterscheiden:

- Differenzen, die sich auf den Erfolg auswirken, wie z. B. durch unterschiedliche Nutzungsdauer in StB und IFRS-Bilanz. Diese Differenzen sind in der GuV-Rechnung auszuweisen.

und

Internationale Rechnungslegung — TEIL A — Fall 26

- Differenzen, die sich gewinnneutral ergeben, wie z. B. solche, die durch Neubewertung von Sachanlagen entstehen.
  Diese Differenzen sind im „sonstigen Ergebnis" zu erfassen.

Buchungen:

- Maschinen   200 000 € an Geld   200 000 €
- Abschreibungen   5 000 € an Maschinen   5 000 €
- Abschreibungen   20 000 € an Maschinen   20 000 €
- apl. Abschreibungen   15 000 € an Maschinen   15 000 € ⎫
- akt. lat. Steuer   4 500 € an Steuerertrag   4 500 € ⎬ nur IFRS-Bilanz
- Steueraufwand   515 € an akt. lat. Steuer   515 € ⎭

Teil B: Bilanzberichtigung/Berichtigungstechnik

I. Einführung

Im Nachfolgenden soll anhand von typischen Beispielen die Problematik von Bilanzberichtigungen bis hin zur Prüferbilanz erläutert und geübt werden. In allen Fallbeispielen ist vorausgesetzt, dass bereits vom Steuerpflichtigen eine so genannte Steuerbilanz (StB) einschließlich einer Gewinn- und Verlust-Rechnung erstellt wurde. Diese Unterlagen einschließlich der dazu gehörenden Steuererklärungen sind in allen Fällen dem Finanzamt eingereicht worden. Das Finanzamt hat alle erforderlichen Veranlagungen nach § 164 Abs. 1 AO unter dem Vorbehalt der Nachprüfung erlassen. Es sollen also keine berichtigungsspezifischen Probleme der AO auftauchen.

Das Finanzamt führt dann für die angegebenen Jahre eine Außenprüfung durch. Die einzelnen Textziffern sollen die Feststellungen des Betriebsprüfers wiedergeben. Mit diesen Feststellungen muss in allen Fällen vom Bearbeiter – ausgehend von der vorgegebenen Steuerbilanz (StB) – eine so genannte Prüferbilanz (PB) erstellt werden. Dies ist zum letzten Bilanzstichtag des Prüfungszeitraumes zwingend erforderlich, da dem Steuerpflichtigen diese Prüferbilanz auch als Grundlage für die Eröffnungsbilanz für das erste Wirtschaftsjahr nach der Prüfung dient. Würde der Steuerpflichtige im neuen Wirtschaftsjahr seine bisherige letzte Steuerbilanz als Eröffnungsbilanz verwenden, wäre der Bilanzenzusammenhang durchbrochen. Er muss seine Bilanz an die Bilanz des Prüfers anpassen.

In der Praxis wird deshalb sehr häufig nur auf den letzten Bilanzstichtag des Prüfungszeitraumes eine Prüferbilanz aufgestellt. Nur wenn aus anderen Gründen, z. B. wegen der Notwendigkeit der Aufstellung einer Auseinandersetzungsbilanz eine „Zwischen"-Prüferbilanz erforderlich wird, muss diese erstellt werden. Für Zwecke der Ausbildung halten wir es jedoch für sinnvoll, bis Fallgruppe 7 zu jedem Bilanzstichtag im Prüfungszeitraum eine Prüferbilanz zu erstellen. Erst der Geübte sollte darauf verzichten.

Hilfreich ist es bei der technischen Darstellung, wenn man zwischen der Steuerbilanz und der Prüferbilanz jeden Jahres eine weitere Spalte für die Änderungen bei der jeweiligen Bilanzposition vorsieht. Ergeben sich mehrere Änderungen bei einer Bilanzposition pro Jahr, sollte man zur eigenen Übersichtlichkeit so genannte „Sammel-T-Konten" zwischenschalten. Hier können dann alle Änderungen eines Jahres in Soll und Haben gesammelt werden und nur der Jahressaldo in die Änderungsspalte übernommen werden.

Solche „Sammel-T-Konten" werden häufig für die Konten „Umsatzsteuer", „Vorsteuer", „Entnahmen", „Einlagen", „sonstige Verbindlichkeiten" und ähnliche erforderlich sein.

Aktiva/Passiva	StB 31. 12.	Änderungen	PB 31. 12.	StB 31. 12.	Änderungen	PB 31. 12.

(Ab Fallgruppe 8 ohne die Spalten 3 und 4)

Gleichzeitig wird sowohl in der Praxis der Außenprüfung als auch im Bereich der Ausbildung regelmäßig das Erstellen einer „Mehr- und Weniger-Rechnung" (Plus-Minus-Rechnung) verlangt. Hierdurch soll dem Steuerpflichtigen für jede einzelne Feststellung die Auswirkung auf den Gewinn des Jahres aufgezeigt werden. Eine solche Erläuterung erscheint in der Praxis für den Steuerpflichtigen zum Verständnis der Auswirkungen der Prüfungsfeststellungen unverzichtbar.

Für die Mehr- und Weniger-Rechnungen sollte einheitlich folgendes Schema verwendet werden:

Tz.	Vorgang	01		02	
		+	./.	+	./.
	Summen abzüglich				
	Mehr/Weniger Gewinn lt. StB	+		+	
	Gewinn lt. Bp:				

Hier kann für jede Textziffer getrennt in der Spalte „Vorgang" die Position der Gewinn- und Verlust-Rechnung aufgeführt werden, die der Steuerpflichtige zu hoch oder zu niedrig ausgewiesen hatte. Jede Veränderung einer GuV-Position hat eine Gewinnänderung zur Folge, die, für jedes Jahr getrennt, als Gewinnerhöhung oder -minderung angegeben werden kann. Im Interesse aller Beteiligten sollten dabei keine Saldierungen oder Zusammenfassungen einzelner Auswirkungen vorgenommen werden.

So wird als Endergebnis der Mehr- und Weniger-Rechnung der Gewinn laut Bp ausgewiesen, der dann über die geänderte Kapitalkontenentwicklung in die Prüferbilanz eingeht.

Ziel einer Bilanzberichtigung ist es, den richtigen Gewinn als richtige Besteuerungsgrundlage festzustellen. Daher nimmt man regelmäßig keinen Anstoß daran, wenn der Steuerpflichtige Vorgänge auf falschen GuV-Positionen erfasst hat, die Gewinnauswirkung aber richtig ist. Solche Umbenennungen würden z. B. bei Klausuren nur zu Lasten der ohnehin begrenzten Zeit gehen.

Darüber hinaus müssen im Rahmen einer Bilanzberichtigung natürlich auch die berichtigten Bilanzpositionen ermittelt und dargestellt werden. In der Praxis der Außenprüfung ist dies wohl ein berechtigter Anspruch des Steuerpflichtigen. Im Rahmen der Ausbildung wird regelmäßig verlangt, die geänderten Bilanzpositionen – soweit erforderlich – in einer Staffelform darzustellen.

Sowohl in der Praxis als auch in der Ausbildung haben sich im Laufe der Zeit verschiedene Methoden herausgebildet, mit denen das Ziel der Bilanzberichtigung erreicht werden soll. Diese Methoden werden häufig beschrieben als

1. Bilanzpostenmethode,
2. GuV-Methode,
3. Buchungssatzmethode.

Jede der noch zu beschreibenden Methoden ist natürlich zulässig, da sie alle die gewünschten Ergebnisse bringen. Jeder Bearbeiter sollte daher die Methode wählen, mit der er am **sichersten** und nicht zuletzt aus der Sicht der Klausuren am **schnellsten** zum Ergebnis kommt.

Bei der **Bilanzpostenmethode** werden die Gewinnauswirkungen ausschließlich mit Hilfe der veränderten Bilanzpositionen, veränderten Entnahmen und Einlagen ermittelt und begründet. Dazu bedient man sich der Gewinnformel des § 4 Abs. 1 EStG. Diese kann wie folgt dargestellt werden:

	Betriebsvermögen am Schluss des Wirtschaftsjahres
./.	Betriebsvermögen am Anfang des Wirtschaftsjahres
	Zwischensumme
+	Wert der Entnahmen
./.	Wert der Einlagen
	Gewinn

Dies bedeutet, dass bei einer Erhöhung eines Aktivpostens der Schlussbilanz das Betriebsvermögen am Ende des Jahres höher ist und dadurch das Endergebnis der oben aufgeführten Formel, der Gewinn, auch höher wird. Gleiches gilt, wenn sich ein Passivposten der Schlussbilanz mindert, das Betriebsvermögen am Anfang eines Jahres niedriger wird (bedingt durch eine Minderung des Betriebsvermögens in der vorausgehenden Schlussbilanz), Entnahmen erhöht werden oder Einlagen gemindert werden.

Mindert sich ein Aktivposten zum Ende des Wirtschaftsjahres oder erhöht sich ein Passivposten, wird das Betriebsvermögen am Anfang des Wirtschaftsjahres höher, mindern sich die Entnahmen oder erhöhen sich die Einlagen, wird das gesuchte Endergebnis, der Gewinn, niedriger.

Dies ist manchem zu unübersichtlich und umständlich und vor allem zu zeitaufwendig.

Bei der **GuV-Methode** wird die Auswirkung der Prüfungsfeststellung auf den Gewinn ausschließlich mit Argumenten aus der GuV begründet. Das ist möglich, wenn man weiß, dass **jede Sollbewegung eines Erfolgskontos zur Gewinnminderung und jede Habenbewegung eines Erfolgskontos zur Gewinnerhöhung führt.**

Erfolgskonten in diesem Sinne sind alle Konten, die über die GuV abgeschlossen werden, also auch die gewinnwirksamen Teile der gemischten Konten.

Der unterschiedliche Begründungsweg bei gleichem Endergebnis soll an folgendem **Kurzbeispiel** verdeutlicht werden:

Der Steuerpflichtige legt ein Grundstück zum Teilwert von 100 000 € ins Betriebsvermögen ein.

Bilanzmethode:

Durch die Erhöhung der Bilanzposition „Grundstücke" hat sich das Betriebsvermögen zum Ende des Wirtschaftsjahres um 100 000 € erhöht. Das führt nach der Gewinnformel des § 4 Abs. 1 EStG dazu, dass sich der Gewinn des Jahres um 100 000 € erhöht.

Gleichzeitig erhöhen sich auch die Einlagen des Jahres um 100 000 €. Das führt nach der Gewinnformel des § 4 Abs. 1 EStG dazu, dass sich der Gewinn des Jahres um 100 000 € mindert. Per Saldo ergibt sich keine Gewinnauswirkung.

GuV-Methode:

Durch den Sachverhalt wird keine GuV-Position berührt, also kann sich der Gewinn nicht verändern.

Um sich zu verproben, kann man eine Aufgabe sowohl nach der Bilanzmethode und zusätzlich nach der GuV-Methode lösen. Dies ist aber sehr zeitaufwendig, da man praktisch die Aufgabe zweimal löst.

In der Folge werden wir die Gewinnauswirkungen nach der GuV-Methode ermitteln. Da aber zumindest der Anfänger auf eine Verprobung nicht verzichten sollte, stellen wir bis zur Fallgruppe 7 die recht kurze Verprobung über ein Bilanzkreuz vor.

Eine dritte Methode wird als **Buchungssatzmethode** bezeichnet. Hierbei stellt sich der Bearbeiter die Frage:

1. Wie hat der Steuerpflichtige gebucht?
2. Wie hätte richtig gebucht werden müssen?
3. Wie heißt dann die Berichtigungsbuchung?

Das kann aber bei normalumfangreichen Sachverhalten zu seitenlangen und damit zeitaufwendigen und unübersichtlichen Buchungen, Stornobuchungen und Korrekturbuchungen führen.

Etwas anderes sollte im Sinne einer systematischen Bearbeitung einer Bilanzberichtigung auch nicht vergessen werden. Zur Bilanzberichtigung kommt es erst, wenn die Bilanz des Steuerpflichtigen bereits erstellt ist, das heißt, die Buchführung des Steuerpflichtigen abgeschlossen ist. Zwischen der letzten Buchung und dem Zeitpunkt der Bilanzberichtigung liegen oft Jahre. Also kann in der Praxis nicht mehr tatsächlich gebucht werden. Man unterstellt bei der Buchungssatzmethode, dass dies noch möglich wäre.

Es soll aber auch nicht übersehen werden, dass es oft in schwierigen, verworrenen Sachverhalten hilfreich ist, sich einige T-Konten aufzumalen und Teile des Vorgangs systematisch durchzubuchen. Dies muss sich aber aus Zeitgründen nur auf Ausnahmesituationen beschränken und hat daher auch nur die Stellung von Nebenrechnungen im Konzept, ohne eigentlich Bestandteil der Lösung zu werden.

Wir wollen versuchen, in einer Vielzahl von typischen Beispielen, die für Zwecke getrennter Abschlüsse zu Fallgruppen zusammengefasst sind, die Technik der Bilanzberichtigung aufzuzeigen und zu erläutern. Dabei sind gleiche oder ähnliche Sachverhalte bewusst nicht bis ins Detail nach dem gleichen Schema dargestellt. Es sollen vielmehr verschiedene Lösungswege dargestellt werden, damit der geübte Bearbeiter sich bei jedem individuellen Sachverhalt den für ihn sichersten aber auch zeitgünstigen Lösungsweg aussuchen kann.

II. Berichtigungen bei Einzelunternehmen

Ausführliche Einführung

Sachverhalt

Tz. 1: Unbebautes Grundstück

Der Unternehmer Abel verkaufte Anfang 10 ein unbebautes Grundstück, Buchwert (BW) 15 000 € für 50 000 €. Das Grundstück war bisher als Lagerplatz verwendet worden. Da er Ende 10 einen neuen Lagerplatz für 40 000 € erwarb, hat er für beide Vorgänge keine Buchungen vorgenommen. In seiner Schlussbilanz für 10 ist das Konto „unbebaute Grundstücke" mit 15 000 € ausgewiesen. Der Verkaufspreis wurde auf ein privates Sparbuch überwiesen, von dem auch der Neupreis finanziert wurde.

Tz. 2: Gebäude

Beim Unternehmer Abel stand Anfang 10 ein Betriebsgebäude mit 30 000 € in der Bilanz. Das Gebäude wurde vor 10 Jahren von ihm für umgerechnet 50 000 € hergestellt (Herstellungsbeginn vor 1.1.01). Da er seiner Bank für die Beantragung eines Darlehens eine „gute" Bilanz vorlegen wollte, hat er den Bilanzansatz des Gebäudes zum 31.12.10 auf den Teilwert von 200 000 € erhöht.

Buchung:

Gebäude 170 000 € an s. b. Ertrag 170 000 €

Die Absetzung für Abnutzung (AfA) setzte er im Jahr 10 und 11 mit 4 % von 200 000 € = 8 000 € an. Ansatz des Gebäudes in der Steuerbilanz 10 demnach 192 000 €, in der Steuerbilanz 11 demnach 184 000 €.

Tz. 3: Lkw, Umsatzsteuer

Der Steuerpflichtige hat am 1.7.10 einen Lkw zum Listenpreis von 300 000 € zuzüglich 57 000 € gesondert ausgewiesener USt angeschafft und vom betrieblichen Bankkonto bezahlt. Er aktivierte den Bruttobetrag der Rechnung als Anschaffungskosten für den Lkw. Der Lkw hat (wegen Nutzung im Schichtbetrieb) eine Nutzungsdauer von 5 Jahren.

Der Steuerpflichtige wählt die lineare AfA und setzt 71 400 € ab.

Tz. 4: Maschine, USt, Anlagenverkauf

Der Steuerpflichtige hat im November 10 eine neue Maschine (ND 5 Jahre) angeschafft. Dabei hat er eine 6 Jahre alte Maschine, die auf 1 € abgeschrieben war, für 2 380 € in Zahlung gegeben.

TEIL B — Bilanzberichtigung/Berichtigungstechnik
Fallgruppe 1

Die Rechnung lautete:	Maschine neu	30 000 €
	+ USt 19 %	5 700 €
		35 700 €
	abzgl. alte Maschine	2 380 €
	zu zahlen	33 320 €

Der Steuerpflichtige hat diese 33 320 € aktiviert, wählt die lineare AfA und setzt in 10 und 11 jeweils 6 664 € ab.

Aufgabe

Erstellen Sie berichtigte Bilanzen (siehe unten) für die Jahre 10 und 11 einschließlich der Kapitalkontenentwicklung und geben Sie die Gewinnauswirkungen einzeln und unsaldiert in einer Mehr- und Weniger-Rechnung an. Die Entwicklung der Bilanzansätze ist – soweit erforderlich – in Staffelform darzustellen.

HINWEIS

Der Unternehmer führt nur steuerpflichtige Umsätze aus. Der Umsatzsteuersatz beträgt in allen Jahren 19 %. Auf Veränderungen der Gewerbesteuer ist nicht einzugehen.

Aktiva	StB 31.12.10	Änderungen	PB 31.12.10	StB 31.12.11	Änderungen	PB 31.12.11
	Euro	Euro	Euro	Euro	Euro	Euro
GruBo	15 000			15 000		
Gebäude	192 000			184 000		
BGA	100 000			110 000		
Lkw	285 600			214 200		
Maschine	26 657			19 993		
Bank	10 000			15 000		
Kasse	2 000			1 000		
Forderungen	72 128			64 096		
Summe Aktiva	**703 385**			**623 289**		
Passiva						
Kapital	323 944			244 864		
Verb.	378 441			376 925		
USt	1 000			1 500		
Summe Passiva	**703 385**			**623 289**		

Mehr- und Weniger-Rechnung

Tz.	Vorgang	10 +	10 ./.	11 +	11 ./.
	Summen abzüglich				
	Mehr/Weniger Gewinn lt. StB	80 000		70 000	
	Gewinn lt. Bp				

Kapitalkontenentwicklung	Steuerbilanz	Änderungen	Prüferbilanz
Kapital 1.1.10	288 624		
zzgl. Einlagen 10	55 320		
abzgl. Entnahmen 10	100 000		
zzgl. Gewinn 10	80 000		
Kapital 31.12.10	323 944		
zzgl. Einlagen 11	920		
abzgl. Entnahmen 11	150 000		
zzgl. Gewinn 11	70 000		
Kapital 31.12.11	244 864		

LÖSUNG

Tz. 1: Unbebautes Grundstück

Durch den Verkauf des zum notwendigen Betriebsvermögen gehörenden alten Lagerplatzes werden die stillen Reserven, die sich in diesem Wirtschaftsgut angesammelt haben, realisiert. Die Differenz zwischen dem Buchwert (15 000 €) und dem Verkaufspreis (50 000 €) ist als s. b. Ertrag (35 000 €) zu erfassen. Bei Vereinnahmung des Kaufpreises ist eine Entnahme (50 000 €) zu erfassen.

Der neue Lagerplatz ist notwendiges Betriebsvermögen im Sinne der R 4.2 Abs. 7 EStR und mit den Anschaffungskosten von 40 000 € zu bilanzieren. Wegen der Bezahlung aus privaten Mitteln ist eine Einlage in Höhe von 40 000 € zu erfassen.

TEIL B — Bilanzberichtigung/Berichtigungstechnik
Fallgruppe 1

Da laut Aufgabenstellung regelmäßig eine Entwicklung der geänderten Bilanzposten in Staffelform gefordert wird, ist es sinnvoll, die bisherige Entwicklung in der Steuerbilanz und die geänderte Entwicklung in der Prüferbilanz nebeneinander darzustellen. Das hat den Vorteil, dass man bei jedem kleinen Schritt sieht, ob sich Abweichungen zwischen Steuerbilanz und Prüferbilanz ergeben.

Ergeben sich solche Abweichungen, sollte man die Auswirkungen auf andere Bilanzpositionen, den Gewinn oder die Privatkonten sofort, z. B. in einer „Auswirkungsspalte", festhalten. Dies bietet den Vorteil, dass man eine Vollständigkeitsprüfung der Auswirkungen für jede Veränderung des in der Staffel dargestellten Kontos vornehmen kann. Hierzu muss nur die Summe der festgestellten Auswirkungen je Zeile mit der Differenz der jeweiligen Zeile der Staffel übereinstimmen. Erst wenn die Summe der Auswirkungen die Differenz zwischen Steuer- und Prüferbilanz ergibt, sollte man die Entwicklung der beiden Bilanzen weiter betreiben.

Für die geänderte Bilanzposition „Grund und Boden" stellt sich die Entwicklung in Staffelform bei gleichzeitiger Angabe aller Auswirkungen wie folgt dar:

GruBo	StB	PB	Auswirkungen	
01.01.10	15 000 €	15 000 €		–
Abgang 10	–	15 000 €	Gewinn (s. b. Ertrag)	+ 35 000 €
			Entnahme	+ 50 000 €
Zugang 10	–	40 000 €	Einlage	+ 40 000 €
31.12.10	15 000 €	40 000 €	GruBo	+ 25 000 €
31.12.11	15 000 €	40 000 €	GruBo	+ 25 000 €

Diese Auswirkungen kann der Geübte sofort in die zu erstellende Prüferbilanz bzw. die dazugehörenden Anlagen übertragen. Der Anfänger jedoch sollte auch zur Verdeutlichung der Gesamtzusammenhänge so genannte „Bilanzkreuze" zwischenschalten.

Ein Bilanzkreuz wird üblicherweise in T-Kontenform dargestellt. Es beinhaltet alle Veränderungen zur vorhandenen Steuerbilanz zum 31.12. eines Jahres. Aus Gründen der Übersichtlichkeit sollte man die Untergliederung in Konten beschränken auf Bestandskonten, Privatkonten und Gewinn. Im Bilanzkreuz eines Folgejahres wird eine zusätzliche Position, der Kapitalvortrag, erforderlich, da die Auswirkungen des ersten Jahres zwangläufig das Betriebsvermögen (Eigenkapital) dieses Jahres und damit auch das Anfangskapital des Folgejahres verändern. Der Kapitalvortrag (KV) ermittelt sich entweder aus dem Saldo aller veränderten Bestandskonten laut Bilanzkreuz oder aus dem Saldo der laut Bilanzkreuz veränderten Konten, die über Kapital abgeschlossen werden (Entnahmen, Einlagen, Gewinn).

Aus der Lösung zu Tz. 1 ergeben sich folgende Bilanzkreuze:

Bilanzkreuz 31.12.10

GruBo	25 000	Entnahme	./. 50 000
		Gewinn	+ 35 000
		Einlage	+ 40 000
	25 000		25 000

Bilanzkreuz 31.12.11

GruBo	25 000	KV	25 000

Die Bilanzkreuze müssen selbstverständlich „aufgehen", da bei richtiger Sachbehandlung die Veränderungen der Aktivseite der Bilanz den Veränderungen der Passivseite entsprechen müssen.

Sollte bei Aufgabenstellungen keine Erstellung der Bilanzkreuze gefordert werden, ist trotzdem dazu zu raten, solche Bilanzkreuze aufzustellen. Der dadurch erforderliche Zeitaufwand kann aber auf ein vertretbares Maß beschränkt werden, wenn der Bearbeiter während seiner gesamten Ausbildung und bei allen Übungsfällen sich in der Erstellung der Bilanzkreuze geübt hat. Der noch verbleibende Zeitaufwand ist dann aber wohl schon allein durch das Gefühl der Sicherheit gerechtfertigt, das den Bearbeiter viel gelöster an die weiteren Textziffern denken lässt, weil die vorhergehende Textziffer rechnerisch aufgeht.

Darüber hinaus sollte der Effekt der Fehlerfindung durch Bilanzkreuze nicht unterschätzt werden. Bei falscher Sachbehandlung und damit nicht aufgehendem Bilanzkreuz ist es dem Bearbeiter oft schon wegen der dann bekannten Höhe der Differenz schnell möglich, den Fehler zu finden und auszubügeln. Findet diese Abstimmung nicht beim Einzelproblem bei jeder Textziffer statt, ist es erfahrungsgemäß auch dem geübten Bearbeiter bei auftretender Differenz in der fertigen Prüferbilanz kaum möglich, den – oder meistens dann – die Fehler zu finden.

Tz. 2: Gebäude

Nach § 6 Abs. 1 Nr. 1 EStG ist es nicht möglich, eine Bewertung über die Anschaffungs- oder Herstellungskosten vermindert um die AfA vorzunehmen. Dadurch würden stille Reserven aufgedeckt, die noch nicht realisiert sind. Dies wäre auch ein Verstoß gegen § 252 Abs. 1 Nr. 4 HGB. Der Buchwert des Gebäudes ist unter Beibehaltung der bisherigen planmäßigen AfA von 2 000 € jährlich fortzuführen.

Die Entwicklung des Kontos Gebäude stellt sich bei gleichzeitiger Angabe aller Auswirkungen in einer Staffel wie folgt dar:

Gebäude	StB	PB	Auswirkungen	
1.1.10	30 000 €	30 000 €	–	
+ Zugang	170 000 €	–	Gewinn (s. b. Ertrag)	./. 170 000
./. AfA	8 000 €	2 000 €	Gewinn (AfA)	+ 6 000
31.12.10	192 000 €	28 000 €	Gebäude	./. 164 000
./. AfA 11	8 000 €	2 000 €	Gewinn (AfA)	+ 6 000
31.12.11	184 000 €	26 000 €	Gebäude	./. 158 000

Die unter gleichen Gesichtspunkten wie bei Tz. 1 erstellten Bilanzkreuze stellen sich wie folgt dar:

Bilanzkreuz 31.12.10				Bilanzkreuz 31.12.11			
Gebäude	./. 164 000	Gewinn	./. 170 000	Gebäude	./. 158 000	KV	./. 164 000
		Gewinn	+ 6 000			Gewinn	+ 6 000
	./. 164 000		./. 164 000		./. 158 000		./. 158 000

Tz. 3: Lkw, USt

Der Lkw ist mit den Anschaffungskosten von 300 000 € zu aktivieren. Nicht zu den Anschaffungskosten gehört nach § 9b EStG die abzugsfähige Vorsteuer, laut Sachverhalt 57 000 €. Die vom Steuerpflichtigen gewünschte lineare AfA beträgt bei Anschaffung am 1.7.10 und einer Nutzungsdauer von 5 Jahren $^{6}/_{12}$ von 60 000 € = 30 000 € in 10 und 60 000 € in 11.

Die Entwicklung des Kontos „Lkw" mit allen anderen Auswirkungen ergibt sich aus nachfolgender Staffel:

Lkw	StB	PB	Auswirkungen	
Zug. 1.7.10	357 000 €	300 000 €	USt	./. 57 000
./. AfA 10	71 400 €	30 000 €	Gewinn (AfA)	+ 41 400
31.12.10	285 600 €	270 000 €	Lkw	./. 15 600
./. AfA 11	71 400 €	60 000 €	Gewinn (AfA)	+ 11 400
31.12.11	214 200 €	210 000 €	Lkw	./. 4 200

Obwohl sich in dieser Textziffer mehrere Bestandskonten (Lkw, USt) verändern, ist nur eine Staffel für das Konto Lkw erforderlich. Aus der Auswirkungsspalte sind auch die Veränderungen des anderen Bestandskontos „USt" zu ersehen.

Die unter gleichen Gesichtspunkten wie bei Tz. 1 erstellten Bilanzkreuze stellen sich wie folgt dar:

Bilanzkreuz 31.12.10				Bilanzkreuz 31.12.11			
Lkw	./. 15 600	USt	./. 57 000	Lkw	./. 4 200	KV	41 400
		Gewinn	41 400			USt	./. 57 000
						Gewinn	+ 11 400
	./. 15 600		./. 15 600		./. 4 200		./. 4 200

Im Bilanzkreuz 11 ist eine bisher nicht beschriebene Auswirkung zu erläutern. Bei den Textziffern 1 und 2 ergaben sich alle Veränderungen für die Bilanzkreuze aus der Auswirkungsspalte. Zusätzlich war der Kapitalvortrag zu errechnen. Die Minderung des Kontos „USt" in 11 ist aber kein selbständiger Vorgang aus 11 und bisher nicht ausgewiesen. Diese Bilanzberichtigung ist eine Folge der Berichtigung der USt in 10. Der bereits im Jahre 10 entstandene Erstattungsanspruch gegen das Finanzamt bestand nicht nur am 31.12.10, sondern auch am 31.12.11 und darüber hinaus noch bis zum Erlass der berichtigten Steuerbescheide aufgrund dieser Betriebsprüfung und der sich daran anschließenden Auszahlung. Es ist also sogar denkbar, dass auch in der nächsten Bilanz nach dem Prüfungszeitraum (hier 31.12.12) dieser Anspruch noch zu erfassen ist, falls immer noch keine Auszahlung durch das Finanzamt erfolgte.

Diese Wirkung wird häufig übersehen. Übernimmt man jedoch schematisch aus dem Bilanzkreuz des Vorjahres alle Bestandsveränderungen, die sich wegen des Bilanzenzusammenhangs auch auf den 1.1. des Folgejahres auswirken und die noch nicht ausdrücklich im Bilanzkreuz des Folgejahres dargestellt sind, kann hier kein Fehler vorkommen.

Tz. 4: Maschine, USt, Anlagenverkauf

Die Maschine ist mit den Anschaffungskosten in Höhe von 30 000 € zu aktivieren. Die abzugsfähige Vorsteuer gehört nach § 9b EStG nicht zu den Anschaffungskosten. Die Inzahlunggabe der alten Maschine stellt ein Hilfsgeschäft dar, das umsatzsteuerbar und -pflichtig ist. Die AfA berechnet sich in 10 mit 1 000 € ($^2/_{12}$ von 6 000) und beträgt in 11 6 000 €.

Vor der Darstellung der Auswirkungen in der Staffelform sei hingewiesen, dass hier zur Verdeutlichung der Auswirkungen das Konto „sonstige Forderungen" zwischengeschaltet wurde. Nur so kann die für den Anfänger so wichtige waagerechte Verprobung jeder Zeile der Staffel vorgenommen werden.

Maschine	StB	PB	Auswirkungen	
Nov. 10	1 €	1 €	–	
./. Abgang	€	1 €	USt	+ 380
			Gewinn (s. b. Erträge)	+ 1 999
			sonst. Ford.	+ 2 380
+ Zugang	33 320 €	30 000 €	sonst. Ford.	./. 2 380
			USt	./. 5 700
./. AfA 10	6 664 €	1 000 €	Gewinn (AfA)	+ 5 664
31.12.10	26 657 €	29 000 €	Maschine	+ 2 343
./. AfA 11	6 664 €	6 000 €	Gewinn (AfA)	./. 664
31.12.11	19 993 €	23 000 €	Maschine	+ 3 007

Bilanzkreuz 31.12.10				Bilanzkreuz 31.12.11			
Maschine	2 343	USt	./. 5 320	Maschine	3 007	KV	+ 7 663
		Gewinn	+ 1 999			Gewinn	+ 664
		Gewinn	+ 5 664			USt	./. 5 320
	2 343		2 343		3 007		3 007

Auf den Ausweis des Kontos „sonstige Forderungen" im Bilanzkreuz 10 kann verzichtet werden, da sich zum 31.12. keine Veränderungen zur Steuerbilanz ergeben.

Zur Anlagenerstellung:

Es empfiehlt sich, nach Bearbeitung einer jeden Textziffer die Prüferbilanzen bzw. die anderen Anlagen der Lösung zu vervollständigen. Wer damit bis nach der Bearbeitung der letzten Textziffer wartet, wird dafür erheblich mehr Zeit aufwenden müssen. Bei Übertragung nach jeder Textziffer hat man nur die in den gerade erstellten Bilanzkreuzen ausgewiesenen Werte (außer dem KV) in die Anlagen zu übertragen. Eine Übertragung des Kapitalvortrags erübrigt sich, da regelmäßig die Entwicklung des Kapitals in einer selbständigen Kapitalkontenentwicklung vorzunehmen ist. Sollten keine Bilanzkreuze erstellt worden sein, ist besonders dringend zu raten, mit der Übertragung der Änderungen nicht bis nach Bearbeitung der letzten Textziffer zu warten. Dann müssten aus dem laufenden Lösungstext die verstreut erwähnten Änderungen, die zum Teil vor Stunden bearbeitet wurden, herausgesucht werden. Dass dabei Übertragungsfehler, Vertauschen von Vorzeichen oder einfaches Übersehen vorkommt, ist vorherzusehen.

Wenn sich nach Übertragung der Werte aus dem Bilanzkreuz zur letzten Textziffer in der Prüferbilanz Positionen ergeben, die nicht zu berichten sind, übernimmt man die Werte aus der StB. So ist die gesamte PB mit Ausnahme des Kapitals sehr schnell erstellt. Zur Ermittlung des Kapitals laut PB ist zunächst die Mehr- und Weniger-Rechnung aufzustellen. Die sich ergebenden Gewinne laut Bp sind in die Kapitalkontenentwicklung zu übertragen. Das Gleiche gilt für die auf T-Konten gesammelten Entnahmen und Einlagen. Danach ist auch die Kapitalkontenentwicklung aufzurechnen. Die jeweils ausgewiesenen Kapitalstände zum 31.12. sind in die Prüferbilanz zu übernehmen. Danach kann auch diese aufgerechnet werden.

Die Werte im Einzelnen:

Steuer- und Prüferbilanzen 10 und 11

Aktiva	StB 31.12.10	Änderungen	PB 31.12.10	StB 31.12.11	Änderungen	PB 31.12.11
	Euro	Euro	Euro	Euro	Euro	Euro
Grubo	15 000	1) +25 000	40 000	15 000	1) +25 000	40 000
Gebäude	192 000	2) ./.164 000	28 000	184 000	2) ./.158 000	26 000
BGA	100 000		100 000	110 000		110 000
Lkw	285 600	3) ./.15 600	270 000	214 200	3) ./.4 200	210 000
Maschine	26 657	4) +2 343	29 000	19 993	4) +3 007	23 000
Bank	10 000		10 000	15 000		15 000
Kasse	2 000		2 000	1 000		1 000
Forderungen	72 128		72 128	64 096		64 096
Summe Aktiva	**703 385**		**551 128**	**623 289**		**489 096**
Passiva						
Kapital	323 944		234 007	244 864		172 991
Verb.	378 441		378 441	376 925		376 925
USt	1 000	3,4) ./.62 320	./.61 320	1 500	3,4) ./.62 320	./.60 820
Summe Passiva	**703 385**		**551 128**	**623 289**		**489 096**

Mehr- und Weniger-Rechnung

Tz.	Vorgang	10 +	10 ./.	11 +	11 ./.
		Euro	Euro	Euro	Euro
1	s. b. Ertrag	35 000			
2	s. b. Ertrag		170 000		
	AfA	6 000		6 000	
3	AfA	41 400		11 400	
4	AfA	5 664		664	
	s. b. Ertrag	1 999			
	Summen	90 063	170 000	18 064	0
	abzüglich	170 000		0	
	Mehr/Weniger	./. 79 937		18 064	
	Gewinn lt. StB	+ 80 000		+ 70 000	
	Gewinn lt. Bp	+ 63		+ 88 064	

Kapitalkontenentwicklung	Steuerbilanz	Änderungen	Prüferbilanz
Kapital 01.01.10	288 624		288 624
zzgl. Einlagen 10	55 320	1) + 40 000	95 320
abzgl. Entnahmen 10	100 000	1) + 50 000	150 000
zzgl. Gewinn 10	80 000	./. 79 937	63
Kapital 31.12.10	323 944	− 89 937	234 007
zzgl. Einlagen 11	920		920
abzgl. Entnahmen 11	150 000		150 000
zzgl. Gewinn 11	70 000	18 064	88 064
Kapital 31.12.11	244 864	./. 71 873	172 991

	USt 10				USt 11		
3)	57 000	4)	380	3)	57 000	4)	380
4)	5 700			4)	5 700		
Saldo	62 320			Saldo	62 320		

LITERATURHINWEIS

Weitere Sachverhalte mit vorwiegend rechtlicher Relevanz s. Koltermann, Fallsammlung Bilanzsteuerrecht, 16. Auflage 2013

Weitergehende Einführung

Sachverhalte

Tz. 1: Aufteilung GruBo/Gebäude, sonstige Verbindlichkeiten/Einlagen

Der Unternehmer Weiß erwirbt am 1. 11. 10 ein Grundstück mit einem 35 Jahre alten Gebäude. Der Wert des Grund und Bodens beträgt gleichbleibend während des gesamten Prüfungszeitraumes 20 % des Gesamtobjektes.

Der Kaufpreis betrug 100 000 €. Die Grunderwerbsteuer (5 000 €), Gerichtskosten (1 000 €) und die Notargebühren (2 000 € zzgl. 380 € USt) wurden in 11 vom privaten Sparbuch bezahlt und deshalb nicht in der Buchführung erfasst. Das Grundstück wird zu 100 % eigenbetrieblich genutzt. Die betriebsgewöhnliche Nutzungsdauer betrug bei Erwerb in 10 noch 60 Jahre.

Buchungen des Steuerpflichtigen:

10:	GruBo	20 000 €			
	Gebäude	80 000 €	an	Bank	100 000 €
	AfA Gebäude	1 600 €	an	Gebäude	1 600 €
11:	AfA Gebäude	1 600 €	an	Gebäude	1 600 €

Tz. 2: Gebäude/Betriebsvorrichtung, sonstige Verbindlichkeiten/Einlagen

Der Steuerpflichtige lässt ein Geschäftshaus auf seinem seit Jahren zum Betriebsvermögen gehörenden Grundstück erstellen.

Das Gebäude wird zum 1. 9. 10 bezugsfertig. (Bauantrag nach 2000) In den aktivierten Herstellungskosten in Höhe von 400 000 € sind enthalten:

Grundsteuer für 10:	1 000 €
Lastenaufzug (ND 10 J., Fertigstellung 11/10)	9 000 €

Die zutreffend in Rechnung gestellte Vorsteuer in Höhe von 55 000 € ist korrekt verbucht worden.

Im August 10 wurden Malerarbeiten ausgeführt (40 000 € zzgl. 7 600 € USt). Die Rechnung ging erst am 15. 2. 11 ein und wurde im März 11 vom privaten Sparbuch bezahlt. Sie ist deswegen in der Buchführung noch nicht erfasst.

Der Steuerpflichtige zog jedes Jahr 4 000 € lineare AfA ab.

Tz. 3: Lkw, Ratenzahlung, Eigentumsvorbehalt

Im Juli 10 erwarb der Stpfl. einen Lkw für 150 000 € zuzüglich 28 500 € Vorsteuer. Die Bezahlung erfolgte im Dezember 10 mit 44 000 € vom betrieblichen Bankkonto und im Januar 11 mit 65 000 € vom gleichen Konto. Der Restbetrag wurde im Januar 12 vom privaten Sparbuch über-

Berichtigungen bei Einzelunternehmen — TEIL B, Fallgruppe 2

wiesen. Die Nutzungsdauer beträgt (wegen Nutzung im Schichtbetrieb) 5 Jahre. Der Lkw blieb bis zur vollständigen Bezahlung im Eigentum des Lieferanten.

Buchungen des Steuerpflichtigen:

10:	Lkw	44 000 €	an	Bank	44 000 €
	AfA	11 000 €	an	Lkw	11 000 €
11:	Lkw	65 000 €	an	Bank	65 000 €
	AfA	21 800 €	an	Lkw	21 800 €

Aufgabe

Erstellen Sie berichtigte Bilanzen (siehe unten) für die Jahre 10 und 11 einschließlich der Kapitalkontenentwicklung und geben Sie die Gewinnauswirkungen einzeln und unsaldiert in einer Mehr- und Weniger-Rechnung an. Die Entwicklung der Bilanzansätze bei linearer AfA ist – soweit erforderlich – in Staffelform darzustellen.

HINWEIS

Der Steuerpflichtige führt nur steuerpflichtige Umsätze aus. Der Umsatzsteuersatz beträgt für alle Jahre 19 %. Auf Veränderungen der Gewerbesteuer ist nicht einzugehen.

Steuer- und Prüferbilanzen 10 und 11 Anlage 1 (Aufgabe)

	StB	Änderungen	PB	StB	Änderungen	PB
Aktiva	31.12.10		31.12.10	31.12.11		31.12.11
	Euro	Euro	Euro	Euro	Euro	Euro
GruBo	80 000			80 000		
Gebäude	630 000			610 000		
Lkw	33 000			76 200		
Finanzkonten	13 300			15 900		
Forderungen	220 000			198 000		
Summe Aktiva	976 300			980 100		
Passiva						
Kapital	420 000			430 000		
Verb.	198 500			178 500		
sonst. Verb.	110 000			195 000		
Rückstellungen	200 000			138 000		
USt	47 800			38 600		
Summe Passiva	976 300			980 100		

TEIL B — Bilanzberichtigung/Berichtigungstechnik
Fallgruppe 2

Mehr- und Weniger-Rechnung   Anlage 2 (Aufgabe)

Tz.	Vorgang	10 +	10 ./.	11 +	11 ./.
	Summen abzüglich Mehr/Weniger				
	Gewinn lt. StB	+ 80 000		+ 100 000	
	Gewinn lt. Bp				

Anlage 3 (Aufgabe)

Kapitalkontenentwicklung	Steuerbilanz	Änderungen	Prüferbilanz
Kapital 01.01.10	460 000		
zzgl. Einlagen 10	60 000		
abzgl. Entnahmen 10	180 000		
zzgl. Gewinn 10	80 000		
Kapital 31.12.10	420 000		
zzgl. Einlagen 11	50 000		
abzgl. Entnahmen 11	140 000		
zzgl. Gewinn 11	100 000		
Kapital 31.12.11	430 000		

LÖSUNG

Tz. 1: Aufteilung GruBo/Gebäude, sonstige Verbindlichkeiten/Einlagen

Grund und Boden und Gebäude sind als notwendiges Betriebsvermögen mit den Anschaffungskosten von insgesamt 106 500 € zu bilanzieren. Zu den Anschaffungskosten gehören der Kaufpreis von 100 000 €, die Grunderwerbsteuer mit 5 000 €, die Gerichtskosten mit 1 000 € und die Notargebühren in Höhe von 2 000 € ohne die 380 € USt, die nach § 9b EStG als abzugsfähige Vorsteuer nicht zu den Anschaffungskosten zählen. Zum 31.12.10 besteht in Höhe der Nebenkosten eine sonstige Verbindlichkeit, die auszuweisen ist. Durch die Bezahlung dieser Nebenkosten in 11 vom privaten Sparbuch ist eine Einlage zu erfassen. Alle Nebenkosten entfallen anteilig mit 20 % auf den GruBo und mit 80 % auf das Gebäude. Die AfA für das Gebäude beträgt nach § 7 Abs. 4 Nr. 2 EStG 2 % und ist für 10 zeitanteilig zu berechnen. Eine längere Nutzungsdauer als 50 Jahre ist unerheblich.

Das Konto Gebäude stellt sich in Staffelform wie folgt dar:

Gebäude	StB	PB	Auswirkungen	
Kaufpreis	100 000 €	100 000 €		–
+ GrESt	–	5 000 €	sonst. Verb.	+ 5 000 €
+ Gerichtskosten	–	1 000 €	sonst. Verb.	+ 1 000 €
+ Notarkosten	–	2 000 €	sonst. Verb.	+ 2 380 €
			(siehe auch ges. Staffel)	
			USt	./. 380 €
AK insgesamt	100 000 €	108 000 €		
davon GruBo	20 000 €	21 600 €	GruBo	+ 1 600 €
AK Gebäude	80 000 €	86 400 €		
./. AfA 10 2 %				
Zeitanteilig	1 600 €	2 88 €	Gewinn (AfA)	+ 1 312 €
31.12.10	78 400 €	86 112 €	Gebäude	+ 7 712 €
./. AfA 11 2 %	1 600 €	1 728 €	Gewinn (AfA)	./. 128 €
31.12.11	76 800 €	84 384 €	Gebäude	+ 7 584 €

Bei einer Darstellung in dieser Form erspart man sich zumindest die Staffel für das Konto „GruBo" und damit die sonst erforderliche dreimalige Aufteilung der Nebenkosten und der Vorsteuer. Das spart Zeit und reduziert die Möglichkeiten für Rechenfehler. Zum gewünschten Ergebnis kommt man nämlich auch, wenn man zunächst die Anschaffungskosten insgesamt ermittelt und dann mit dem vorgegebenen Verteilungsschlüssel die Aufteilung in GruBo und Gebäude vornimmt. Die einzige Änderung auf dem Konto „GruBo" ergibt sich dann in der Auswirkungsspalte.

An dieser Staffel ist für den Bearbeiter noch etwas neu. Bisher war als Regel ausgegeben, dass für jede Zeile, bei der die Werte der StB und der PB nicht identisch sind, so lange Auswirkungen gesucht werden müssen, bis die waagerechte Verprobung der Zeile aufgeht. An dieser Regel soll selbstverständlich festgehalten werden. Sobald aber aus Gründen der Übersichtlichkeit Zwischensummen gebildet werden, bedeutet dies ja nur ein Zusammenfassen oder Saldieren des bisher Festgestellten, so dass sich dadurch auch keine weiteren Auswirkungen ergeben. Die Auswirkungsspalte bleibt also neben Zwischensummen in der StB und PB leer (siehe oben neben der Zwischensumme „AK insgesamt" und bei dem Saldo „AK Gebäude").

Der Geübte kann aus dieser Staffel bereits alle Werte entnehmen, die zur Anlagenerstellung bzw. zur Lösung der Aufgabe erforderlich sind. Der Anfänger sollte sich jedoch vor der Erstellung der Bilanzkreuze oder spätestens bei der Erstellung des Bilanzkreuzes für 11 Gedanken über die Entwicklung der Bilanzposition „Sonst. Verb." machen.

Die „Sonst. Verb." sind bei der Anschaffung des Objektes im Zusammenhang mit den Nebenkosten entstanden. Sie nehmen ab durch Bezahlung vom privaten Sparbuch in 11. Dadurch ist praktisch die sonst. Verb. durch eine Einlage zu ersetzen. Zur Verdeutlichung bietet sich auch hierfür folgende Staffel an:

Sonst. Verb.	StB	PB	Auswirkungen	
Zugang 10 durch Nebenkosten	–	8 380 €	bereits in der Gebäude-staffel erfasst	
31. 12. 10	–	8 380 €	sonst. Verb.	+ 8 380 €
./. Zahlung 11	–	8 380 €	Einlage	+ 8 380 €
31. 12. 11	–	–	sonst. Verb.	–

Danach ergeben sich folgende Bilanzkreuze:

Bilanzkreuz 31. 12. 10

GruBo	1 600	sonst. Verb.	8 380
Gebäude	7 714	USt	./. 380
		Gewinn (AfA)	+ 1 314
	9 314		9 314

Bilanzkreuz 31. 12. 11

GruBo	1 600	KV	1 314
Gebäude	7 584	Gewinn (AfA)	./. 128
		USt	./. 380
		Einlage	8 380
	9 184		9 184

Bei der Zusammenstellung der Berichtigungen für die Bilanzkreuze kommt es nicht etwa auf die Einhaltung des handelsrechtlichen Gliederungsschemas der Bilanz an. Wenn man sich hier wieder an die bereits bekannte Reihenfolge der Ermittlung hält, können keine Auswirkungen vergessen werden.

So übernimmt man zunächst die Änderungen aus den Auswirkungsspalten aller erstellten Staffeln ins Bilanzkreuz 10. Dabei ist jetzt, wenn man mehrere Staffeln erstellt hat, darauf zu achten, dass keine Auswirkung doppelt erfasst wird. Das kann bei den Konten vorkommen, für die neben der Hauptstaffel weitere Staffeln erstellt wurden. Hier sind natürlich die Werte zum 31. 12. der Staffel für das jeweilige Konto maßgebend. Es ist auch hilfreich, wenn man in der Hauptstaffel bei den Auswirkungen auf Konten, für die gesonderte Staffeln erstellt werden (hier z. B. bei den Auswirkungen auf „Sonst. Verb." in der Gebäudestaffel) einen Hinweis auf die gesonderte Staffel anbringt (siehe oben).

Das Gleiche gilt für das Bilanzkreuz 11, bei dem zusätzlich in jedem Falle der Kapitalvortrag (KV) zu ermitteln ist (hier die Gewinnauswirkung des Vorjahres). Darüber hinaus sind die Konten aus dem Bilanzkreuz 10 nach 11 zu übernehmen, bei denen die Änderung auch in 11 noch Gültigkeit hat (hier die USt-Minderung von 380 €). Danach müssen die Bilanzkreuze aufgehen.

Wer auf die Staffel für die sonstigen Verbindlichkeiten verzichtet hat, musste spätestens beim Bilanzkreuz 11, wenn im dritten Schritt die Konten, die sich in 10 verändert haben, ggf. nach 11 übernommen werden müssen, beim Konto „Sonst. Verb." fragen, ob diese Schuld (6 880 €) denn noch tatsächlich zum 31. 12. 11 existiert. Hier muss man beim gegebenen Sachverhalt erkennen, dass die Schuld durch Bezahlung vom privaten Sparbuch in 11 erloschen ist, also keine sonstige Verbindlichkeit mehr ausgewiesen sein darf, sich also keine Veränderung zur Steuerbilanz ergibt. Dafür sind aber die Einlagen um 6 880 € zu erhöhen, weil die private Zahlung bisher nicht in der Buchführung erfasst wurde. Im Ergebnis ergibt sich ein gleich lautendes Bilanzkreuz 11 wie im Lösungsweg mit der Staffel für sonstige Verbindlichkeiten.

An dieser Stelle könnte man – außerhalb der Aufgabenstellung – auch über ein weiteres Problem nachdenken, nämlich über die Ermittlung des Kapitalvortrags für 12. Dabei ist wieder ausgehend von dem Grundgedanken, dass alle Veränderungen auf Konten, die über Kapital abgeschlossen werden, das Kapital 1.1. des Folgejahres beeinflussen, das Bilanzkreuz 11 zu untersuchen. Einfluss auf das Kapital 31.12.11 und damit auf das Kapital 1.1.12 hat zunächst die Veränderung des Kapitals zum 1.1.11, also der KV aus dem Bilanzkreuz 11 in Höhe von 1 316 €. Daneben mindert die Gewinnkürzung 11 das Kapital um 104 €. Zusätzlich wird aber das Kapital 31.12.11/1.1.12 durch die Einlage 11 um 6 880 € erhöht. Der Kapitalvortrag für das Bilanzkreuz 12 wäre also 8 092 €.

Tz. 2: Gebäude/Betriebsvorrichtung, sonstige Verbindlichkeiten/Einlage

Das Gebäude ist mit den Herstellungskosten zu aktivieren. Dazu gehören auch die Kosten für die Malerarbeiten (40 000 €), also ohne die abzugsfähige Vorsteuer. Nicht zu den Herstellungskosten gehören die Grundsteuer für 10 – nicht zu verwechseln mit der Grunderwerbsteuer, die als Nebenkosten zu aktivieren wäre – in Höhe von 1 000 € und die Herstellungskosten für die Betriebsvorrichtung „Lastenaufzug" (selbständiges Wirtschaftsgut).

Die AfA beträgt nach § 7 Abs. 4 Nr. 1 EStG für das Gebäude 3 %, für 10 zeitanteilig. Der Lastenaufzug ist nach § 7 Abs. 1 EStG abzuschreiben. Zeitanteilige AfA für 10, da kein Antrag auf degressive AfA gestellt wurde.

Die einzelnen Berichtigungen werden in folgender Staffel deutlich:

Gebäude	StB	PB	Auswirkungen	
Zugang 1.9.10	400 000 €	400 000 €	–	
Grundsteuer	–	./. 1 000 €	Gewinn (Steuer)	./. 1 000 €
Lastenaufzug	–	./. 9 000 €	siehe besondere Staffel	
Malerarbeiten	–	40 000 €	sonst. Verb.	47 600 €
			(in 11 Einlage) noch nicht verrechenbare VoSt	7 600 €
Zwischensumme	400 000 €	430 000 €		
AfA 10	./. 4 000 €	./. 4 300 €	Gewinn (AfA)	./. 300 €
31.12.10	396 000 €	425 700 €	Gebäude	+ 29 700 €
AfA 11	./. 4 000 €	./. 12 900 €	Gewinn (AfA)	./. 8 900 €
31.12.11	392 000 €	412 800 €	Gebäude	+ 20 800 €

Lastenaufzug	StB	PB	Auswirkungen	
Zugang 1.11.10	–	9 000 €	siehe Gebäudestaffel	
AfA 10	–	./. 150 €	Gewinn (AfA)	./. 150 €
31.12.10	–	8 850 €	Lastenaufzug	+ 8 850 €
AfA 11	–	./. 900 €	Gewinn (AfA)	./. 900 €
31.12.11	–	7 950 €	Lastenaufzug	+ 7 950 €

Darüber hinaus könnte für das Konto „Sonst. Verb." unter den Gesichtspunkten wie bei Tz. 1 erläutert eine Staffel erstellt werden, denn durch die Bezahlung der Malerrechnung in 11 vom privaten Sparbuch nimmt die Schuld in 11 ab und eine Einlage 11 muss erfasst werden. Aber auch ohne Staffel kann der Bearbeiter sicherstellen, dass diese Auswirkung in 11 nicht vergessen wird, wenn er z. B. beim Entstehen der sonstigen Verbindlichkeit sofort einen Hinweis für das Jahr 11 anbringt (siehe oben).

Bei der Darstellung der Herstellungskosten für das Gebäude ist man vielleicht versucht, sofort die unstreitigen, im Kopf errechneten Herstellungskosten von 430 000 € dem Steuerbilanzansatz gegenüberzustellen. Das würde aber bedeuten, dass sich für diese eine Gegenüberstellung eine Vielzahl von Auswirkungen ergäbe, bei deren Ermittlung man doch wieder jeden Fehler des Steuerpflichtigen einzeln untersuchen müsste. Es ist daher in der Staffel für die Prüferbilanz zu empfehlen, vom Steuerbilanzwert ausgehend, jeden Fehler des Steuerpflichtigen einzeln durch Zu- oder Abrechnung darzustellen. Dadurch ergibt sich regelmäßig nur eine Auswirkung, deren Feststellung dann aber sicher ist. Nur wenn Vorsteuer bei einem Fehler des Steuerpflichtigen betroffen ist, werden sich gleichzeitig zwei Auswirkungen ergeben.

Bei der Erkenntnis, dass die Kosten des Lastenaufzugs auf einem gesonderten Konto zu aktivieren sind, erkennt man gleichzeitig, dass sich dieses Konto im Prüfungszeitraum durch AfA fortlaufend verändert. Dadurch können insbesondere die Auswirkungen zu allen Bilanzstichtagen nicht sofort – hier in der Gebäudestaffel – festgehalten werden und man verweist sofort auf die zusätzlich zu erstellende Staffel. In dieser Staffel ergibt sich im Zeitpunkt des Zugangs dann die Wechselwirkung zu den Herstellungskosten „Gebäude", die aber schon oben abgehandelt wurde und daher nicht noch einmal erfasst werden darf.

Die Vorsteuer aus der Malerrechnung ist in 10 noch nicht verrechenbar, da die Rechnung erst in 11 beim Steuerpflichtigen eingeht.

Danach ergeben sich folgende Bilanzkreuze:

Bilanzkreuz 31.12.10

n. n.v. VoSt	7 600	Gewinn	./. 1 000
Gebäude	29 700	sonst. Verb.	47 600
Lastenaufz.	8 850	Gewinn	./. 300
		Gewinn	./. 150
	46 150		46 150

Bilanzkreuz 31.12.11

Gebäude	20 800	KV	./. 1 450
Lastenaufz.	7 950	Gewinn	./. 8 900
		Gewinn	./. 900
		USt	./. 7 600
		Einlage	+ 47 600
	28 750		28 750

Die Erstellung des Bilanzkreuzes 10 ist problemfrei. Beim Bilanzkreuz 11 ist nach dem Abschreiben der Auswirkungsspalten und der Ermittlung des Kapitalvortrages zu beachten, dass die in 10 noch nicht verrechenbare Vorsteuer in 11 zu einer entsprechenden Minderung der USt führt. Außerdem sind die sonstigen Verbindlichkeiten aus 10 erloschen. Dafür muss eine Einlage in gleicher Höhe eingestellt werden (siehe auch oben).

Tz. 3: Lkw, Ratenzahlung, Eigentumsvorbehalt

Diese Textziffer ist rechtlich problemfrei. Nur die Tatsache, dass der Lkw unter Eigentumsvorbehalt geliefert wurde, verdient besondere Beachtung.

Der Lkw ist demjenigen zuzurechnen, der die Gefahr des zufälligen Untergangs wirtschaftlich zu tragen hat und dem der Nutzen daraus zusteht. Dies ist beim Verkauf unter Eigentumsvorbehalt der Käufer. Gefahr und Lasten gehen nach § 446 BGB bei Übergabe des Lkw auf den Käufer über. Gleichzeitig hat dieser ein unentziehbares Anwartschaftsrecht auf Eigentum.

Obwohl die Anschaffungskosten des Lkw mit 150 000 € offensichtlich auf der Hand liegen, ist es auch hier wieder ratsam, in der Staffel die Fehler des Steuerpflichtigen einzeln zu untersuchen. Das bedeutet, dass man ausgehend von der Behandlung des Steuerpflichtigen in chronologischer Reihenfolge – hier sinnvollerweise in der Reihenfolge der Bezahlung – die einzelnen Schritte nachvollzieht, bis die Anschaffungskosten von 150 000 € erreicht sind. Anschaffungskosten (im Juli 10) werden alle die Beträge, die der Steuerpflichtige aufwendet, um den Lkw zu erwerben, jedoch ohne die abzugsfähige Vorsteuer.

Das sieht dann in der Staffel für das Konto „Lkw" wie folgt aus:

Lkw	StB	PB	Auswirkungen	
1. Rate	44 000 €	44 000 €		–
2. Rate	–	65 000 €	sonst. Verb.	+ 65 000 €
3. Rate	–	69 500 €	sonst. Verb.	+ 69 500 €
davon Vorst.	–	./. 28 500 €	USt	./. 28 500 €
AK Juli 10	44 000 €	150 000 €		
AfA 10	./. 11 000 €	./. 15 000 €	Gewinn (AfA)	./. 4 000 €
31. 12. 10	33 000 €	135 000 €	Lkw	+ 102 000 €
Zugang 11	65 000 €	–	sonst. Verb.	./. 65 000 €
AfA 11	./. 21 800 €	./. 30 000 €	Gewinn (AfA)	./. 8 200 €
31. 12. 11	76 200 €	105 000 €	Lkw	+ 28 800 €

Auch hier sind weitere Staffeln nicht erforderlich. Alle Berichtigungen können sofort in Bilanzkreuzen festgehalten werden.

Als Besonderheit dieser Staffel ist vorher zu erwähnen, dass, wenn man in der Reihenfolge der Bezahlung die Anschaffungskosten ermittelt, zwangsläufig auch die in Rechnung gestellte Vorsteuer, die ja auch bezahlt wird, mit aktiviert. Als letzter Schritt bei der Ermittlung der Anschaffungskosten ist diese dann herauszurechnen, soweit sie abzugsfähig ist. Hinzuweisen ist auch noch auf die Auswirkung bei Einbeziehung der 3. Rate in die Anschaffungskosten. Hier entsteht nicht etwa eine Neueinlage (NE). Zwar wird diese Rate im Jahr 12 vom privaten Sparbuch gezahlt, im Zeitpunkt der Anschaffung (Juli 10) und zu den Bilanzstichtagen 31.12.10 und 31.12.11 besteht diese Schuld aber noch. Die Erfassung der NE liegt also außerhalb des Prüfungszeitraumes.

Bilanzkreuz 31.12.10				Bilanzkreuz 31.12.11			
Lkw	102 000	sonst. Verb	134 500	Lkw	28 800	KV	./. 4 000
		USt	./. 28 500			sonst. Verb. (aus 10)	134 500
		Gewinn	./. 4 000			sonst. Verb. (aus 11)	./. 65 000
						Gewinn	./. 8 200
						USt	./. 28 500
	102 000		102 000		28 800		28 800

Neu in der Form der Darstellung ist hier im Bilanzkreuz 11 die Ermittlung der sonstigen Verbindlichkeiten. Beim Abschreiben der Auswirkungsspalte für 11 ergibt sich „sonst. Verb. − 65 000 €". Im 3. Schritt, der Übernahme der Berichtigungen aus 10, die in 11 wirksam sind, ergibt sich „sonst. Verb. + 134 500 €". Aus Gründen der Übersichtlichkeit sind hier die beiden Auswirkungen untereinander dargestellt.

Zu den Abschlussarbeiten:

Nach Bearbeitung jeder Textziffer sollten die Werte aus den Bilanzkreuzen in die entsprechenden Anlagen übertragen sein. Dadurch verbleiben jetzt nur noch folgende Arbeitsschritte:

1. Aufrechnen der Sammel-T-Konten und Übertragung in die Anlagen;
2. Aufrechnen der Mehr- und Weniger-Rechnung mit Übernahme der Gewinne laut Bp in die Kapitalkontenentwicklung;
3. Aufrechnen der Kapitalkontenentwicklung mit Übernahme der Kapitalkontenstände am 31.12.10 und 11 in die Prüferbilanzen.
4. Übertragung der nicht veränderten Steuerbilanzwerte in die Prüferbilanzen.
5. Aufrechnen der Prüferbilanzen.

Berichtigungen bei Einzelunternehmen — TEIL B, Fallgruppe 2

Steuer- und Prüferbilanzen 10 und 11 — Anlage 1 (Lösung)

Aktiva	StB 31.12.10	Änderungen	PB 31.12.10	StB 31.12.11	Änderungen	PB 31.12.11
	Euro	Euro	Euro	Euro	Euro	Euro
GruBo	80 000	1 600	81 600	80 000	1 600	81 600
Gebäude	630 000	37 412	667 412	610 000	28 384	638 384
Lastenaufzug		8 850	8 850		7 950	7 950
Lkw	33 000	102 000	135 000	76 200	28 800	105 000
Finanzkonten	13 300		13 300	15 900		15 900
n. n. v. VoSt		7 600	7 600			0
Forderungen	220 000		220 000	198 000		198 000
Summe Aktiva	**976 300**	**157 462**	**1 133 762**	**980 100**	**66 734**	**1 046 834**
Passiva						
Kapital	420 000	./. 4 138	415 862	430 000	33 714	463 714
Verbindl.	198 500		198 500	178 500		178 500
sonst. Verb.	110 000	190 480	3 480	195 000	69 500	264 500
Rückstellungen	200 000		200 000	138 000		138 000
USt	47 800	./. 28 880	18 920	38 600	./. 36 480	2 120
Summe Passiva	**976 300**	**157 462**	**1 133 762**	**980 100**	**66 734**	**1 046 834**

Mehr- und Weniger-Rechnung — Anlage 2 (Lösung)

Tz.	Vorgang	10 +	10 ./.	11 +	11 ./.
1	AfA	1 314			128
2	Steuer		1 000		
	AfA		300		8 900
	AfA		150		900
3	AfA		4 000		8 200
	Summen	1 314	5 450	0	18 128
	abzüglich	5 450		18 128	
	Mehr/Weniger	./. 4 138		./. 18 128	
	Gewinn lt. StB	+ 80 000		+ 100 000	
	Gewinn lt. Bp	75 862		81 872	

TEIL B Bilanzberichtigung/Berichtigungstechnik
Fallgruppe 2

Anlage 3 (Lösung)

Kapitalkontenentwicklung	Steuerbilanz	Änderungen	Prüferbilanz
Kapital 01.01.10	460 000		460 000
zzgl. Einlagen 10	60 000		60 000
abzgl. Entnahmen 10	180 000		180 000
zzgl. Gewinn 10	80 000	./. 4 138	75 862
Kapital 31.12.10	420 000	./. 4 138	415 862
zzgl. Einlagen 11	50 000	55 980	105 980
abzgl. Entnahmen 11	140 000		140 000
zzgl. Gewinn 11	100 000	./. 18 128	81 872
Kapital 31.12.11	430 000	33 714	463 714

Gebäude 10
1) 7 712
2) 29 700
   37 412

Gebäude 11
1) 7 584
2) 20 800
   28 384

Sonst. Verbindlichkeiten 10
		1)	8 380
		2)	47 600
		3)	134 500
			190 480

Sonst. Verbindlichkeiten 11
3)	65 000	3)	134 500
Saldo	69 500		

USt 10
		1)	./. 380
		3)	./. 28 500
			./. 28 880

USt 11
		1)	./. 380
		2)	./. 7 600
		3)	./. 28 500
			./. 36 480

Einlagen 11
		1)	8 380
		2)	47 600
			55 980

Berichtigungen bei Einzelunternehmen   TEIL B
Fallgruppe 3

Weitere Sachverhalte mit vorwiegend rechtlicher Relevanz s. Koltermann, Fallsammlung Bilanzsteuerrecht, 16. Auflage 2013

Ausführliche Einführung, Warenfälle

Sachverhalte

Tz. 1: Warenbewertung

Der Steuerpflichtige bewertet einen Teil seiner Ware zu den Bilanzstichtagen wie folgt:

	31.12.10	31.12.11
Einkaufspreise netto	40 000 €	50 000 €
+ Skontierträge	500 €	600 €
./. Bezugskosten	1 000 €	1 200 €
	39 500 €	49 400 €
./. Teilwert-Abschreibung	9 500 €	9 400 €
Bilanzwerte zum 31.12.	30 000 €	40 000 €

Laut Feststellung des Betriebsprüfers ist die Teilwert-Abschreibung nicht gerechtfertigt. Der Steuerpflichtige hat die Bezugskosten auf einem gesonderten Aufwandskonto erfasst und über die Gewinn- und Verlustrechnung abgeschlossen.

Tz. 2: Warenbuchung

Der Steuerpflichtige hat in 10 eine Warenrechnung in Höhe von 3 000 € zuzüglich 570 € USt versehentlich nicht gebucht, da er sie vom Privatkonto bezahlt hat.

Eine andere Warenrechnung in Höhe von 5 000 € zuzüglich 950 € USt aus 11, die er ebenfalls privat bezahlte, hat er irrtümlich in 11 doppelt erfasst (Buchung jeweils WEK und Vorsteuer an Einlage). Der Steuerpflichtige hat die Salden des USt-Kontos in die Bilanz übernommen.

Tz. 3: Skontobuchung

Eine am 30.12.10 eingegangene Ware mit beiliegender Rechnung wurde am 5.1.11 unter Abzug von 2 % Skonto bezahlt und gebucht:

| WEK | 4 900 € | | | |
| VoSt | 931 € | an | Bank | 5 831 € |

TEIL B — Bilanzberichtigung/Berichtigungstechnik
Fallgruppe 3

Tz. 4: Buchungs- und Bestandsfehler

Der Steuerpflichtige, ein Fotohändler, kauft mit Vertrag vom 15.12.10 zehn Kameras zum Preis von 500 € netto das Stück. Gemäß Versandanzeige vom 28.12.10 hat der Lieferant die Kameras am gleichen Tage einem Spediteur übergeben. Den Spediteur hatte der Fotohändler in eigenem Namen beauftragt, die Kameras am Ort des Lieferanten abzuholen. Die Sendung geht am 5.1.11 beim Fotohändler ein. Die Rechnung liegt bei. Den Rechnungsbetrag hat der Fotohändler vereinbarungsgemäß bereits am Tage des Erhalts der Versandanzeige, dem 29.12.10, überwiesen. Am 30.12.10 merkt der Steuerpflichtige, dass er die Kameras bei jedem anderen Großhändler für 450 € netto/Stück hätte einkaufen können. Auch sein Großhändler bestätigte später, dass auch er seine Preise nachhaltig auf 450 € gesenkt habe.

Die Kameras sind noch nicht in der Inventur zum 31.12.10 erfasst, da sie erst am 5.1.11 ausgeliefert wurden.

Der Steuerpflichtige buchte bei Überweisung: Anzahlung an Bank. Den Saldo des Kontos „Anzahlungen" hat er in die Schlussbilanz übernommen. Er möchte den niedrigst möglichen Gewinn ausweisen.

Aufgabe

Erstellen Sie berichtigte Bilanzen (siehe unten) für die Jahre 10 und 11 einschließlich der Kapitalkontenentwicklung und geben Sie die Gewinnauswirkungen einzeln und unsaldiert in einer Mehr- und Weniger-Rechnung an.

HINWEIS

Der Steuerpflichtige führt nur steuerpflichtige Umsätze aus. Der Umsatzsteuersatz beträgt einheitlich 19 %. Auf Veränderungen der Gewerbesteuer ist nicht einzugehen.

Steuer- und Prüferbilanzen 10 und 11   Anlage 1 (Aufgabe)

	StB	Änderungen	PB	StB	Änderungen	PB
Aktiva	31.12.10		31.12.10	31.12.11		31.12.11
	Euro	Euro	Euro	Euro	Euro	Euro
Waren	100 000			120 000		
Anzahlungen	5 950			5 950		
sonstige Aktiva	894 050			994 050		
Summe Aktiva	1 000 000			1 120 000		
Passiva						
Kapital	500 000			600 000		
USt	10 000			10 000		
Verb.	100 000			100 000		
sonst. Verb.	390 000			410 000		
Summe Passiva	1 000 000			1 120 000		

Berichtigungen bei Einzelunternehmen — TEIL B — Fallgruppe 3

Mehr- und Weniger-Rechnung   Anlage 2 (Aufgabe)

Tz.	Vorgang	10 +	10 ./.	11 +	11 ./.
	Summen abzüglich Mehr/Weniger				
	Gewinn lt. StB	100 000		80 000	
	Gewinn lt. Bp				

Anlage 3 (Aufgabe)

Kapitalkontenentwicklung	Steuerbilanz	Änderungen	Prüferbilanz
Kapital 1.1.10	430 000		
zzgl. Einlagen 10	20 000		
abzgl. Entnahmen 10	50 000		
zzgl. Gewinn 10	100 000		
Kapital 31.12.10	500 000		
zzgl. Einlagen 11	80 000		
abzgl. Entnahmen 11	60 000		
zzgl. Gewinn 11	80 000		
Kapital 31.12.11	600 000		

TEIL B Bilanzberichtigung/Berichtigungstechnik
Fallgruppe 3

LÖSUNG

In den beiden ersten Fallgruppen wurde die Lösung immer anhand einer Staffel dargestellt. Diese Darstellungsform bietet sich bei Problemen im Bereich der Warenkonten nicht an, zumindest nicht für das Warenkonto selbst. Hier ist zunächst einmal zu untersuchen, ob der im Sachverhalt dargestellte Fehler Einfluss auf die Bewertung des Warenbestandes hat oder ob er nur bei der laufenden Buchung auf dem Warenkonto wirksam wurde. Diese beiden Fehlermöglichkeiten sind streng zu unterscheiden. Ein bei der Bewertung des Warenbestandes vorgekommener Fehler (z. B.: Tz. 1) hat Einfluss auf den Warenbestand laut Prüferbilanz und auf den Gewinn. Ein Fehler bei der laufenden Buchung (z. B.: Tz. 2) hat dagegen nur Einfluss auf den Gewinn, weil der Warenbestand nicht der Saldo auf dem Konto „Ware" ist, sich also nicht aus der Buchführung ergibt, sondern selbständig im Rahmen der Inventur ermittelt wird.

Hat der Fehler laut Sachverhalt sich auf die Bewertung des Warenbestandes ausgewirkt, ist der Warenbestand laut Bp neu zu bewerten. Dieser neue Wert ist mit dem Bilanzansatz des Steuerpflichtigen zu vergleichen. Der Saldo ist immer gewinnwirksam. Die Gewinnauswirkung lässt sich nach verschiedenen Methoden begründen.

„GuV-Methode"

Durch die Erhöhung des Warenendbestandes wird der Wareneinsatz niedriger. Da der Wareneinsatz Aufwand wird, verringert sich also der Aufwand, erhöht sich also der Gewinn. Diese Wirkung kann auch an einem vereinfachten Wareneinkaufskonto dargestellt werden:

„Konto Wareneinkauf"		„Konto Wareneinkauf"	
Anfangsbestand	Endbestand	Anfangsbestand	Endbestand
Wareneinkauf	Wareneinsatz	Wareneinkauf	
			Wareneinsatz
lt. Stpfl.		lt. BP	

Hieraus wird deutlich, dass die Erhöhung des Warenendbestandes laut Inventur zwangsläufig zur Verringerung des Kontensaldos „Wareneinsatz" führt und damit zur Gewinnerhöhung. Eine gleiche Darstellung mit umgekehrter Wirkung ist denkbar, wenn der Warenendbestand sich verringert.

Wegen des Gebots des Bilanzenzusammenhangs ändert sich aber bei einer Erhöhung des Warenendbestandes z. B. in 10 gleichzeitig der Warenanfangsbestand in 11.

Durch die Erhöhung des Warenanfangsbestandes in 11 wird der Wareneinsatz größer. Wareneinsatz ist Aufwand. Also mindert sich der Gewinn 11 durch die Warenbestandserhöhung in 10. Auch diese Wirkung sei noch einmal am vereinfachten Wareneinkaufskonto dargestellt.

TEIL B	Bilanzberichtigung/Berichtigungstechnik
Fallgruppe 3	

„Konto Wareneinkauf"

Anfangsbestand	Endbestand
Wareneinkauf	Wareneinsatz

lt. Stpfl.

„Konto Wareneinkauf"

Anfangsbestand	Endbestand
Wareneinkauf	Wareneinsatz

lt. BP

Auch hier könnte die Minderung des Anfangsbestandes mit umgekehrter Wirkung dargestellt werden.

Zu gleichen Ergebnis kommt man, wenn man nach der so genannten **Bilanzmethode** begründet. Hiernach würde die Erhöhung des Warenbestandes 10 zu einer Erhöhung des Betriebsvermögens Ende 10 führen. Bei der Gewinndefinition des § 4 Abs. 1 EStG würde diese Erhöhung auch zu einer Gewinnerhöhung in 10 führen. Auch die Wechselwirkung auf 11 lässt sich mit der Gewinnformel aus § 4 Abs. 1 EStG bestimmen. Der erhöhte Warenendbestand des Vorjahres (10) führt zu einem erhöhten Betriebsvermögen zum Ende des Vorjahres (10). Also muss bei der Gewinnermittlung für 11 nach der Formel des § 4 Abs. 1 EStG jetzt mehr abgezogen werden, wodurch der Gewinn weniger wird.

Unabhängig davon, welche Methode man gedanklich für die Bilanzberichtigung verwendet, kann folgende Form der Darstellung für die Änderung des Bilanzpostens „Ware" verwendet werden.

Tz. 1: Warenbewertung

Skontoerträge mindern die Anschaffungskosten, Bezugskosten erhöhen die Anschaffungskosten. Die Teilwert-Abschreibung soll bereits laut Sachverhalt nicht zulässig sein. Die Tatsache, dass der Steuerpflichtige die Warenbezugskosten auf einem gesonderten Aufwandskonto erfasst und nicht über Wareneinkauf abgeschlossen hat, hat keine Auswirkung auf den Gewinn, da beide Sollbuchungen Gewinnminderungen zur Folge haben.

Danach ergibt sich folgende Warenbewertung:

	31.12.10	31.12.11
Einkaufspreise netto	40 000 €	50 000 €
– Skonto	500 €	600 €
+ Bezugskosten	1 000 €	1 200 €
Warenbestand lt. Bp:	40 500 €	50 600 €
Warenbestand lt. Stpfl.:	30 000 €	40 000 €
Mehr Warenendbestand lt. Bp:	10 500 €	10 600 €
Gewinnauswirkung durch geänderten Endbestand:	+ 10 500 €	+ 10 600 €
Gewinnauswirkung durch geänderten Anfangsbestand:	0 €	./. 10 500 €
Gewinnauswirkung lt. Bp insgesamt:	+ 10 500 €	+ 100 €

Bei dieser Darstellungsform ist praktisch sichergestellt, dass die Wechselwirkung einer Bestandserhöhung auf den Gewinn nicht vergessen wird. Jede Gewinnveränderung im ersten Jahr führt zu einer gleich großen Gewinnveränderung mit umgekehrten Vorzeichen im nächsten Jahr. Darüber hinaus kann auch die rechnerische Richtigkeit der Lösung sehr einfach verprobt werden. Addiert man die Gewinnauswirkungen laut Bp in den einzelnen Jahren des Prüfungszeitraumes (siehe oben: 10 500 € und 100 €), so muss sich als Ergebnis die Bestandsveränderung des letzten Jahres ergeben (siehe oben: 10 600 €).

Wegen der in den Fallgruppen 1 und 2 beschriebenen Vorteile sollte auch hier nicht auf Bilanzkreuze verzichtet werden.

Bilanzkreuz 31.12.10				Bilanzkreuz 31.12.11			
Ware	10 500	Gewinn	10 500	Ware	10 600	Gewinn	100
						KV	10 500
	10 500		10 500		10 600		10 600

Tz. 2: Warenbuchungen

Die unterlassene bzw. die doppelte Buchung des Steuerpflichtigen hat keinen Einfluss auf den Warenbestand. Der Warenbestand ist nicht ein Ergebnis aus der Buchführung oder ein Saldo eines Kontos (der würde dann ja durch doppelte oder fehlende Buchungen auf diesem Konto beeinflusst), sondern stammt aus der Inventur.

Wenn also im Sachverhalt nicht zu erkennen ist, dass der Steuerpflichtige sich bei der Inventur vermessen, verzählt oder verwogen hat und auch nicht zu erkennen ist, dass er die körperlich aufgenommenen Wirtschaftsgüter falsch bewertet hat, ist der Warenendbestand offensichtlich richtig.

Daher sind auch die der Tz. 1 vorangestellten Gedanken und die in Tz. 1 beschriebene Darstellung für diese Lösung unbrauchbar.

Der Geübte mag später auf den ersten Blick erkennen, dass sich Gewinnänderungen in Höhe der Netto-Warenrechnungen, Änderungen der USt in Höhe der Vorsteuerbeträge und eine Änderung der Einlagen in Höhe der Bruttobeträge ergeben. Dem Anfänger jedoch kann auch hier wieder eine Staffel hilfreich sein. Diese sollte auf keinen Fall für das Warenkonto erstellt werden (siehe oben), auch die Privatkonten, hier Einlage, bieten sich wegen fehlender Anfangs- und Endbestände nicht für eine Staffel an. Bleibt also nur noch das ebenfalls beteiligte Konto „USt".

USt	StB	PB		Auswirkungen
1.1.10	–	–		–
Rechnung 10	–	./. 570 €	Einlage 10	+ 3 570 €
			Gewinn (WES) 10	./. 3 000 €
31.12.10	–	./. 570 €	USt	./. 570 €
Rechnung 11	./. 950 €	–	Einlage 11	./. 5 950 €
			Gewinn (WES) 11	+ 5 000 €
31.12.11	./. 950 €	./. 570 €	USt	+ 380 €

Bei Verwendung einer Staffel läuft man auch nicht Gefahr, Wechselwirkungen auf den Gewinn wie in Tz. 1 zu suchen. In der Auswirkungsspalte der Staffel stehen alle Gewinnauswirkungen aufgelistet. Auch die Bilanzkreuze bestätigen die Vollständigkeit der Auswirkungen.

Bilanzkreuz 31.12.10		Bilanzkreuz 31.12.11	
Einlage	3 570	Einlage	./. 5 950
Gewinn	./. 3 000	Gewinn	+ 5 000
USt	./. 570	USt	+ 380
		KV	+ 570

Tz. 3: Skontobuchung

Der Vorgang hat keinen Einfluss auf den Warenbestand 10 oder 11. Aus dem Sachverhalt ist nicht zu entnehmen, dass der Warenbestand 10 falsch angesetzt wurde. Wenn ein Sachverhalt scheinbar unvollständig ist, kann nur die richtige Behandlung, also Bilanzierung des Warenpostens mit 5 000 € durch den Steuerpflichtigen unterstellt werden.

Der Wareneinkauf ist als Vorgang des Jahres 10 zu erfassen. Dabei bleibt der Skontoabzug aus 11 jedoch noch unberücksichtigt, weil er als wertbegründende Tatsache erst nach dem Bilanzstichtag die Anschaffungskosten der Ware mindert.

Damit sind wieder die der Tz. 1 vorangestellten Überlegungen und die in Tz. 1 gewählten Darstellungen für diese Lösung unbrauchbar. Die Lösung muss also der Lösung der Tz. 2 entsprechen. Hier sollte aber auch der Geübte zur eigenen Sicherheit nicht auf die Verwendung einer Staffel verzichten. Das Konto, das sich für eine solche Staffel anbietet, ist das Konto „Verbindlichkeiten".

Verbindlichkeiten	StB	PB	Auswirkungen	
1.1.10	–	–		–
Zugang 10	–	5 950 €	Gewinn (WES)	./. 5 000 €
			USt	./. 950 €
31.12.10	–	5 950 €	Verb.	+ 5 950 €
Zahlung 11	–	5 950 €	Gewinn (WES)	+ 4 900 €
			Gewinn (Skonto)	+ 100 €
			USt	+ 19 €
			USt	+ 931 €
31.12.11	–	–		–

Bilanzkreuz 31.12.10			Bilanzkreuz 31.12.11	
	Gewinn	./. 5 000	Gewinn	+ 4 900
	USt	./. 950	Gewinn	+ 100
	Verb.	+ 5 950	USt	+ 19
			USt	+ 931
			USt (10)	./. 950
			KV	./. 5 000

Wer Schwierigkeiten hat, die Entwicklung der USt-Auswirkungen zu verfolgen, kann hierfür noch eine getrennte Staffel aufstellen.

Tz. 4: Buchungs- und Bestandsfehler

Der Fotohändler hat den Einkauf der 10 Kameras als Geschäftsvorfall des Jahres 10 zu erfassen. Mit Übergabe an den vom Fotohändler beauftragten Spediteur geht die Ware in das Vermögen des Stpfl. über. Hier liegt kein Fall des § 447 BGB vor. Auch findet das Urteil des BFH v. 3.8.1988 I R 157/87 (BStBl 1989 II 21) keine Anwendung. Wegen § 5 Abs. 1 Satz 1 2. HS EStG sind die Kameras mit dem in der Handelsbilanz anzusetzenden niedrigeren Marktpreis in Höhe von 450 € auch in der Steuerbilanz anzusetzen. Dieser Wert entspricht auch dem auf Dauer gesunkenen niedrigeren Teilwert.

Aus dem Sachverhalt ergeben sich also zwei Auswirkungen auf den Gewinn: erstens durch den Einfluss auf den Warenbestand, zweitens durch die Erfassung des Geschäftsvorfalls im Jahre 10. Diese Möglichkeit sollte bei allen Sachverhalten, die Probleme zum Warenbereich beinhalten, systematisch geprüft werden. Dabei bietet sich für die Auswirkung auf den Warenbestand die Darstellung wie in der Tz. 1 an und für die zweite Auswirkung eine Staffel für ein beteiligtes Konto (hier Anzahlungen).

Warenbestand	31.12.10	31.12.11
Warenbestand lt. Stpfl.	0 €	0 €
Warenbestand lt. Prüfer	4 500 €	0 €
Mehr Warenbestand lt. Prüfer:	4 500 €	0 €
Gewinnauswirkung durch geänderten Endbestand:	+ 4 500 €	
Gewinnauswirkung durch geänderten Anfangsbestand:	0 €	./. 4 500 €
Gewinnauswirkung lt. Bp insgesamt:	+ 4 500 €	./. 4 500 €

TEIL B Bilanzberichtigung/Berichtigungstechnik
Fallgruppe 3

Anzahlungen	StB	PB	Auswirkungen	
1.1.10	–	–	–	
Zugang 10	5 950 €	–	Gewinn (WES)	./. 5 000 €
			VoSt	950 €
31.12.10	5 950 €	–	Anzahlungen	./. 5 950 €
31.12.11	5 950 €	–	Anzahlungen	./. 5 950 €

Hier ist es wichtig, die Staffel für das Konto „Anzahlungen" bis zum Ende des Prüfungszeitraums durchzuziehen, da sonst die Gefahr besteht, die Auswirkung in 11, nämlich die Minderung der Anzahlung, zu vergessen.

Bilanzkreuz 31.12.10

Anz.	./. 5 950	Gewinn	./. 5 000
Ware	+ 4 500	Gewinn	+ 4 500
VoSt	+ 950		
	./. 500		./. 500

Bilanzkreuz 31.12.11

Anz.	./. 5 950	USt	./. 950
		Gewinn	./. 4 500
		KV	./. 500
	./. 5 950		./. 5 950

Zur Anlagenerstellung:

Die Erstellung der Anlagen sollte in der gleichen Reihenfolge wie in Fallgruppe 2 beschrieben vorgenommen werden.

Steuer- und Prüferbilanzen 10 und 11   Anlage 1 (Lösung)

	StB	Änderungen	PB	StB	Änderungen	PB
Aktiva	31.12.10		31.12.10	31.12.11		31.12.11
	Euro	Euro	Euro	Euro	Euro	Euro
Waren	100 000	15 000	115 000	120 000	10 600	130 600
Anzahlungen	5 950	./. 5 950	0	5 950	./. 5 950	0
VoSt		950	950			0
sonstige Aktiva	894 050		894 050	994 050		994 050
Summe Aktiva	**1 000 000**	**10 000**	**1 010 000**	**1 120 000**	**4 650**	**1 124 650**
Passiva						
Kapital	500 000	5 570	505 570	600 000	5 220	605 220
USt	10 000	./. 1 520	8 480	10 000	./. 570	9 430
Verb.	100 000	5 950	105 950	100 000		100 000
sonstige Verb.	390 000		390 000	410 000		410 000
Summe Passiva	**1 000 000**	**10 000**	**1 010 000**	**1 120 000**	**4 650**	**1 124 650**

Mehr- und Weniger-Rechnung Anlage 2 (Lösung)

Tz.	Vorgang	10 + Euro	10 ./. Euro	11 + Euro	11 ./. Euro
1	Warenbestand	10 500		100	
2	WES		3 000	5 000	
3	WES		5 000	4 900	
	Skontoertrag			100	
4	Warenbestand	4 500			4 500
	WES		5 000		
	Summen	15 000	13 000	10 100	4 500
	abzüglich	13 000		4 500	
	Mehr/Weniger	2 000		5 600	
	Gewinn lt. StB	+100 000		+80 000	
	Gewinn lt. Bp	102 000		85 600	

Anlage 3 (Lösung)

Kapitalkontenentwicklung	Steuerbilanz	Änderungen	Prüferbilanz
Kapital 01.01.10	430 000		430 000
zzgl. Einlagen 10	20 000	3 570	23 570
abzgl. Entnahmen 10	50 000		50 000
zzgl. Gewinn 10	100 000	2 000	102 000
Kapital 31.12.10	500 000	5 570	505 570
zzgl. Einlagen 11	80 000	./. 5 950	74 050
abzgl. Entnahmen 11	60 000		60 000
zzgl. Gewinn 11	80 000	5 600	85 600
Kapital 31.12.11	600 000	5 220	605 220

Ware 10		Ware 11	
1) 10 500		1) 10 600	
4) 4 500			

Einlagen 10		Einlagen 11	
	2) 3 570		2) ./. 5 950

TEIL B
Bilanzberichtigung/Berichtigungstechnik
Fallgruppe 4

	USt 10			USt 11	
2)	570	2)	380	4)	950
3)	950				

	Anzahlungen 10		Anzahlungen 11
4)	./. 5 950	4)	./. 5 950

	Verbindlichkeiten 10		noch nicht verrechenbare VoSt 10
		4)	950

Weitere Sachverhalte mit vorwiegend rechtlicher Relevanz s. Koltermann, Fallsammlung Bilanzsteuerrecht, 16. Auflage 2013

FALLGRUPPE 4

Sachverhalte

Tz. 1: GruBo, Herstellungskosten Gebäude, Gebäude-AfA

Der Bauunternehmer Baumann erwarb am 1. 2. 10 ein unbebautes Grundstück. Der Kaufpreis von 100 000 € wurde aus betrieblichen Mitteln gezahlt. Die mit dem Kauf zusammenhängenden Notariatskosten von 500 € zzgl. 95 € USt wurden am 15. 12. 10 vom Privatkonto bezahlt und nicht gebucht. Die GrESt von 5 000 € wurde an dem im Steuerbescheid vom 20. 12. 10 genannten Fälligkeitstage 28. 1. 11 entrichtet.

Buchung: Betriebssteuern an Bank 5 000 €

Auf diesem Grundstück wurde in 10 und 11 ein Geschäftshaus errichtet. An Herstellungskosten aus Fremdleistungen waren bis zum 31. 12. 10 300 000 € angefallen und auf dem Gebäudekonto verbucht. In 11 fielen weitere Herstellungskosten von 500 000 € an, die zutreffend erfasst wurden. Außerdem waren durch den Steuerpflichtigen für die Erstellung des Gebäudes erworbene Materialien von 50 000 € (10) bzw. 30 000 € (11) auf dem Wareneinkaufskonto sowie Löhne der bei der Herstellung eingesetzten eigenen Arbeitnehmer von 40 000 € (10) bzw. 80 000 € (11) auf dem Lohnkonto verbucht worden.

Das Geschäftshaus wurde am 1. 10. 11 von B bezogen.

Kontenentwicklung	GruBo	Gebäude
Zugang 10	100 000 €	300 000 €
AfA 10 (§ 7 Abs. 4 EStG)		12 000 €
31.12.10	100 000 €	288 000 €
Zugang 11		500 000 €
AfA 11		32 000 €
31.12.11	100 000 €	756 000 €

Tz. 2:   Warenbewertung

Die laut Inventur ermittelten Waren sind mit dem Einkaufspreis bewertet und wie folgt bilanziert:

	31.12.10	31.12.11
Einkaufspreise	100 000 €	150 000 €
Abschlag für Diebstahl	5 000 €	7 500 €
Bilanzansatz	95 000 €	142 500 €

Die Eingangsfrachten haben einheitlich 3 % des Einkaufspreises betragen und sind auf einem eigenen Aufwandskonto erfasst worden.

Tz. 3:   Abholung von Ware

Am 30.12.11 holte der Steuerpflichtige mit eigenem Lkw Waren von seinem Lieferanten ab. Da er den Lkw nicht mehr auslud, wurde die Ware bei der Inventur für 11 nicht erfasst. Die Rechnung ging bei A am 10.1.12 ein und wurde wie folgt gebucht:

Wareneingang	50 000 €			
VoSt	9 500 €	an	Bank	59 500 €

Tz. 4:   Private Pkw-Nutzung

Die private Pkw-Nutzung des im Mai 10 angeschafften und zum Unternehmensvermögen gehörenden Pkw ist bisher nicht erfasst, sie liegt aber offensichtlich unter 50%. Die Anschaffung wurde bisher richtig gebucht. Die unverbindliche Preisempfehlung betrug 40 000 € brutto. Der Pkw ist notwendiges Betriebsvermögen.

Aufgabe

Erstellen Sie berichtigte Bilanzen (siehe unten) für die Jahre 10 und 11 einschließlich der Kapitalkontenentwicklung und geben Sie die Gewinnauswirkungen einzeln und unsaldiert in einer Mehr- und Weniger-Rechnung an. Die Entwicklung der Bilanzansätze ist – soweit erforderlich – in Staffelform darzustellen.

Der Steuerpflichtige führt nur steuerpflichtige Umsätze aus. Der Umsatzsteuersatz beträgt in allen Jahren 19 %. Auf Veränderungen der Gewerbesteuer ist nicht einzugehen.

TEIL B — Bilanzberichtigung/Berichtigungstechnik
Fallgruppe 4

Steuer- und Prüferbilanzen 10 und 11   Anlage 1 (Aufgabe)

Aktiva	StB 31.12.10	Änderungen	PB 31.12.10	StB 31.12.11	Änderungen	PB 31.12.11
	Euro	Euro	Euro	Euro	Euro	Euro
GruBo	100 000			100 000		
Gebäude	288 000			756 000		
Fuhrpark	60 000			80 000		
Inventar	30 000			20 000		
Waren	95 000			142 500		
sonst. Aktiva	406 000			522 000		
Summe Aktiva	**979 000**			**1 620 500**		
Passiva						
Kapital	559 000			620 500		
Darlehen	100 000			400 000		
Verb.	300 000			100 000		
Bank	20 000			500 000		
Summe Passiva	**979 000**			**1 620 500**		

Mehr- und Weniger-Rechnung   Anlage 2

Tz.	Vorgang	10 +	10 ./.	11 +	11 ./.
	Summen abzüglich				
	Mehr/Weniger				
	Gewinn lt. StB	140 000		50 000	
	Gewinn lt. Bp				

Anlage 3 (Aufgabe)

Kapitalkontenentwicklung	Steuerbilanz	Änderungen	Prüferbilanz
Kapital 01.01.10	424 000		
zzgl. Einlagen 10	40 000		
abzgl. Entnahmen 10	45 000		
zzgl. Gewinn 10	140 000		
Kapital 31.12.10	559 000		
zzgl. Einlagen 11	420 000		
abzgl. Entnahmen 11	408 500		
zzgl. Gewinn 11	50 000		
Kapital 31.12.11	620 500		

LÖSUNG

Tz. 1: GruBo, Herstellungskosten Gebäude, Gebäude-AfA

Die Notariatskosten (netto) und die GrESt gehören als Nebenkosten zu den Anschaffungskosten des Grundstücks. Die Vorsteuer aus den Notariatskosten ist abzugsfähig. In Höhe der Gesamtrechnung liegt eine Einlage vor. Für die noch nicht gezahlte GrESt ist zum 31.12.10 eine sonstige Verbindlichkeit auszuweisen.

GruBo	StB	PB	Auswirkungen	
1.2.10	100 000 €	100 000 €	–	
+ Notarkosten	–	500 €	Einlage	+ 595 €
			USt	./. 95 €
+ GrESt	–	5 000 €	sonstige Verb.	+ 5 000 €
31.12.10	100 000 €	105 500 €	GruBo	+ 5 500 €
31.12.11	100 000 €	105 500 €	GruBo	+ 5 500 €

Außerdem mindern sich die zum 31.12.10 um 5 000 € erhöhten sonstigen Verbindlichkeiten in 11 durch Zahlung um 5 000 € bei gleichzeitiger Gewinnerhöhung um 5 000 €.

Zu den Herstellungskosten des Gebäudes gehören neben den Fremdleistungen auch die aus dem Warenbestand genommenen Materialien und die aufgewendeten Löhne. Das Gebäude kann ab 1.10.11 nach § 7 Abs. 4 Nr. 1 EStG mit 3 % jährlich abgeschrieben werden. Dabei ist die AfA im Jahr der Fertigstellung zeitanteilig zu berechnen.

TEIL B Bilanzberichtigung/Berichtigungstechnik
Fallgruppe 4

Gebäude	StB	PB	Auswirkungen	
Zugang 10	300 000 €	300 000 €	–	
./. AfA 10	12 000 €	–	Gewinn (AfA)	+ 12 000 €
+ Material	–	50 000 €	Gewinn (WES)	+ 50 000 €
+ Löhne	–	40 000 €	Gewinn (Lohn)	+ 40 000 €
31.12.10	288 000 €	390 000 €	Gebäude	+ 102 000 €
Zugang 11	500 000 €	500 000 €		
+ Material	–	30 000 €	Gewinn (WES)	+ 30 000 €
+ Löhne	–	80 000 €	Gewinn (Lohn)	+ 80 000 €
./. AfA 11	32 000 €	7 500 €	Gewinn (AfA)	+ 24 500 €
31.12.11	756 000 €	992 500 €	Gebäude	+ 236 500 €

Bilanzkreuz 31.12.10

Grubo	5 500	Einlage	595
Gebäude	102 000	USt	./. 95
		sonst. Verb.	5 000
		Gewinn	102 000
	107 500		105 500

Bilanzkreuz 31.12.11

GruBo	5 500	Gewinn	139 500
Gebäude	236 500	USt	./. 95
		KV	102 595
	242 000		242 000

Tz. 2: Warenbewertung

Für gestohlene Ware kann im Rahmen der Warenbewertung kein Abschlag vorgenommen werden. Die gestohlene Ware ist zwangsläufig bei der körperlichen Bestandsaufnahme nicht mehr mitgezählt worden. Damit hat sich der Diebstahl wie Wareneinsatz ausgewirkt. Die noch vorhandene Ware ist mit den Anschaffungskosten (Einkaufspreisen) einschließlich der Nebenkosten zu bewerten. Dazu gehören auch die lt. Sachverhalt einheitlich 3 % betragenden Bezugskosten.

	10	11
Warenbestand bisher:	95 000 €	142 500 €
Warenbestand lt. Bp:	103 000 €	154 500 €
Mehr BV lt. Bp:	8 000 €	12 000 €
Mehr Gewinn durch EB-Erhöhung	8 000 €	12 000 €
Mehr Gewinn durch AB-Erhöhung	–	./. 8 000 €
Gewinnauswirkung insgesamt	+ 8 000 €	+ 4 000 €

Bilanzkreuz 31.12.10				Bilanzkreuz 31.12.11			
Ware	8 000	Gewinn	8 000	Ware	12 000	Gewinn	4 000
						KV	8 000
	8 000		8 000		12 000		12 000

Tz. 3: Abholung von Ware

Die Ware ist dem Stpfl. bereits in 11 zuzurechnen und somit in der Bilanz zum 31.12.11 zu erfassen.

	11
Warenbestand bisher:	–
Warenbestand lt. Bp:	50 000 €
Mehr BV Ende 11 = Mehr Gewinn lt. Bp:	50 000 €

Gleichzeitig ist der Wareneinkauf aber auch schon als solcher des Jahres 11 zu erfassen. Die Vorsteuer ist in 11 – wegen fehlender Rechnung – noch nicht abzugsfähig. In Höhe des Rechnungsbetrages muss eine Verbindlichkeit ausgewiesen werden. Die Auswirkungen sind wieder am einfachsten in Staffelform darzustellen.

Verb.	StB	PB	Auswirkungen	
Zugang 11	–	59 500 €	Gewinn (WES)	./. 50 000 €
			n.v. VoSt	+ 9 500 €
31.12.11	–	59 500 €	Verb.	+ 59 500 €

Bilanzkreuz 31.12.10			
Ware	50 000	Gewinn	50 000
n.v. VoSt	9 500	Gewinn	./. 50 000
		Verb.	59 500
	59 500		59 500

Tz. 4: Private Pkw-Nutzung

Bei einer Erhöhung der Entnahmen sind die Auswirkungen auch für den Anfänger wohl so eindeutig zu übersehen, dass es hier keiner besonderen Darstellungsform bedarf. Hier wird es ausreichen, die einzelnen Auswirkungen (Gewinnerhöhung, USt auf unentgeltliche Wertabgabe nach § 3 Abs. 9a UStG, Entnahme) aufzulisten. Dabei sind die Nutzungen nach § 6 Abs. 1 Nr. 4 Satz 2 EStG mit 1 % der unverbindlichen Preisempfehlung (brutto) pro Monat zu berechnen:

(Die USt auf diese Nutzungen stellen ebenfalls Entnahmen dar).

TEIL B
Fallgruppe 4
Bilanzberichtigung/Berichtigungstechnik

			10	11
Mehrgewinn:			3 200 €	4 800 €
Mehr USt: 1 % =	3 200/4 800 €			
− 20 % =	640/960 €			
= BMG	2 560/3 840 €			
x 19 % USt =	486/730 €		486 €	730 €
Mehr Entnahmen			3 686 €	5 530 €

Bilanzkreuz 31. 12. 10

Entnahme	3 686	Gewinn	3 200
		USt	486
	3 686		3 686

Bilanzkreuz 31. 12. 11

Entnahme	5 530	Gewinn	4 800
		KV	./. 486
		USt	1 216
	5 530		5 530

Steuer- und Prüferbilanzen 10 und 11   Anlage 1 (Lösung)

	StB	Änderungen	PB	StB	Änderungen	PB
Aktiva	31. 12. 10		31. 12. 10	31. 12. 11		31. 12. 11
	Euro	Euro	Euro	Euro	Euro	Euro
GruBo	100 000	5 500	105 500	100 000	5 500	105 500
Gebäude	288 000	102 000	390 000	756 000	236 500	992 500
Fuhrpark	60 000		60 000	80 000		80 000
Inventar	30 000		30 000	20 000		20 000
Waren	95 000	8 000	103 000	142 500	62 000	204 500
n. n. v. VoSt					9 500	9 500
sonst. Aktiva	406 000		406 000	522 000		522 000
Summe Aktiva	**979 000**	**115 500**	**1 094 500**	**1 620 500**	**313 500**	**1 934 000**
Passiva						
Kapital	559 000	110 109	669 109	620 500	252 879	873 379
Darlehn	100 000		100 000	400 000		400 000
Verb.	300 000		300 000	100 000	59 500	159 500
sonst. Verb.		5 000	5 000			0
USt		391	391		1 121	1 121
Bank	20 000		20 000	500 000		500 000
Summe Passiva	**979 000**	**115 500**	**1 094 500**	**1 620 500**	**313 500**	**1 934 000**

Mehr- und Weniger-Rechnung

Anlage 2 (Lösung)

Tz.	Vorgang	10 + Euro	10 ./. Euro	11 + Euro	11 ./. Euro
1	AfA	12 000		24 500	
	Material	50 000		30 000	
	Löhne	40 000		80 000	
	GrESt			5 000	
2	Warenbestand	8 000		4 000	
3	Warenbestand/ Einkauf			50 000	50 000
4	PE	3 200		4 800	
	Summen	113 200	0	198 300	50 000
	abzüglich		0	50 000	
	Mehr/Weniger	113 200		144 800	
	Gewinn lt. StB	+ 140 000		+ 50 000	
	Gewinn lt. Bp	253 200		198 300	

Anlage 3 (Lösung)

Kapitalkontenentwicklung	Steuerbilanz	Änderungen	Prüferbilanz
Kapital 01.01.10	424 000	0	424 000
zzgl. Einlagen 10	40 000	595	40 595
abzgl. Entnahmen 10	45 000	3 686	48 686
zzgl. Gewinn 10	140 000	113 200	253 200
Kapital 31.12.10	559 000	110 109	669 109
zzgl. Einlagen 11	420 000	0	420 000
abzgl. Entnahmen 11	408 500	5 530	414 030
zzgl. Gewinn 11	50 000	148 300	198 300
Kapital 31.12.11	620 500	252 879	873 379

Weitere Sachverhalte mit vorwiegend rechtlicher Relevanz s. Koltermann, Fallsammlung Bilanzsteuerrecht, 16. Auflage 2013

TEIL B — Bilanzberichtigung/Berichtigungstechnik
Fallgruppe 5

Sachverhalte

Tz. 1: Kapitalangleichung

Für das Jahr 09 hat beim Steuerpflichtigen Weber im Jahr 10 eine Außenprüfung stattgefunden. Der Betriebsprüfer kam zu folgenden Feststellungen:

1. Warenverkäufe des Jahres 09 sind erst bei Geldeingang im Jahre 10 gebucht worden. Dadurch erhöhten sich die Forderungen in 09 um 23 800 € und die Umsatzsteuer um 3 800 €.
2. Der Warenbestand 09 ist um 10 000 € zu niedrig bewertet.
3. Die privaten Warenentnahmen für 09 sind um 2 000 € netto zu erhöhen.

Der Betriebsprüfer hat daraufhin eine zutreffende Prüferbilanz erstellt und diese dem Steuerpflichtigen Ende 10 mit den berichtigten Steuerbescheiden zugesandt. Der Steuerpflichtige hat die berichtigte Bilanz zur Kenntnis genommen, fällige Nachzahlungen entrichtet, sonst aber keine Konsequenzen für die Buchführung der Jahre 10 ff. getroffen. Der Saldo des Kontos „Umsatzsteuer" wurde in 10 und 11 in die Schlussbilanzen übernommen. Ansonsten stimmen die Bilanzwerte mit den Inventurwerten 10 und 11 überein.

Bei Nachzahlung der Umsatzsteuer 09 buchte er in 10:

Umsatzsteuer   4 180 €   an   Bank   4 180 €

Bei Nachzahlung der Gewerbesteuer 09 in 11 bucht er:

Gewerbesteueraufwand   4 000 €   an   Bank   4 000 €

Tz. 2: Anlagevermögen, Ratenkauf

Der Steuerpflichtige hat am 30. 11. 10 eine Maschine für 100 000 € zuzüglich 19 000 € Umsatzsteuer bestellt. Die betriebsgewöhnliche Nutzungsdauer beträgt 10 Jahre. Die Maschine soll linear abgeschrieben werden. Die Auslieferung der Maschine und die Übergabe der Rechnung erfolgte im Januar 11. Die Transportkosten des Fremdunternehmers in Höhe von 1 000 € zuzüglich 190 € Umsatzsteuer und die Montagekosten der Lieferfirma in Höhe von 5 000 € zuzüglich 950 € Umsatzsteuer zahlte er in 11 vom privaten Konto ohne Buchung.

Der Kaufpreis der Maschine sollte wie folgt bezahlt werden.

1. Bei Bestellung (Anzahlung):   22 000 €
2. ab 1. 4. 11: 16 Raten   5 875 €
3. Schlussrate   3 000 €

Der Steuerpflichtige buchte:

10:

Maschine   22 000 €   an   Bank   22 000 €
AfA   2 200 €   an   Maschine   2 200 €

11:

Maschine (8 Raten)	47 000 €	an	Bank		47 000 €
AfA	6 900 €	an	Maschine		6 900 €

Die Ratenzahlungen erfolgten alle bis auf die Dezemberrate 11 vom betrieblichen Bankkonto. Die Dezemberrate 11 wurde vom privaten Sparbuch überwiesen.

Tz. 3: Diebstahl von Ware

In 10 wurde ein Diebstahl von Ware festgestellt und gebucht:

Ware	1 000 €	an	Diebstahlsaufwendungen	1 000 €

Der Täter konnte nicht ermittelt werden. Der Steuerpflichtige ist nicht gegen Diebstahl versichert.

Tz. 4: Fehlbuchung auf „Wareneinkauf"

In 10 wurde eine Wareneingangsrechnung durch einen technischen Fehler wie folgt gebucht:

Gewerbesteuerrückstellung	1 000 €			
VoSt	190 €	an	Bank	1 190 €

In der Rechnung war die Vorsteuer gesondert ausgewiesen. Die Gewerbesteuerrückstellungen sind zutreffend in den Bilanzen zum 31.12.10 und 11 ausgewiesen.

Tz. 5: Immaterielles Wirtschaftsgut, Stichtagsprinzip

Der Steuerpflichtige entwickelt unter anderem auch Patente zum Weiterverkauf. Ein solches Patent konnte er Anfang 11 zum Preis von 35 700 € an einen Geschäftsfreund veräußern.

Das Patent hatte er ausschließlich in 10 in seinem Betrieb entwickelt. Die Materialkosten einschließlich Gemeinkosten betrugen 2 000 €, die Lohnkosten einschließlich Gemeinkosten betrugen 10 000 €. Das Patent kann auf 20 Jahre genutzt werden.

Da der Steuerpflichtige vor der Bilanzaufstellung für 10 im März 11 das Patent veräußern konnte (siehe oben), kannte er den tatsächlichen Wert des Patents und bilanzierte wie folgt:

selbstentwickeltes Patent	30 000 €
Abschreibung linear	1 500 €
Bilanzansatz 31.12.10	28 500 €

Bei Verkauf in 11 buchte er:

Forderung	35 700 €	an	Patente	28 500 €
			so. betr. Ertrag	1 500 €
			USt	5 700 €

TEIL B — Bilanzberichtigung/Berichtigungstechnik
Fallgruppe 5

Aufgabe

Erstellen Sie berichtigte Bilanzen für die Jahre 10 und 11 einschließlich der Kapitalkontenentwicklung und geben Sie die Gewinnauswirkungen einzeln und unsaldiert in einer Mehr- und Weniger-Rechnung an. Die Entwicklung der Bilanzansätze ist – soweit erforderlich – in Staffelform darzustellen.

Der Steuerpflichtige führt nur steuerpflichtige Umsätze aus. Der Umsatzsteuersatz beträgt in allen Jahren 19 %. Auf Veränderungen der Gewerbesteuer ist nicht einzugehen.

Steuer- und Prüferbilanzen 10 und 11   Anlage 1 (Aufgabe)

	StB	Änderungen	PB	StB	Änderungen	PB
Aktiva	31.12.10		31.12.10	31.12.11		31.12.11
	Euro	Euro	Euro	Euro	Euro	Euro
Anzahlungen						
Maschinen	19 800			59 900		
Patente	28 500					
Waren	100 000			100 000		
sonst. Aktiva	1 000 000			1 000 000		
Summe Aktiva	1 148 300			1 159 900		
Passiva						
Kapital	770 000			1 060 000		
USt	10 000			40 000		
sonst. Verb.	30 000			10 000		
sonst. Passiva	338 300			49 900		
Summe Passiva	1 148 300			1 159 900		

Berichtigungen bei Einzelunternehmen — TEIL B — Fallgruppe 5

Mehr- und Weniger-Rechnung

Anlage 2 (Aufgabe)

Tz.	Vorgang	10 +	10 ./.	11 +	11 ./.
	Summen				
	abzüglich				
	Mehr/Weniger				
	Gewinn lt. StB	200 000		300 000	
	Gewinn lt. Bp				

Anlage 3 (Aufgabe)

Kapitalkontenentwicklung	Steuerbilanz	Änderungen	Prüferbilanz
Kapital 1.1.10	600 000		
zzgl. Einlagen 10	20 000		
abzgl. Entnahmen 10	50 000		
zzgl. Gewinn 10	200 000		
Kapital 31.12.10	770 000		
zzgl. Einlagen 11	50 000		
abzgl. Entnahmen 11	60 000		
zzgl. Gewinn 11	300 000		
Kapital 31.12.11	1 060 000		

NE 11

USt 11

TEIL B — Bilanzberichtigung/Berichtigungstechnik

Fallgruppe 5

LÖSUNG

Tz. 1: Kapitalangleichungen

Hier stellt sich das Problem des Bilanzenzusammenhangs. Die Prüferbilanz auf den 31.12.09 des Vorprüfers hat für den Steuerpflichtigen die Stellung einer (berichtigten) Steuerbilanz auf den 31.12.09. Das bedeutet, seine Anfangsbilanz auf den 1.1.10 muss dieser Bilanz in Höhe, Umfang und Zusammensetzung entsprechen, sonst ist der Bilanzenzusammenhang zwischen 09 und 10 nicht gewahrt und der Totalgewinn würde verfälscht.

Der Steuerpflichtige muss also die Bilanzansätze zum 1.1.10 den Schlussbilanzwerten des Betriebsprüfers angleichen. Das gilt auch für die Bilanzposition „Kapital", da nur über diese (Ausgleichs-) Position die Ausgeglichenheit der Bilanz erhalten bleibt.

Im Einzelnen sind folgende Bilanzpositionen zum 1.1.10 zu berichtigen:

1)	Forderungen	+ 23 800 €
2)	Warenbestand	+ 10 000 €
3)	Umsatzsteuer	+ 4 180 €
4)	Gewerbesteuerrückstellung	+ 4 000 €
5)	Kapital 1.1.10	+ 25 620 €

Diese Veränderung des Kapitals zum 1.1.10 sollte sofort in die erste Zeile der Kapitalkontenentwicklung übernommen werden.

Alle Gewinnauswirkungen und Auswirkungen bei den Entnahmen und Einlagen für 09 hat der Vorprüfer richtig und abschließend erfasst.

Zur Kontrolle könnte man hier auch auf den 1.1.10 ein Bilanzkreuz erstellen. Häufig wird hierauf jedoch verzichtet.

Bilanzkreuz 1.1.10

Forderungen	23 800	USt	4 180
Ware	10 000	GewStR	4 000
		Kapital	25 620
	33 800		33 800

Durch die geänderten Bilanzansätze zum 1.1.10 können sich für die Folgezeit (hier Prüfungszeitraum 10 und 11) Änderungen beim Gewinn und/oder bei den betroffenen Bilanzpositionen zu späteren Bilanzstichtagen ergeben, da der Steuerpflichtige bisher nur die im Sachverhalt angegeben Konsequenzen gezogen hat.

Zur Ermittlung der Wirkung auf 10 und 11 bietet sich wie bisher eine Gegenüberstellung der alten Steuerbilanzwerte mit den geänderten Prüferbilanzwerten bei gleichzeitigem Ausweis der Auswirkungen an, wobei – außer beim Warenbestand (siehe Fallgruppe 3) – die Staffelform verwendet werden sollte.

Forderungen	StB	PB	Auswirkungen	
1.1.10	–	23 800 €	Kapital	+ 23 800 €
Zahlung 10	–	./. 23 800 €	Gewinn	./. 20 000 €
			USt	./. 3 800 €
31.12.10	–	–		–
31.12.11	–	–		–

USt	StB	PB	Auswirkungen	
1.1.10	–	4 180 €	Kapital	./. 4 180 €
Einb. Ford.	3 800 €	–	bereits unter Forderungen erfasst	
Zahlung USt	./. 4 180 €	./. 4 180 €		–
31.12.10	./. 380 €	–	USt	+ 380 €
31.12.11	./. 380 €	–	USt	+ 380 €

Hier wurde laut Sachverhalt der Saldo des Kontos „USt" in die Steuerbilanz übernommen.

GewStR	StB	PB	Auswirkungen	
1.1.10	–	4 000 €	Kapital	./. 4 000 €
Abschluss	+ 4 000 €	–	Gewinn	+ 4 000 €
31.12.10	4 000 €	4 000 €		–
Zahlung	–	4 000 €	Gewinn	+ 4 000 €
Abschluss	./. 4 000 €	–	Gewinn	./. 4 000 €
31.12.11	–	–		–

Hier ist zu beachten, dass lt. Sachverhalt die Inventurwerte, also die zutreffenden Werte für die Gewerbesteuerrückstellung, in die Steuerbilanz übernommen wurden. Da diese Beträge sich aber nicht aus den laufenden Konten ergeben, muss das Konto als gemischtes Konto behandelt und folgende Abschlussbuchungen vom Steuerpflichtigen vorgenommen worden sein:

| 10: | Aufwand | 4 000 € | an | GewStR | 4 000 € |
| 11: | GewStR | 4 000 € | an | Ertrag | 4 000 € |

Wegen der Neuregelung in § 4 Abs. 5b EStG ab 2008 müssen außerhalb der Steuerbilanz die Gewinnauswirkungen durch die Gewerbesteuer wieder hinzugerechnet werden (siehe auch R 5.7 Abs. 1 Satz 2 EStR 2012).

Die Gewinnauswirkungen durch die nicht übernommene Änderung des Warenbestandes sind falsch und zu berichtigen (siehe oben).

TEIL B   Bilanzberichtigung/Berichtigungstechnik
Fallgruppe 5

Warenbestand	09	10	11
Bisher	–	–	–
lt. Bp	10 000 €	–	–
Mehr EB lt. Bp:	10 000 €	–	–
Mehr Gewinn wg EB:	10 000 €	–	–
Mehr Gewinn wg AB:	–	./. 10 000 €	–
Gewinn insgesamt	10 000 €	./. 10 000 €	–
	(Vorprüfungszeitraum)	(Klausurzeitraum)	

Die Wirkung für 09 hat der Vorprüfer bereits erfasst. Es bleibt also nur im Prüfungszeitraum 10 und 11 die Gewinnminderung von −10 000 € zu erfassen. Insbesondere ergeben sich im Prüfungszeitraum keine Auswirkungen auf den Warenbestand!!

Bilanzkreuz 31. 12. 10

Gewinn	./. 20 000		
USt	+ 380		
Gewinn	+ 4 000		
Gewinn	./. 10 000		
KV	25 620		
0	0		

Bilanzkreuz 31. 12. 11

USt.	+ 380
Gewinn	0
KV	./. 380
0	0

Hier ergibt sich wegen der Kapitalangleichung zum 1.1.10 erstmals auch fürs Bilanzkreuz 31. 12. 10 ein Kapitalvortrag.

Tz. 2:   Anlagevermögen, Ratenkauf

Die Anschaffungskosten der Maschine betragen unstreitig 106 000 € (einschließlich Nebenkosten, ohne abzugsfähige Vorsteuer). Die Anschaffung liegt in 11. Hier kann also nicht das Problem liegen.

Schwieriger ist es, die Wirkungen der falschen Aktivierung durch den Steuerpflichtigen auf andere Bilanzpositionen zu erkennen. Hier kann es hilfreich sein, „schrittweise" in der Reihenfolge der Bezahlung zu aktivieren (nur was bezahlt wird, sind Anschaffungskosten). Dadurch ergeben sich nicht sofort in der ersten Zeile der Staffel alle Auswirkungen (das ist unübersichtlich), sondern man ermittelt bei jedem einzelnen Schritt regelmäßig nur eine Auswirkung. Das ist einfacher und weniger fehleranfällig. Es ist nur darauf zu achten, dass die Vorsteuer in den gezahlten Raten zunächst mit aktiviert wird. Zur Ermittlung der Anschaffungskosten ist diese wieder abzuziehen.

Maschinen	StB	PB	Auswirkungen	
30.11.10	22 000 €	–	Anzahlungen	+ 18 487 €
			n. n. v. Vorst.	+ 3 513 €
AfA 10	2 200 €	–	Gewinn	+ 2 200 €
31.12.10	19 800 €	–	Maschinen	./. 19 800 €
Januar 11	–	22 000 €	Anzahlung	./. 18 487 €
			n. n. v. Vorst.	./. 3 513 €
4 – 11/11	47 000 €	47 000 €		–
12/11	–	5 875 €	Einlage	+ 5 875 €
Raten 12 (7 + Schlussrate)	–	44 125 €	sonst. Verb.	+ 44 125 €
Zwischen-Summe	66 800 €	119 000 €		–
./. VoSt	–	19 000 €	USt	./. 19 000 €
+ Nebenkosten	–	6 000 €	Einlage	+ 7 140 €
			USt	./. 1 140 €
AK	66 800 €	106 000 €		–
./. AfA 11	6 900 €	10 600 €	Gewinn	./. 3 700 €
31.12.11	59 900 €	95 400 €	Maschinen	+ 35 500 €

Bilanzkreuz 31.12.10				Bilanzkreuz 31.12.11			
Anzahlung	+ 18 487	Gewinn	+ 2 200	Anzahlung	0	Einlage	5 875
Maschinen	./. 19 800			Maschinen	35 500	sonst. Verb.	44 125
n. n. v. VoSt	3 513					USt	./. 19 000
						USt	./. 1 140
						Einlage	7 140
						Gewinn	./. 3 700
						KV	2 200
	2 200		2 200		35 500		35 500

Tz. 3: Diebstahl von Ware

Der Vorgang hat keinen Einfluss auf den Warenbestand des Steuerpflichtigen. Die gestohlene Ware kann bei der körperlichen Inventur nicht mitgezählt worden sein.

Durch die Sollbuchung hat der Steuerpflichtige den Wareneinsatz erhöht = Gewinnminderung.

Durch die Habenbuchung hat der Steuerpflichtige Aufwendungen rückgängig gemacht = Gewinnerhöhung.

Also war die Behandlung des Steuerpflichtigen erfolgsneutral, wenn auch sachlich vollkommen falsch.

Ziel der Bilanzberichtigung ist aber, den richtigen Gewinn als richtige Besteuerungsgrundlage zu ermitteln. Dieser Gewinn ist hier nicht verfälscht, wenn auch falsche GuV-Positionen ausgewiesen sind.

Der Diebstahl von Ware ist nicht gesondert in der Buchführung zu behandeln. Er wirkt sich bereits durch die zwangläufige Minderung des Warenbestandes über den Wareneinsatz aus. Darüber hinaus dürfte in der Praxis wohl nur ein Bruchteil der Diebstahlsfälle bekannt werden, also keinen Eingang in die Buchführung finden können.

Die mögliche, aber verzichtbare Buchung lautet:

Diebstahlsaufwendungen   an   Wareneinkauf

Tz. 4: Fehlbuchung auf „Wareneinkauf"

Es ist nichts zu veranlassen, da der richtige Gewinn ausgewiesen wurde. Durch die Sollbuchung auf dem Konto „Gewerbesteuerrückstellung" in Höhe von 1 000 € war der Steuerpflichtige beim Abschluss dieses Kontos gezwungen, um den richtigen Bilanzansatz auszuweisen – siehe Sachverhalt Tz. 4 –, einen Zugang auf dem Konto „Gewerbesteuerrückstellung" zu erfassen. Zugänge zu Rückstellungen sind Aufwand, hier Aufwand in Höhe von 1 000 €. Zur gleichen Gewinnauswirkung kommt man, wenn man sofort die Warenrechnung richtig über „WEK" bucht. Auch hier gilt wieder: Wegen der Neuregelung in § 4 Abs. 5b EStG ab 2008. müssen außerhalb der Steuerbilanz die Gewinnauswirkungen durch die Gewerbesteuer wieder hinzugerechnet werden.

Tz. 5: Immaterielles Wirtschaftsgut, Stichtagsprinzip

Das Patent ist ein immaterielles Wirtschaftsgut. Da es zum Weiterverkauf bestimmt ist, gehört es zum Umlaufvermögen. Das Bilanzierungsverbot des § 5 Abs. 2 EStG greift hier also nicht.

Das Wirtschaftsgut ist mit den Herstellungskosten von 12 000 € zum 31.12.10 zu bilanzieren. AfA im Umlaufvermögen ist nicht zulässig.

Patent	StB	PB	Auswirkungen	
Zugang	30 000 €	12 000 €	Gewinn	./. 18 000 €
AfA	1 500 €	–	Gewinn	+ 1 500 €
31.12.10	28 500 €	12 000 €	Patent	./. 16 500 €
Verkauf 11	./. 28 500 €	./. 12 000 €	Gewinn	+ 16 500 €
31.12.11	–	–		–

Bilanzkreuz 31.12.10				Bilanzkreuz 31.12.11			
Patent	./. 16 500	Gewinn	./. 18 000			Gewinn	+ 16 500
		Gewinn	1 500			KV	./. 16 500
	./. 16 500		./. 16 500		0		0

Berichtigungen bei Einzelunternehmen — TEIL B — Fallgruppe 5

Steuer- und Prüferbilanzen 10 und 11   Anlage 1 (Lösung)

Aktiva	StB 31.12.10	Änderungen	PB 31.12.10	StB 31.12.11	Änderungen	PB 31.12.11
	Euro	Euro	Euro	Euro	Euro	Euro
Anzahlungen		18 487	18 487			0
n. n.v. Vorst.		3 513	3 513			
Maschinen	19 800	./. 19 800	0	59 900	35 500	95 400
Patente	28 500	./. 16 500	12 000			0
Waren	100 000		100 000	100 000		100 000
sonst. Aktiva	1 000 000		1 000 000	1 000 000		1 000 000
Summe Aktiva	**1 148 300**	**./. 14 300**	**1 134 000**	**1 159 900**	**35 500**	**1 195 400**
Passiva						
Kapital	770 000	./. 14 680	755 320	1 060 000	11 135	1 071 135
USt.	10 000	380	10 380	40 000	./. 19 760	20 240
sonst. Verb.	30 000		30 000	10 000	44 125	54 125
sonst. Passiva	338 300		338 300	49 900		49 900
Summe Passiva	**1 148 300**	**./. 14 300**	**1 134 000**	**1 159 900**	**35 500**	**1 195 400**

Mehr- und Weniger-Rechnung   Anlage 2 (Lösung)

		10		11	
Tz.	Vorgang	+	./.	+	./.
		Euro	Euro	Euro	Euro
1	Erlöse		20 000		
	GewSt	4 000		4 000	4 000
	Ware		10 000		
2	AfA	2 200			3 700
5	aktivierte Eigenleistung		18 000	16 500	
	AfA	1 500			
	Summen	7 700	48 000	20 500	7 700
	abzüglich		48 000		7 700
	Mehr/Weniger		./. 40 300	12 800	
	Gewinn lt. StB		200 000	300 000	
	Gewinn lt. Bp		159 700	312 800	

TEIL B Bilanzberichtigung/Berichtigungstechnik
Fallgruppe 6

Anlage 3 (Lösung)

Kapitalkontenentwicklung	Steuerbilanz	Änderungen	Prüferbilanz
Kapital 01.01.10	600 000	25 620	625 620
zzgl. Einlagen 10	20 000		20 000
abzgl. Entnahmen 10	50 000		50 000
zzgl. Gewinn 10	200 000	./. 40 300	159 700
Kapital 31.12.10	770 000	./. 14 680	755 320
zzgl. Einlagen 11	50 000	13 015	63 015
abzgl. Entnahmen 11	60 000		60 000
zzgl. Gewinn 11	300 000	12 800	312 800
Kapital 31.12.11	1 060 000	11 135	1 071 135

Anlage 4 (Lösung)

Einlage 11			USt 11		
2)	5 875	2)	19 000	1)	380
2)	7 140	2)	7 140		

Weitere Sachverhalte mit vorwiegend rechtlicher Relevanz s. Koltermann, Fallsammlung Bilanzsteuerrecht, 16. Auflage 2013

FALLGRUPPE 6

Sachverhalte

Tz. 1: Kapitalangleichungen

Der zuständige Bearbeiter im Finanzamt hat bei der Veranlagung für den Steuerpflichtigen Händler für das Kalenderjahr 09 Anfang 10 folgende Änderungen vorgenommen:

1. Erhöhung der privaten Warenentnahmen um 2 000 €. Dadurch erhöhte sich die USt-Schuld 09 um 380 €.

2. Auswertung einer vorliegenden Kontrollmitteilung nach telefonischer Rücksprache mit dem Stpfl. Danach hat der Stpfl. einen Warenverkauf aus 09 bisher nicht in seiner Buchführung erfasst. Der Stpfl. räumte ein, dass seine Forderungen zum 31.12.09 in seiner eingereichten Bilanz um 5 950 € zu niedrig ausgewiesen sind. Auch die USt auf den Verkauf in Höhe von 950 € hat er unstreitig bisher nicht erfasst. Den Verkaufspreis der Ware hat er in 10 ohne Buchung privat vereinnahmt.

Aus der Anlage zum ESt-Bescheid 09 ergibt sich wörtlich:

„Gewinn lt. Steuererklärung 09	100 000 €
+ Erhöhung priv. Warenentnahme	2 000 €
+ Erhöhung des Gewinns durch die Warenforderung	5 000 €
./. Erhöhung der GewSt-Rückstellung wegen der obigen Änderungen	1 000 €
Gewinn lt. Veranlagung 09:	106 000 €

Außerdem erhöht sich die von Ihnen zu zahlende USt 09 um 1 330 €. Die Abweichungen wurden Ihnen bereits telefonisch erläutert."

Der ESt- und USt-Bescheid 09 sind nach den Vorschriften der AO nicht mehr berichtigungsfähig. Die nachzuzahlende USt wurde in 10 entrichtet und gebucht:

USt   1 330 €   an   Bank   1 330 €

Der Gewerbesteuerbescheid 09 erging im Oktober 10. Nachzuzahlen waren 1 000 €. Dieser Betrag wurde im November 10 gezahlt und gebucht:

GewSt-Aufwand   1 000 €   an   Bank   1 000 €

Mit Ausnahme dieser beiden Buchungen bei Zahlung hat der Stpfl. weder in den Buchführungen noch in den Bilanzen für 09, 10 und 11 Bilanzposten aufgrund der Änderungen bei der Veranlagung für 09 angepasst. In die Bilanzen wurde lediglich der Saldo des USt-Kontos übernommen.

Tz. 2: GruBo und Gebäude, Grundstücksteile von untergeordneter Bedeutung, Grundstückskosten

Der Stpfl. erwarb am 2.1.10 umsatzsteuerfrei ein Grundstück an der Olfener Straße mit einer 5 Jahre alten aufstehenden Halle. Restnutzungsdauer der Halle: 60 Jahre. Der Kaufpreis betrug 150 000 €. Davon entfallen unstreitig 100 000 € auf die Halle. Die Nebenkosten wie GrESt (5 250 €) und Notarkosten (1 500 €) – Vorsteuer war hierbei nicht angefallen – wurden in 11 vom betrieblichen Bankkonto bezahlt und als Entnahme gebucht.

In Höhe des Kaufpreises von 150 000 € nahm der Stpfl. bei seinem Bruder am 2.1.10 ein privates Darlehen auf. Das Darlehen wurde zu 100 % direkt an den Verkäufer ausgezahlt und ist vom Stpfl. am 31.12.12 in einer Summe zurückzuzahlen. Bis dahin ist es mit 8 % jährlich zu verzinsen. Die Zinsen sind jeweils im Jahr der Entstehung gezahlt (jährlich 12 000 €) und gebucht:

Entnahmen   12 000 €   an   Bank   12 000 €

Das Darlehen wurde weder gebucht noch in der Bilanz ausgewiesen. Halle und Grundstück werden unstreitig im gesamten Prüfungszeitraum vom Stpfl. zu 12 % eigenbetrieblich genutzt. Der Rest ist umsatzsteuerfrei an einen anderen Unternehmer vermietet. Die Mieten wurden privat vereinnahmt und nicht gebucht. Sie betragen monatlich 2 000 €.

		GruBo	Halle
Die Teilwerte (= gem. Werte)			
Betragen am	31.12.10	60 000 €	100 000 €
	31.12.11	73 000 €	98 000 €

TEIL B — Bilanzberichtigung/Berichtigungstechnik
Fallgruppe 6

Die lfd. Grundstückskosten betrugen in 10 4 000 € und in 11 4 500 €. Sie wurden im Jahr der Entstehung vom privaten Konto gezahlt. Die mit den Grundstückskosten in Zusammenhang stehenden Vorsteuern sind zutreffend behandelt.

Der Stpfl. hat dieses Objekt bisher nicht bilanziert und möchte – wenn zulässig – diese Behandlung beibehalten. AfA im Privatvermögen wurde bisher nach § 7 Abs. 4 EStG berechnet.

Tz. 3: Grundstück im Eigentum mehrerer Personen, Nutzungsänderung, Grundstücksentnahmen, Bilanzänderung

Der Stpfl. und seine Ehefrau wurden durch eine Schenkung zum 1.6.10 (Tag des wirtschaftlichen Übergangs der Nutzungen und Lasten) zu gleichen Teilen Eigentümer des 25 Jahre alten Objekts „Schulstraße". Der Wert des Grund und Bodens beträgt 20 % des Gesamtwertes (Teilwert) von 300 000 €. Der Stpfl. hatte das Grundstück bis zum 1.6.10 von seinen Eltern aus dem Privatvermögen angemietet. Der Stpfl. buchte 10:

| Gebäude | 300 000 € | an | Einlage | 300 000 € |

Die Nebenkosten von insgesamt 9 000 € – Vorsteuer war hierbei nicht angefallen – wurden von den ehemaligen Grundstückseigentümern (Eltern des Stpfl.) erst im Januar 11 in Rechnung gestellt und sofort von einem Sparbuch der Eltern gezahlt. Der Stpfl. buchte in 11:

| Gebäude | 9 000 € | an | Einlage | 9 000 € |

Die drei gleich großen Etagen des Gebäudes wurden bis zum 30.9.11 wie folgt genutzt:

> EG: Betriebliches Lager des Stpfl.
>
> 1. OG: Büro des Stpfl.
>
> 2. OG: Büro des Gewerbebetriebs der Ehefrau.

Ab 1.10.11 nutzt der Stpfl. auch die Hälfte des 2. OG für eigenbetriebliche Zwecke.

Die Ehefrau hat die ihr gehörende Hälfte des EG und des 1. OG an den Ehemann, der Ehemann hat seine Hälfte des 2. OG an seine Ehefrau zu einem angemessenen Mietpreis vermietet. Die Mietverträge wurden bei der Nutzungsänderung in 11 entsprechend angepasst. Alle Buchungen einschließlich der umsatzsteuerlichen Behandlung bezüglich der Mietverhältnisse sind zutreffend erfasst.

Kontoentwicklung lt. StB	Gebäude
Zugang 1.6.10	300 000 €
AfA 10	./. 6 000 €
31.12.10	294 000 €
Zugang Nebenkosten	9 000 €
AfA 11	./. 6 180 €
31.12.11	296 820 €

Der Stpfl. will in 10 nach wie vor möglichst viel Betriebsvermögen ausweisen und hat das gesamte Objekt bilanziert. Im Rahmen der Schlussbesprechung hat der Stpfl. den Antrag gestellt, ab der Nutzungsänderung (1. 10. 11) nur noch das notwendige Betriebsvermögen bilanzieren zu dürfen. Der Steuerpflichtige ist auch bereit, steuerliche Konsequenzen daraus zu tragen.

Der Teilwert beträgt zum 30. 9. 11 für GruBo und Gebäude 330 000 €.

Tz. 4: Maschinen, Ratenzahlungen, Preisnachlass

Der Stpfl. hat am 15. 11. 10 eine Maschine erworben. Die Rechnung lautet:

Listenpreis der Maschine	10 000 €
zuzüglich 19 % USt	1 900 €
	11 900 €
abzüglich 2 % Skonto	238 €
	11 662 €

Der Betrag ist zahlbar in 7 gleichen vierteljährlichen Raten in Höhe von je 1 666 €, beginnend am 15. 12. 10. Die ersten 4 Raten wurden pünktlich vom betrieblichen Bankkonto gezahlt und jeweils gebucht:

Maschine	1 400 €			
VoSt	266 €	an	Bank	1 666 €

Die letzten 3 Raten wurden pünktlich ohne Buchung vom privaten Sparbuch bezahlt. Die Raten sind normal verzinst. Die Zinsen sind zutreffend behandelt.

Die Maschine hat eine Nutzungsdauer von 10 Jahren. Der Stpfl. will die Maschine linear abschreiben. Er hat bisher in 10 140 € und in 11 560 € AfA angesetzt.

Aufgabe

Erstellen Sie berichtigte Bilanzen für die Jahre 10 und 11 einschließlich der Kapitalkontenentwicklung und geben Sie die Gewinnauswirkungen einzeln und unsaldiert in einer Mehr- und Weniger-Rechnung an. Die Entwicklung der Bilanzansätze ist – soweit erforderlich – in Staffelform darzustellen.

Der Steuerpflichtige hat nicht auf Umsatzsteuerbefreiungen verzichtet. Der Umsatzsteuersatz beträgt in allen Jahren 19 %. Eine eventuelle Vorsteueraufteilung erfolgt nach § 15 Abs. 4 UStG.

Soweit im Sachverhalt nichts anderes gesagt ist, stimmen die Buchwerte mit den Inventurwerten überein. Gewerbesteuerrückstellungen aufgrund der Berichtigungen sind aus Vereinfachungsgründen nicht zu bilden.

TEIL B Bilanzberichtigung/Berichtigungstechnik
Fallgruppe 6

Steuer- und Prüferbilanzen 10 und 11   Anlage 1 (Aufgabe)

Aktiva	StB 31.12.10	Änderungen	PB 31.12.10	StB 31.12.11	Änderungen	PB 31.12.11
	Euro	Euro	Euro	Euro	Euro	Euro
GruBo Olfener Str.						
GruBo Schulstr.						
Gebäude Olfener Str.						
Gebäude Schulstr.	294 000			296 820		
Fahrzeuge	50 000			40 000		
Maschine	1 260			4 900		
Ware	100 000			120 000		
Forderung	30 000			40 000		
Sonst. Forderung	8 000			7 000		
Kasse	1 800			1 900		
Bank	15 600			13 400		
Summe Aktiva	**500 660**			**524 020**		
Passiva						
Kapital	326 660			344 220		
Verb. Darlehen	80 500			90 000		
sonst. Verb.	74 000			65 000		
USt	8 500			9 800		
GewStR	11 000			15 000		
Summe Passiva	**500 660**			**524 020**		

Berichtigungen bei Einzelunternehmen — TEIL B, Fallgruppe 6

Mehr- und Weniger-Rechnung   Anlage 2 (Aufgabe)

Tz.	Vorgang	10 +	10 ./.	11 +	11 ./.
	Summen				
	abzüglich				
	Mehr/Weniger				
	Gewinn lt. StB	+120 000		+130 000	
	Gewinn lt. Bp				

Anlage 3 (Aufgabe)

Kapitalkontenentwicklung	Steuerbilanz	Änderungen	Prüferbilanz
Kapital 01.01.10	57 160		
zzgl. Einlagen 10	400 000		
abzgl. Entnahmen 10	250 500		
zzgl. Gewinn 10	120 000		
Kapital 31.12.10	326 660		
zzgl. Einlagen 11	230 500		
abzgl. Entnahmen 11	342 940		
zzgl. Gewinn 11	130 000		
Kapital 31.12.11	344 220		

PE 10

PE 11

TEIL B Bilanzberichtigung/Berichtigungstechnik
Fallgruppe 6

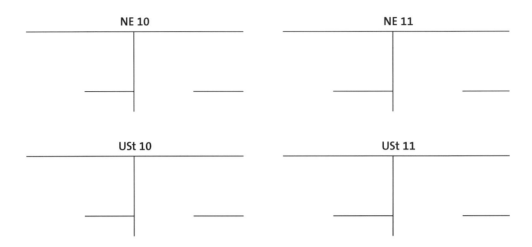

LÖSUNG

Tz. 1: Kapitalangleichungen

Zur Wiederherstellung des Bilanzenzusammenhangs sind zum 1.1.10 folgende Bilanzposten zu berichtigen:

Forderungen	+ 5 950 €
USt	+ 1 330 €
GewSt-Rückst.	+ 1 000 €
Kapital	+ 3 620 €

Die geänderten Konten entwickeln sich nach dem 1.1.10 wie folgt:

Forderungen	StB	PB	Auswirkungen	
1.1.10	–	5 950 €	Kapital 1.1.10	+ 5 950 €
Zahlung 10	–	./. 5 950 €	Entnahmen	+ 5 950 €
31.12.10		–	–	
31.12.11		–	–	

USt	StB	PB	Auswirkungen	
1.1.10	–	1 330 €	Kapital 1.1.10	./. 1 330 €
Zahlung 10	./. 1 330 €	./. 1 330 €	–	
31.12.10	./. 1 330 €	–	USt	+ 1 330 €
31.12.11	./. 1 330 €	–	USt	+ 1 330 €

GewSt-Rückst.	StB	PB	Auswirkungen	
1.1.10	–	1 000 €	Kap. 1.1.10	./. 1 000 €
Zahlung 10	–	./. 1 000 €	Gewinn (GewSt)	+ 1 000 €
31.12.10	–	–	–	
31.12.11	–	–	–	

Wegen der Neuregelung in § 4 Abs. 5b EStG ab 2008 müssen außerhalb der Steuerbilanz die Gewinnauswirkungen durch die Gewerbesteuer wieder hinzugerechnet werden (siehe auch R 5.7 Abs. 1 Satz 2 EStR 2012).

Bilanzkreuz 1.1.10

Ford.	5 950	USt.	1 330
		Gew	1 000
		Kapital	3 620
	5 950		5 950

Bilanzkreuz 31.12.10

Entnahme	5 950	USt.	1 330
		Gewinn	1 000
		KV	3 620
	5 950		5 950

Bilanzkreuz 31.12.11

KV	./. 1 330
USt.	1 330
–	–

Tz. 2: GruBo und Gebäude, Grundstücksteile von untergeordneter Bedeutung, Grundstückskosten

Nach § 5 Abs. 1 EStG i.V.m. R 4.2 Abs. 7 EStR ist der eigengewerblich genutzte Grundstücksteil notwendiges Betriebsvermögen (12 %). Die an den fremden Unternehmer vermieteten Grundstücksteile können gewillkürtes Betriebsvermögen i.S.d. R 4.2 Abs. 9 EStR sein. Insoweit liegen sowohl für den Grund und Boden als auch für die Halle jeweils zwei selbständige Wirtschaftsgüter i.S.d. R 4.2 Abs. 4 EStR vor. Da der Stpfl. aber lt. Sachverhalt möglichst wenig bilanzieren will, bleibt nur zu untersuchen, ob die eigengewerblich genutzten Teile des Grund und Bodens und der Halle als Wirtschaftsgüter von untergeordneter Bedeutung nicht bilanziert werden müssen. Das ist der Fall, wenn ihr Wert im Verhältnis zum Wert des ganzen Objektes nicht mehr als $1/5$ des Wertes und nicht mehr als 20 500 € beträgt. Dabei sind Grund und Boden-Teile und Hallenteile zusammenzurechnen. (R 4.2 Abs. 8 EStR.)

Wertermittlung zum 2.1.10:

Kaufpreis	150 000 €
Nebenkosten	6 750 €
Anschaffungskosten	156 750 €
davon 12 %	18 810 €

Da die Grenzen des R 4.2 Abs. 8 EStR nicht überschritten sind, sind diese Wirtschaftsgüter dem Wunsche des Stpfl. entsprechend nicht bei der Anschaffung zu bilanzieren.

TEIL B — Bilanzberichtigung/Berichtigungstechnik
Fallgruppe 6

Für jeden Bilanzstichtag ist neu zu prüfen, ob die Grenzen des R 4.2 Abs. 8 EStR überschritten sind.

Wertermittlung zum 31.12.10:

Gemeiner Wert insgesamt	160 000 €
davon 12 %	19 200 €

Die Wirtschaftsgüter brauchen auch zum 31.12.10 nicht bilanziert zu werden.

Wertermittlung zum 31.12.11:

Gemeiner Wert insgesamt	171 000 €
davon 12 %	20 520 €

Die eigengewerblich genutzten Grund- und Bodenteile und die entsprechenden Gebäudeteile sind zum 31.12.11 als notwendiges Betriebsvermögen zu bilanzieren. Da die Wirtschaftsgüter vorher als Privatvermögen behandelt wurden, sind sie ins Betriebsvermögen einzulegen. Einlagen sind nach § 6 Abs. 1 Nr. 5 EStG mit dem Teilwert zu bewerten.

a) GruBo: 12 % von 73 000 € Teilwert = 8 760 €

da der GruBo aber innerhalb von 3 Jahren vor Einlage angeschafft wurde, ist der Einlagewert auf die ehemaligen Anschaffungskosten zu begrenzen: 12 % von 52 250 €

AK GruBo (§ 6 Abs. 1 Nr. 5a EStG) 6 270 €

b) Halle: 12 % von 98 000 € Teilwert = 11 760 €

da aber innerhalb von 3 Jahren nach Anschaffung ein abnutzbares Wirtschaftsgut eingelegt wurde, ist auch hier zu prüfen, ob der Einlagewert auf die fortgeführten Anschaffungskosten zu begrenzen ist.

Kaufpreis Halle	100 000 €
Nebenkosten (anteilig)	4 500 €
Anschaffungskosten Halle	104 500 €
./. AfA für 2 Jahre (2 x 2 %)	4 180 €
fiktiver Buchwert 31.12.11	100 320 €
davon 12 %:	12 038 €

Da der Teilwert unter den fortgeführten Anschaffungskosten liegt, bleibt es beim Ansatz des Teilwertes.

Bilanzberichtigungen demnach zum 31.12.11:

GruBo	+ 6 270 €
Halle	+ 11 760 €
Einlage	+ 18 030 €

Die mit diesen Wirtschaftsgütern in Zusammenhang stehenden Darlehensverbindlichkeiten sind ab 31.12.11 ebenfalls zu passivieren.

12 % von 150 000 € = Darlehen	+ 18 000 €
Einlage entsprechend	./. 18 000 €

(Alternativ könnten auch die Entnahmen um 18 000 € erhöht werden.)

Nach R 4.7 Abs. 2 Satz 4 EStR sind die Aufwendungen für die Wirtschaftsgüter stets als Betriebsausgabe zu behandeln, auch wenn diese Grundstücksteile wegen untergeordneter Bedeutung in diesem Zeitraum nicht als Betriebsvermögen behandelt wurden. Das betrifft die Zinsen, die lfd. Kosten und die AfA.

Vorzunehmende Änderungen:

Gewinn 10	./.	1 440 €	(Zinsen)
Entnahmen 10	./.	1 440 €	
Gewinn 11	./.	1 440 €	(Zinsen)
Entnahmen 11	./.	1 440 €	
Gewinn 10	./.	480 €	(Grundstückskosten)
Einlagen 10	+	480 €	
Gewinn 11	./.	540 €	(Grundstückskosten)
Einlagen 11	+	540 €	
Gewinn 10	./.	251 €	(AfA)
Einlagen 10	+	251 €	
Gewinn 11	./.	251 €	(AfA)
Einlagen 11	+	251 €	

Da sich bei dieser Textziffer das Betriebsvermögen erst zum Ende des Prüfungszeitraums (31.12.11) ändert, das Betriebsvermögen sich also im Prüfungszeitraum nicht entwickelt, wurde auf die Verwendung einer Staffel verzichtet. Die sonstigen Auswirkungen (wegen Zinsen, Grundstückskosten und AfA) sind wohl so eindeutig, dass eine Auflistung in vorstehende Form auch dem Anfänger genügend Sicherheit gibt.

Bei der AfA 12 (nach Einlage) sind § 7 Abs. 1 Satz 5 EStG und BMF vom 27.10.2010, BStBl 2010 II 1204 zu beachten.

Bilanzkreuz 31.12.10				Bilanzkreuz 31.12.11			
Entnahmen	./. 1 440	Gewinn	./. 1 440	Entnahmen	./. 1 440	Einlage	18 030
		Gewinn	./. 251	GruBo	6 270	Darlehen	18 000
		Einlagen	+ 251	Gebäude	11 760	Einlage	./. 18 000
		Gewinn	./. 480			Gewinn	./. 1 440
		Einlagen	+ 480			Gewinn	./. 540
						Gewinn	./. 251
						Einlage	540
						Einlage	251
						KV	–
	./. 1 440		./. 1 440		16 590		16 590

TEIL B Bilanzberichtigung/Berichtigungstechnik

Fallgruppe 6

Tz. 3: Grundstück im Eigentum mehrerer Personen, Nutzungsänderung, Grundstücksentnahmen, Bilanzänderung

Nach § 5 Abs. 1 EStG i.V. m. R 4.2 Abs. 1 EStR können nur die Grundstücksteile bilanziert werden, die dem Stpfl. zuzurechnen sind. Das sind hier 50 %. Das eigenbetrieblich genutzte Lager und das Büro des Stpfl. gehören zum notwendigen Betriebsvermögen im Sinne von R 4.2 Abs. 1 EStR. Das Büro der Ehefrau kann vom Stpfl. als gewillkürtes Betriebsvermögen im Sinne der R 4.2 Abs. 9 EStR bilanziert werden. Das Gleiche gilt auch für die entsprechenden Teile des Grund und Bodens.

Die Wirtschaftsgüter sind ins Betriebsvermögen einzulegen und mit den jeweiligen Teilwerten zum 1. 6. 10 zu bilanzieren. Die Bezahlung der durch die Schenkung entstandenen Nebenkosten hat keine Auswirkung auf die Höhe der Teilwerte. Diese betragen:

Teilwert (50 %) lt. Sachverhalt insgesamt: 150 000 €

davon 20 % Grund und Boden 30 000 €

Die beiden selbständigen Wirtschaftsgüter im Sinne des R 4.2 Abs. 3 EStR (eigenbetriebliche Nutzung und fremdbetriebliche Nutzung) und der dazu gehörende Grund und Boden können nach R 4.2 Abs. 6 Satz 3 EStR aus Vereinfachungsgründen auf einem einheitlichen Konto „GruBo Schulstr." bzw. Gebäude „Schulstr." erfasst werden, da eine Aufteilung der Anschaffungskosten aus steuerlichen Gründen nicht erforderlich ist.

Durch die Nutzungsänderung am 1.10.11 nimmt das Wirtschaftsgut „eigenbetriebliche Nutzung" um $1/_{12}$ der Gebäudefläche einschließlich der dazu gehörenden Grund- und Bodenteile zu. Die Wirtschaftsgüter „fremdbetriebliche Nutzung" nehmen entsprechend ab. Diese Veränderung im Bestand der beteiligten Wirtschaftsgüter hat in diesem Sachverhalt keine Wirkung auf die AfA, da bereits die AfA nach § 7 Abs. 4 EStG vorgenommen wurde. Dem Antrag des Stpfl. auf Bilanzänderung ab der Nutzungsänderung ist nicht zuzustimmen. Anträge auf Bilanzänderung sind nur in den engen Grenzen des § 4 Abs. 2 Satz 2 EStG zulässig. Die Voraussetzungen hierfür liegen offensichtlich nicht vor.

Im Einzelnen ergeben sich folgende Auswirkungen:

Gebäude

„Schulstr."	StB	PB	Auswirkungen	
Teilwert 1. 6. 10	300 000 €	150 000 €	Einlage	./. 150 000 €
./. 20 % GruBo	–	30 000 €	GruBo	+ 30 000 €
	300 000 €	120 000 €		
./. zeitanteilige AfA 10	6 000 €	1 400 €	Gewinn (AfA)	+ 4 600 €
31. 12. 10	294 000 €	118 600 €	Gebäude	./. 175 400 €
Zugang 11	9 000 €	–	Einlage	./. 9 000 €
./. AfA 11	6 180 €	2 400 €	Gewinn (AfA)	+ 3 780 €
31. 12. 11	296 820 €	116 200 €	Gebäude	./. 180 620 €

GruBo

"Schulstr."	StB	PB	Auswirkungen	
Zugang 10	–	30 000 €	s. o.	
31.12.10	–	30 000 €	s. o.	
31.12.11	–	30 000 €	GruBo	+ 30 000 €

Bilanzkreuz 31.12.10				Bilanzkreuz 31.12.11			
GruBo	30 000	Einlage	./. 150 000	GruBo	30 000	KV	./. 145 400
Gebäude	./. 175 400	Gewinn	4 600	Gebäude	./. 180 620	Einlage	./. 9 000
						Gewinn	3 780
	./. 145 400		./. 145 400		./. 150 620		./. 150 620

Tz. 4: Maschinen, Ratenzahlungen, Preisnachlass

Die Maschine ist mit den Anschaffungskosten vermindert um die AfA zu aktivieren. Die abzugsfähigen Vorsteuern gehören nicht zu den Anschaffungskosten (§ 9b EStG). Erhaltene Rabatte mindern die Anschaffungskosten. Die offenen Raten stellen zu den einzelnen Bilanzstichtagen sonstige Verbindlichkeiten dar. Die einzelnen Auswirkungen ergeben sich aus folgender Staffel:

Maschinen	StB	PB	Auswirkungen	
Bruttozugang	1 666 €	11 662 €	sonst. Verb.	+ 9 996 €
./. VoSt	266 €	1 862 €	USt	./. 1 596 €
	1 400 €	9 800 €		
./. AfA 10 (zeitanteilig)	140 €	163 €	Gewinn (AfA)	./. 23 €
31.12.10	1 260 €	9 637 €	Masch.	+ 8 377 €
Zugang 11	4 200 €	–	sonst. Verb.	./. 4 998 €
			USt	+ 798 €
./. AfA 11	560 €	980 €	Gewinn (AfA)	./. 420 €
31.12.11	4 900 €	8 657 €	Masch.	+ 3 757 €

Durch die Bezahlung der 5. Rate vom privaten Sparbuch mindern sich die sonstigen Verbindlichkeiten 11 zusätzlich um 1 666 €. Entsprechend erhöhen sich die Einlagen.

Bilanzkreuz 31.12.10				Bilanzkreuz 31.12.11			
Masch.	8 377	sonst. Verb.	9 996	Masch.	3 757	sonst. Verb.	3 332
		USt	./. 1 596			USt	./. 798
		Gewinn	./. 23			Gewinn	./. 420
						Einlage	1 666
						KV	./. 23
	8 377		8 377		3 757		3 757

TEIL B — Fallgruppe 6: Bilanzberichtigung/Berichtigungstechnik

Steuer- und Prüferbilanzen 10 und 11   Anlage 1 (Lösung)

Aktiva	StB 31.12.10	Änderungen	PB 31.12.10	StB 31.12.11	Änderungen	PB 31.12.11
	Euro	Euro	Euro	Euro	Euro	Euro
GruBo Olfener Str.					6 270	6 270
GruBo Schulstr.		30 000	30 000		30 000	30 000
Gebäude Olfener Str.					11 760	11 760
Gebäude Schulstr.	294 000	./. 175 400	118 600	296 820	./. 180 620	116 200
Fahrzeuge	50 000		50 000	40 000		40 000
Maschine	1 260	8 377	9 637	4 900	3 757	8 657
Ware	100 000		100 000	120 000		120 000
Forderung	30 000		30 000	40 000		40 000
Sonst. Forderung	8 000		8 000	7 000		7 000
Kasse	1 800		1 800	1 900		1 900
Bank	15 600		15 600	13 400		13 400
Summe Aktiva	**500 660**	**./. 137 023**	**363 637**	**524 020**	**./. 128 833**	**395 187**
Passiva						
Kapital	326 660	./. 146 753	179 907	344 220	./. 150 697	193 523
Verb.	80 500		80 500	90 000		90 000
Darlehen					18 000	18 000
sonst. Verb.	74 000	9 996	83 996	65 000	3 332	68 332
USt	8 500	./. 266	8 234	9 800	532	10 332
GewStR	11 000		11 000	15 000		15 000
Summe Passiva	**500 660**	**./. 137 023**	**363 637**	**524 020**	**./. 128 833**	**395 187**

Mehr- und Weniger-Rechnung

Anlage 2 (Lösung)

Tz.	Vorgang	10 +	10 ./.	11 +	11 ./.
1	Gewerbesteueraufwand	1 000			
2	Zinsen		1 440		1 440
	Grundstückskosten		480		540
	AfA		251		251
3	AfA	4 600		3 780	
4	AfA		23		420
	Summen	5 600	2 194	3 780	2 651
	abzüglich	2 194		2 651	
	Mehr/Weniger	3 406		1 129	
	Gewinn lt. StB	120 000		130 000	
	Gewinn lt. Bp	123 406		131 129	

Anlage 3 (Lösung)

Kapitalkontenentwicklung	Steuerbilanz	Änderungen	Prüferbilanz
Kapital 01.01.10	57 160	3 620	60 780
zzgl. Einlagen 10	400 000	./. 149 269	250 731
abzgl. Entnahmen 10	250 500	4 510	255 010
zzgl. Gewinn 10	120 000	3 406	123 406
Kapital 31.12.10	326 660	./. 146 753	179 907
zzgl. Einlagen 11	230 500	./. 6 513	223 987
abzgl. Entnahmen 11	342 940	./. 1 440	341 500
zzgl. Gewinn 11	130 000	1 129	131 129
Kapital 31.12.11	344 220	./. 150 697	193 523

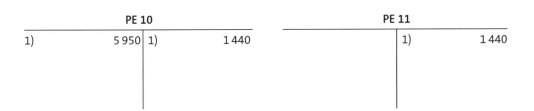

PE 10				PE 11	
1)	5 950	1)	1 440	1)	1 440

Fallgruppe 7

	NE 10			NE 11	
3)	150 000	2) 251	2)	18 000	2) 18 030
		2) 480	2)	9 000	2) 251
					2) 540
					4) 1 666

	USt 10			USt 11	
4)	1 596	1) 1 330	4)	798	1) 1 330

LITERATURHINWEIS

Weitere Sachverhalte mit vorwiegend rechtlicher Relevanz s. Koltermann, Fallsammlung Bilanzsteuerrecht, 16. Auflage 2013

FALLGRUPPE 7

Sachverhalte

Tz. 1: Grundstücksteile, Nutzungsänderung

Der Steuerpflichtige Hausmann erwarb Anfang 10 ein Grundstück „A-Str." für 120 000 € und bebaut es mit einem dreigeschossigen Gebäude. Die Herstellungskosten betragen 900 000 €, Fertigstellung 1. 7. 10.

Nutzung ab 1. 7. 10:

EG: eigenbetrieblich, als BV behandelt, degressive AfA 10 %

1. OG: fremdbetrieblich, als gew. BV behandelt, 4 % lineare AfA

2. OG: fremde Wohnung, keine Bilanzierung, degressive AfA 5 %

(Alle Geschosse sind gleich groß).

Nutzung ab 1. 7. 11:

Es wird zusätzlich die fremde Wohnung und die Hälfte der vorher fremdbetrieblich genutzten Fläche für den eigenen Betrieb genutzt.

Die Nutzungsänderung wurde bisher nicht berücksichtigt.

TW 1. 7. 11: GruBo 150 000 €/Gebäude 990 000 €.

Tz. 2: Ehegattengrundstück, Nutzungsänderung, Grundstückserträge, Grundstückskosten, USt (VoSt)

Anfang 10 haben der Steuerpflichtige und seine Ehefrau zu gleichen Teilen ein gerade fertig gewordenes bebautes Grundstück „B-Str." geerbt. Der TW des Gebäudes entspricht im Januar den HK des Rechtsvorgängers in Höhe von 300 000 €, der TW des GruBo beträgt 100 000 € (ebenfalls AK des Rechtsvorgängers).

Das 2-geschossige Gebäude wird von den Eheleuten vermietet.

in 10:	EG:	als Ausstellungsgebäude der Einzelfirma des Ehemanns. Die Räume werden gegen eine angemessene Miete von 800 € monatlich zzgl. 152 € USt von der Grundstücksgemeinschaft angemietet.
	OG:	als Dienstwohnung des Nachtwächters gegen eine angemessene Miete von 500 € monatlich.
ab 1. 7. 11:	EG:	wie bisher
	OG:	vermietet als Lagerraum an einen Lieferanten zum Preis von 500 € zzgl. 95 € USt monatlich.

(Die beiden Geschosse sind gleich groß.)

Da der Stpfl. bei linearer AfA möglichst viel Betriebsvermögen ausweisen will, bilanziert er den gesamten Wert des Objektes i. H. v. 400 000 € und schreibt jährlich 16 000 € ab. Die Mietzahlungen für das Erdgeschoss buchte er monatlich i. H. v. 952 € als Betriebsausgabe. Die Miete für das Obergeschoss ging auf einem Privatkonto der Eheleute jeweils pünktlich ein und wurde als Einkünfte aus Vermietung und Verpachtung erklärt. Dabei wurden jährlich 5 000 € netto sonstige Grundstückskosten, die von der Gemeinschaft bezahlt wurden, als Werbungskosten abgezogen (USt.-Satz zutreffend 19 %).

Tz. 3: Grundstücksteile, Nutzungsänderungen, Arbeitnehmerwohnung

a) Der Stpfl. erwarb zum 1. 4. 10 ein bebautes Grundstück „C-Str." (Bauantrag nach dem 31. 12. 2000). Das Gebäude nutzte er wie folgt:

EG		40 %:	eigengewerbliche Zwecke
1. OG	rechts	15 %:	an selbständigen Handelsvertreter vermietet
	links	15 %:	fremde Wohnzwecke, ab 1. 1. 11 an Fotolabor vermietet
2. OG	rechts	15 %:	eigene Wohnzwecke
	links	15 %:	aus betrieblichen Gründen an Arbeitnehmer vermietet.

b) Der Kaufpreis des Grundstücks betrug 1 200 000 €. Vom Kaufpreis entfallen 300 000 € auf den GruBo. Laut Bescheid vom FA vom 15. 12. 10 betrug die GrESt-Schuld 42 000 €. Der Notar stellte 10 000 € Gebühren in Rechnung (ohne USt).

Den GruBo hat der Stpfl. in vollem Umfang als BV behandelt, das Gebäude jedoch wie folgt:

EG		40 %	=	360 000 € (BV)
1. OG	rechts	15 %	=	135 000 € (BV)
			=	495 000 €

TEIL B Bilanzberichtigung/Berichtigungstechnik

Fallgruppe 7

Es wurden 2 % AfA in Anspruch genommen, für 10 jedoch nur für 9 Monate. Der Stpfl. möchte den eigenbetrieblich genutzten Teil und die fremdgewerblich vermieteten Teile als gewillkürtes BV bilanzieren. Der TW des GruBo betrug zum 1.1.11 400 000 €, der des gesamten Gebäudes 1 080 000 €.

c) Den Kaufpreis in Höhe von 1 200 000 € und die Notarkosten in Höhe von 10 000 € hatte der Stpfl. in 10 von privaten Konten bezahlt. Soweit der Kaufpreis auf die bilanzierten WG entfällt (795 000 €), hat er ihn als Einlage gebucht. Die Notarkosten wurden bisher nicht gebucht. Die GrESt wurde in 11 überwiesen und gebucht:

Steueraufwand 42 000 €   an   Bank 42 000 €

d) Die Angestellte zahlte für ihre Wohnung eine Miete von monatlich 600 € auf das betriebliche Bankkonto, die als Einlagen verbucht wurden. Vom Stpfl. in 10 aus betrieblichen Mitteln durchgeführte Schönheitsreparaturen in Höhe von 1 800 € hatte die Mieterin im selben Jahr auf das betriebliche Bankkonto erstattet (Einlagebuchung). Der Inhaber des Fotolabors hat in 11 insgesamt 9 600 € Miete auf das private Bankkonto des Stpfl. überwiesen.

e) Hauskosten betrugen in 10 18 000 €, in 11 24 000 €, wurden jeweils vom betrieblichen Bankkonto überwiesen und in voller Höhe als BA behandelt. Die umsatzsteuerliche Behandlung war zutreffend.

Tz. 4: Selbständige Gebäudeteile, Finanzierung, Damnum, RAP

a) Am 1.10.10 erwarb der Stpfl. das vor 30 Jahren bebaute Grundstück „D-Str.". Nutzungen und Lasten gingen am gleichen Tage über. Als Kaufpreis wurden 600 000 € vereinbart. Der Kaufpreis wurde pünktlich an den Veräußerer überwiesen (vgl. auch c).

Das Gebäude wird zu 25 % eigengewerblich genutzt (EG). 50 % des Gebäudes sind an eine Versicherung vermietet (1. und 2. OG) und 25 % nutzt der Stpfl. als eigene Wohnung. Bis zum 30.9.10 zahlte der Stpfl. monatlich eine Miete von 1 000 € für die Geschäftsräume und von 600 € für die eigene Wohnung. Die Zahlungen sind richtig gebucht. Die Mietzahlungen der Versicherung vereinnahmte er seit dem 1.10.10 mit monatlich 1 600 € auf seinem privaten Konto. Der Stpfl. will nur 25 % als BV behandeln.

b) Im Zusammenhang mit dem Grundstückserwerb angefallene GrESt in Höhe von 21 000 € und Grundbuch- und Notarkosten (ohne USt) in Höhe von 8 000 € für den Grundstückserwerb und 400 € für die Bestellung der Grundschulden (vgl. c) zahlte er in 10 aus privaten Mitteln. Eine Buchung erfolgte nicht.

c) Der Kaufpreis wurde wie folgt finanziert:

150 000 €   Darlehen 1:   Auszahlung 90 %   Zinsen 6 % p. a.
15 000 €   Darlehen 2:   Auszahlung 100 % Zinsen 8 % p. a.

Darlehensgeber ist die Sparkasse Münster. Die Darlehen sind durch Grundschulden auf dem gesamten Grundstück „D-Str." gesichert. Der Stpfl. will alle Gebäudeteile gleichmäßig finanzieren.

Die Darlehensbeträge wurden am 1.10.10 durch Überweisung an den Grundstücksverkäufer ausgezahlt. Die Zinszahlungen erfolgen am 31.3. und 30.9. jeweils für das abgelaufene Halbjahr. Die Tilgung beider Darlehen erfolgt in 5 Jahren in einer Summe.

450 000 € zahlte der Stpfl. neben den unter b) genannten 29 400 € aus privaten Mitteln.

d) Von dem Grundstückswert entfallen 20 % auf den GruBo. Die AfA erfolgt nach § 7 Abs. 5 EStG mit 5 %

e) Buchungen beim Stpfl.:

10:

Gebäude D-Str.	150 000 €	an	Darlehen 1	150 000 €
AfA	7 500 €	an	„D-Str."	7 500 €

11:

Zinsaufwand Darlehen 1	9 000 €	an	Bank	9 000 €
Zinsaufwand Darlehen 2	1 200 €	an	Bank	1 200 €
AfA	7 500 €	an	„D-Str."	7 500 €

Die buchmäßige Erfassung der laufenden Grundstückskosten ist nicht zu beanstanden.

Aufgabe

Erstellen Sie berichtigte Bilanzen für die Jahre 10 und 11 einschließlich der Kapitalkontenentwicklung und geben Sie die Gewinnauswirkungen einzeln und unsaldiert in einer Mehr- und Weniger-Rechnung an. Die Entwicklung der Bilanzansätze ist – soweit erforderlich – in Staffelform darzustellen.

Der Steuerpflichtige führt nur steuerpflichtige Umsätze aus. Der Umsatzsteuersatz beträgt einheitlich 19 %. Auf Veränderungen der Gewerbesteuer ist nicht einzugehen.

TEIL B
Fallgruppe 7
Bilanzberichtigung/Berichtigungstechnik

Steuer- und Prüferbilanzen 10 und 11   Anlage 1 (Aufgabe)

Aktiva	StB 31.12.10	Änderungen	PB 31.12.10	StB 31.12.11	Änderungen	PB 31.12.11
	Euro	Euro	Euro	Euro	Euro	Euro
„A-Str."						
GruBo	80 000			80 000		
Gebäude eigenb.	270 000			240 000		
Gebäude fremdb.	294 000			282 000		
„B-Str."						
GruBo						
Gebäude eigenb.	384 000			368 000		
Gebäude fremdb.						
„C-Str."						
GruBo	300 000			300 000		
Gebäude	487 575			477 675		
„D-Str."						
GruBo						
Gebäude	142 500			135 000		
RAP						
sonst. Aktiva	1 000 000			1 100 000		
Summe Aktiva	**2 958 075**			**2 982 675**		
Passiva						
Kapital	1 934 075			1 824 675		
Darlehen 1	150 000			150 000		
Darlehen 2						
RAP						
sonst. Verb.	50 000			60 000		
sonst. Passiva	824 000			948 000		
Summe Passiva	**2 958 075**			**2 982 675**		

Berichtigungen bei Einzelunternehmen — TEIL B — Fallgruppe 7

Mehr- und Weniger-Rechnung   Anlage 2 (Aufgabe)

Tz.	Vorgang	10 +	10 ./.	11 +	11 ./.
	Summen				
	abzüglich				
	Mehr/Weniger Gewinn lt. StB	300 000		400 000	
	Gewinn lt. Bp				

TEIL B — Fallgruppe 7
Bilanzberichtigung/Berichtigungstechnik

Anlage 3 (Aufgabe)

Kapitalkontenentwicklung	Steuerbilanz	Änderungen	Prüferbilanz
Kapital 1.1.10	1 434 075		
zzgl. Einlagen 10	1 000 000		
abzgl. Entnahmen 10	800 000		
zzgl. Gewinn 10	300 000		
Kapital 31.12.10	1 934 075		
zzgl. Einlagen 11	1 000 000		
abzgl. Entnahmen 11	1 509 400		
zzgl. Gewinn 11	400 000		
Kapital 31.12.11	1 824 675		

Anlage 4 (Aufgabe)

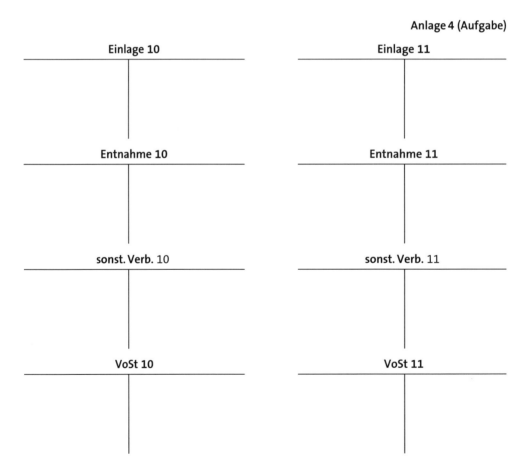

Tz. 1: Grundstücksteile/Nutzungsänderungen

Vor der Nutzungsänderung liegen drei Wirtschaftsgüter im Sinne des R 4.2 Abs. 3 und 4 EStR vor. Dabei handelt es sich beim eigenbetrieblich genutzten Erdgeschoss um notwendiges Betriebsvermögen im Sinne des R 4.2 Abs. 7 EStR, beim fremdbetrieblich genutzten 1. OG um gewillkürtes Betriebsvermögen im Sinne des R 4.2 Abs. 9 EStR und beim 2. OG, das zu fremden Wohnzwecken dient, um sonstiges Privatvermögen, (siehe auch bilanztechnische Behandlung beim Stpfl.).

Nach der Nutzungsänderung am 1.7.11 nimmt das Wirtschaftsgut „eigenbetriebliche Nutzung" um die Fläche der vorher fremdgenutzten Wohnung (Einlage) und um die Hälfte der Fläche der vorher fremdbetrieblich genutzten Etage zu. Die anderen Wirtschaftsgüter nehmen entsprechend ab.

Die Einlage ist nach § 6 Abs. 1 Nr. 5 EStG mit dem Teilwert zu bewerten. Dieser ist jedoch auf die Anschaffungskosten bzw. die fortgeführten Anschaffungskosten zu begrenzen, da die Wirtschaftsgüter innerhalb von 3 Jahren vor Einlage angeschafft wurden (§ 6 Abs. 1 Nr. 5 EStG).

Die AfA für den noch verbleibenden fremdbetrieblich genutzten Teil wird nach dem alten AfA-Satz und der alten (halbierten) Bemessungsgrundlage berechnet. Die AfA für den eigenbetrieblich genutzten Teil setzt sich wie folgt zusammen:

- unveränderte AfA für den bisherigen eigenbetrieblich genutzten Teil,
- AfA nach R 7.3 Abs. 6 i. V. m. R 7.4 Abs. 11 Nr. 1 EStR für den eingelegten Teil (teilweise überholt durch BMF v. 27.10.2010, BStBl 2010 I 1204) und
- Beibehaltung der anteiligen AfA für den vorher fremdbetrieblich genutzten Teil.

Bei diesem Sachverhalt ist es sinnvoll, beim Gebäude nicht von der Vereinfachungsregel des R 4.2 Abs. 6 Satz 3 EStR Gebrauch zu machen. Im Einzelnen ergeben sich folgende Änderungen:

GruBo	StB	PB	Auswirkungen	
Zugang 10	80 000 €	80 000 €		–
31.12.10	80 000 €	80 000 €		–
Zugang 1.7.11	–	40 000 €	Einlage	+ 40 000 €
31.12.11	80 000 €	120 000 €	GruBo	+ 40 000 €

fremdbetrieblich genutztes Gebäude	StB	PB	Auswirkungen	
1.7.10	300 000 €	300 000 €		–
AfA 10	6 000 €	4 500 €	Gewinn (AfA)	+ 1 500 €
31.12.10	294 000 €	295 500 €	fremd. Gebäude	+ 1 500 €
AfA bis 30.6.	6 000 €	4 500 €	Gewinn (AfA)	+ 1 500 €
Abgang ½	–	145 500 €	(innerhalb BV)	–
AfA ab 1.7.	6 000 €	2 250 €	Gewinn (AfA)	+ 3 750 €
31.12.11	282 000 €	143 250 €	fremd. Gebäude	./. 138 750 €

eigenbetrieblich genutztes Gebäude	StB	PB	Auswirkungen	
1.7.10	300 000 €	300 000 €	–	
AfA 10	30 000 €	4 500 €	Gewinn (AfA)	+ 25 500 €
31.12.10	270 000 €	295 500 €	eig. Gebäude	+ 25 500 €
AfA bis 30.6.	15 000 €	4 500 €	Gewinn (AfA)	+ 10 500 €
Zugang 1.7.11				
(bisher PV)	–	277 500 €	Einlage	+ 277 500 €
(bisher BV)	–	145 500 €	(innerh. BV)	–
AfA ab 1.7.	15 000 €	10 913 €	Gewinn (AfA)	+ 4 087 €
31.12.11	240 000 €	703 087 €	eig. Gebäude	+ 463 087 €

AfA-Berechnung für 11:

notw. BV alt	3 % v. 300 000 €	= 9 000 € für 6 Monate		= 4 500 €
früher PV	3 % v. 277 500 €	= 8 325 € für 6 Monate		= 4 163 €
gew. BV	3 % v. 150 000 €	= 4 500 € für 6 Monate		= 2 250 €
	Jahres-AfA	= 21 825 €	AfA ab 1.7.	= 10 913 €

Bilanzkreuz 31.12.10

eig. Geb.	25 500	Gewinn	25 500
fremd. Geb.	1 500	Gewinn	1 500
	27 000		27 000

Bilanzkreuz 31.12.11

GruBo	40 000	KV	27 000
eig. Geb.	463 087	Gewinn	19 837
Fremd. Geb.	./. 138 750	Einlage	317 500
	364 337		364 337

Tz. 2: Ehegattengrundstück, Nutzungsänderung, Grundstückserträge, Grundstückskosten, USt (VoSt)

Es liegt vor der Nutzungsänderung nur ein Wirtschaftsgut im Sinne der R 4.2 Abs. 3 und 4 EStR vor, nämlich die eigenbetriebliche Nutzung, da auch die Überlassung aus betrieblichen Gründen an Arbeitnehmer als notwendiges BV anzusehen ist (H 4.2 Abs. 7 EStH). Die eigenbetriebliche Nutzung ist notwendiges Betriebsvermögen im Sinne des R 4.2 Abs. 7 EStR. Da dem Stpfl. aber nur 50 % des Objektes gehören, kann auch nur die Hälfte des Wirtschaftsgutes bilanziert werden. Eine Bilanzierung der restlichen 50 % ist auch nicht nach den Beschlüssen des Großen Senats beim BFH vom 23.8.99 GrS 5/97, BStBl 1999 II 774 ff. „wie ein materielles Wirtschaftsgut" geboten, weil dem Stpfl. keine eigenen Aufwendungen entstanden sind.

AfA nach § 7 Abs. 4 EStG ist nur für das EG mit 3 % zulässig, da die Wohnung im OG Wohnzwecken dient. Hier beträgt der AfA-Satz 2 %.

Ab dem 1.7.11 nimmt das Wirtschaftsgut „eigenbetriebliche Zwecke" ab, das Wirtschaftsgut „fremdbetriebliche Zwecke" entsprechend zu. Da die Fläche jetzt nicht mehr Wohnzwecken dient, kann ab 1.7.11 auch dieses WG mit 3 % abgeschrieben werden (R 7.4 Abs. 8 EStR).

Die Konten entwickeln sich wie folgt:

Gebäude eigenbetrieblich	StB	PB	Auswirkungen	
Teilwert	400 000 €	200 000 €	Einlage	./. 200 000 €
davon GruBo	–	50 000 €	GruBo	+ 50 000 €
davon Gebäude	400 000 €	150 000 €		
AfA 10 (EG)	8 000 €	2 250 €	Gewinn	+ 5 750 €
AfA 10 (OG)	8 000 €	1 500 €	Gewinn	+ 6 500 €
31.12.10	384 000 €	146 250 €	Gebäude	./. 237 750 €
AfA bis 6/11	8 000 €	3 750 €	Gewinn	+ 4 250 €
Zwischensumme	376 000 €	142 500 €		
Abgang 1.7.11	–	71 250 €	siehe besondere Staffel	
AfA ab 1.7.11	8 000 €	2 250 €	Gewinn	+ 5 750 €
31.12.11	368 000 €	69 000 €	Gebäude	./. 299 000 €

Gebäude fremdbetrieblich	StB	PB	Auswirkungen	
1.7.11	–	71 250 €	s. oben	
AfA ab 1.7.11 (3 % der alten BMG)	–	2 250 €	Gewinn	./. 2 250 €
31.12.11	–	69 000 €	Gebäude fremdbetrieblich	+ 69 000 €

Sonstige Auswirkungen:

Mietzahlung 10:

Soweit die Nettomiete auf den der Ehefrau gehörenden Anteil entfällt, sind Betriebsausgaben gegeben. Die andere Hälfte der Nettomiete gilt als „Zahlung an sich selbst" und ist als PE zu erfassen. Die in Rechnung gestellte Vorsteuer ist abzugsfähig.

Auswirkungen 10 + 11:	VoSt	+ 1 824 €
	Gewinn	+ 6 624 €
	PE	+ 4 800 €

Mieteinnahmen:

Die Mieteinnahmen aus dem OG stellen zu 50 % betriebliche Erträge dar.

Auswirkungen 10 + 11:	Gewinn	+ 3 000 €
	PE	+ 3 000 €

TEIL B Bilanzberichtigung/Berichtigungstechnik

Fallgruppe 7

Grundstückskosten:

Die Grundstückskosten sind, soweit sie durch bilanzierte Grundstücksteile verursacht sind, Betriebsausgaben.

Auswirkungen 10 + 11: Gewinn ./. 2 500 €
                        NE   + 2 500 €

Bilanzkreuz 31.12.10				Bilanzkreuz 31.12.11			
GruBo	50 000	NE	./. 200 000	GruBo	50 000	NE	2 500
Gebäude eig.	./. 237 750	NE	2 500	Gebäude eig.	./. 299 000	Gewinn	3 000
VoSt	1 824	Gewinn	5 750	Gebäue fremd.	69 000	Gewinn	4 250
PE	4 800	Gewinn	6 500	VoSt	3 648	Gewinn	./. 5 750
PE	3 000	Gewinn	6 624	PE	4 800	Gewinn	6 624
		Gewinn	3 000	PE	3 000	Gewinn	./. 2 250
		Gewinn	./. 2 500			Gewinn	./. 2 500
						KV	186 214
	./. 178 126		./. 178 126		./. 168 552		./. 168 552

Tz. 3: Grundstücksteile, Nutzungsänderungen, AN-Wohnung

Es liegen vier selbständige Wirtschaftsgüter im Sinne des R 4.2 Abs. 3 EStR vor.

Das Wirtschaftsgut „eigenbetriebliche Nutzung" umfasst die Fläche des Erdgeschosses (40 %) und die Fläche der AN-Wohnung (15 %), zusammen   55 % notw. BV.

Das Wirtschaftsgut „fremdbetriebliche Nutzung" umfasst die Fläche der an den Handelsvertreter vermieteten Räume. Dieses Wirtschaftsgut soll lt. Sachverhalt bilanziert werden.   15 % gew. BV.

= 70 % BV

Die Wirtschaftsgüter „eigene und fremde Wohnzwecke" umfassen je 15 % und sind nach dem Willen des Stpfl. nicht zu bilanzieren bzw. notwendiges Privatvermögen.

Durch den Nutzungswechsel zum 1.1.11 (1. OG links) nimmt das Wirtschaftsgut „fremde Wohnzwecke" ab und das Wirtschaftsgut „fremdbetriebliche Nutzung" zu. Da der Stpfl. laut Sachverhalt die fremdgewerblich vermieteten Flächen als gewillkürtes Betriebsvermögen bilanzieren will, muss bei Nutzungsänderung eine Einlage zum Teilwert erfasst werden. Dieser ist jedoch auf die Anschaffungskosten bzw. fortgeführten Anschaffungskosten zu begrenzen, da die Wirtschaftsgüter in den letzten drei Jahren vor Einlage angeschafft wurden (§ 6 Abs. 1 Nr. 5 EStG). Für die AfA-Berechnung gilt R 7.3 Abs. 6 EStR i.V.m. BMF v. 27.10.2010, BStBl 2010 I 1204.

Die AfA im Betriebsvermögen richtet sich mit Ausnahme für die AN-Wohnung nach § 7 Abs. 4 Nr. 1 EStG, für die AN-Wohnung nach § 7 Abs. 4 Nr. 2a EStG, da sie Wohnzwecken dient.

Im Einzelnen ergeben sich folgende Änderungen:

Ermittlung der Anschaffungskosten:

Kaufpreis	1 200 000 €
+ GrESt	42 000 €
+ Notar	10 000 €
	1 252 000 €
davon 75 % Gebäude	939 000 €
davon 25 % GruBo	313 000 €
davon sind je 70 % zum 1.4.10 BV: Gebäude	657 300 €
GruBo	219 100 €

Gebäude	StB	PB	Auswirkungen	
1.4.10	495 000 €	657 300 €	sonst. Verb.	+ 22 050 €
			Einlage	+ 140 250 €
AfA linear zeitanteilig (s. u.)	7 425 €	13 733 €	Gewinn	./. 6 308 €
31.12.10	487 575 €	643 567 €	Gebäude	+ 155 992 €
Zugang 11	–	138 737 €	Einlage	+ 138 737 €
AfA 11	9 900 €	22 473 €	Gewinn	./. 12 573 €
31.12.11	477 675 €	759 831 €	Gebäude	+ 282 156 €

GruBo	StB	PB	Auswirkungen	
1.4.10	300 000 €	219 100 €	sonst. Verb.	+ 7 350 €
			Einlage	./. 88 250 €
31.12.10	300 000 €	219 100 €	GruBo	./. 80 900 €
Zugang 11	–	46 950 €	Einlage	+ 46 950 €
31.12.11	300 000 €	266 050 €	GruBo	./. 33 950 €

Zusätzlich sind die zum 1.1.11 erhöhten sonstigen Verbindlichkeiten um 29 400 € zu mindern (dadurch keine Abweichung mehr zur Steuerbilanz 11). Gleichzeitig erhöhen sich der Gewinn 11 um 42 000 € und die Entnahmen 11 um 12 600 €.

Berechnung der AfA:

3 % von (BV ohne AN-Wohnung)	516 450 € =	15 494 €	davon $9/12$		= 11 620 €
2 % von (AN-Wohnung)	140 850 € =	2 817 €	davon $9/12$		= 2 113 €
	657 300 €		AfA 10 lt. Bp		= 13 733 €
3 % von	138 737 € =	4 162 €			
		22 473 €	AfA 11 lt. Bp		

TEIL B — Bilanzberichtigung/Berichtigungstechnik
Fallgruppe 7

Bilanzkreuz 31.12.10			
Gebäude	155 992	sonst. Verb.	22 050
GruBo	./. 80 900	sonst. Verb.	7 350
		Einlage	140 250
		Gewinn	./. 6 308
		Einlage	./. 88 250
	75 092		75 092

Bilanzkreuz 31.12.11			
Gebäude	282 156	Einlage	138 737
GruBo	./. 33 950	Gewinn	./. 12 573
Entnahme	12 600	Einlage	46 950
		sonst. Verb.	0
		Gewinn	42 000
		KV	45 692
	260 806		260 806

	Sonstige Auswirkungen:	10	11
3d)	Gewinn (Miete AN)	+ 5 400 €	+ 7 200 €
	Einlage (Miete AN)	./. 5 400 €	./. 7 200 €
	Gewinn (Reparatur)	+ 1 800 €	
	Einlage (Reparatur)	./. 1 800 €	
	Entnahme (Miete Foto)		+ 9 600 €
	Gewinn (Miete Foto)		+ 9 600 €
3e)	Gewinn (Kosten)	+ 5 400 €	+ 3 600 €
	Entnahme (Kosten)	+ 5 400 €	+ 3 600 €

Tz. 4:   Selbständige Gebäudeteile, Finanzierung, Damnum, RAP

Das Gebäude umfasst 3 Wirtschaftsgüter im Sinne des R 4.2 Abs. 3 EStR. Der eigenbetrieblich genutzte Teil (25 %) ist notwendiges Betriebsvermögen (R 4.2 Abs. 7 EStR). Die vermieteten Gebäudeteile kann der Stpfl. wie gewollt als sonstiges Privatvermögen behandeln. Die eigene Wohnung ist notwendiges Privatvermögen. Entsprechendes gilt für die anteiligen Grund-und-Boden-Teile. 25 % der Finanzierungsmittel sind ebenfalls Betriebsvermögen.

Berichtigungen bei Einzelunternehmen — TEIL B, Fallgruppe 7

Gebäude	StB	PB (25 %)	Auswirkungen	
Darlehen I	150 000 €	37 500 €	Darlehen I	./. 112 500 €
Ausz. Verlust	–	./. 3 750 €	RAP	+ 3 750 €
Darlehen II	–	3 750 €	Darlehen II	+ 3 750 €
priv. Zahlung	–	112 500 €	Einlage	+ 112 500 €
Zw. Summe	150 000 €	150 000 €	–	
Nebenkosten	–	7 250 €	Einlage	+ 7 250 €
Anschaffungskosten	150 000 €	157 250 €		
davon GruBo	–	31 450 €	GruBo	+ 31 450 €
davon Gebäude	150 000 €	125 800 €		
AfA 10 § 7 Abs. 4 zeitanteilig	7 500 €	629 €	Gewinn	+ 6 871 €
31. 12. 10	142 500 €	125 171 €	Gebäude	./. 17 329 €
AfA 11	7 500 €	2 516 €	Gewinn	+ 4 984 €
31. 12. 11	135 000 €	122 655 €	Gebäude	./. 12 345 €

RAP	StB	PB	Auswirkungen	
Zugang 1. 12.	–	3 750 €	s. o.	
Anteil 10 ($^3/_{60}$)	–	./. 188 €	Gewinn	./. 188 €
31. 12. 10	–	3 562 €	RAP	+ 3 562 €
Anteil 11 ($^{12}/_{60}$)	–	./. 750 €	Gewinn	./. 750 €
31. 12. 11	–	2 812 €	RAP	+ 2 812 €

Bilanzkreuz 31. 12. 10

GruBo	31 450	Darl. 1	./. 112 500
Gebäude	./. 17 329	Darl. 2	3 750
RAP	3 562	Einlage	112 500
		Einlage	7 250
		Gewinn	6 871
		Gewinn	./. 188
	17 683		17 683

Bilanzkreuz 31. 12. 11

GruBo	31 450	KV	126 433
Gebäude	./. 12 345	Gewinn	4 984
RAP	2 812	Gewinn	./. 750
		Darl. 1	./. 112 500
		Darl. 2	3 750
	21 917		21 917

TEIL B — Bilanzberichtigung/Berichtigungstechnik
Fallgruppe 7

Sonstige Auswirkungen:			10	11
Grundschuldeintragung 25 %				
Gewinn			./. 100 €	
Einlage			+ 100 €	
Schuldzinsen 10 25 %				
Gewinn			./. 638 €	
sonst. Verb.			+ 638 €	+ 638 €
Schuldzinsen 11 gezahlt		10 200		
./. Auflösung sonst. Verb. 11		638		
+ Bildung sonst. Verb. 11		638		
Zinsaufwendungen insgesamt		10 200		
davon 25 %		2 550		
bisher abgezogen		10 200		
Differenz	= Gewinn	7 650		+ 7 650 €
	= Entnahme			+ 7 650 €

Steuer- und Prüferbilanzen 10 und 11

Anlage 1 (Lösung)

Aktiva	StB 31.12.10	Änderungen	PB 31.12.10	StB 31.12.11	Änderungen	PB 31.12.11
	Euro	Euro	Euro	Euro	Euro	Euro
„A-Str."						
GruBo	80 000		80 000	80 000	40 000	120 000
Gebäude eigenb.	270 000	25 500	295 500	240 000	463 087	703 087
Gebäude fremdb.	294 000	1 500	295 500	282 000	./. 138 750	143 250
„B-Str."						
GruBo		50 000	50 000		50 000	50 000
Gebäude eigenb.	384 000	./. 237 750	146 250	368 000	./. 299 000	69 000
Gebäude fremdb.					69 000	69 000
„C-Str."						
GruBo	300 000	./. 80 900	219 100	300 000	./. 33 950	266 050
Gebäude	487 575	155 992	643 567	477 675	282 156	759 831
„D-Str."						
GruBo		31 450	31 450		31 450	31 450
Gebäude	142 500	./. 17 329	125 171	135 000	./. 12 345	122 655
RAP		3 562	3 562		2 812	2 812
sonst. Aktiva	1 000 000	1 824	1 001 824	1 100 000	3 648	1 103 648
Summe Aktiva	**2 958 075**	**./. 66 151**	**2 891 924**	**2 982 675**	**458 108**	**3 440 783**
Passiva						
Kapital	1 934 075	12 561	1 946 636	1 824 675	566 220	2 390 895
Darlehen 1	150 000	./. 112 500	37 500	150 000	./. 112 500	37 500
Darlehen 2		3 750	3 750		3 750	3 750
RAP						
sonst. Verb.	50 000	30 038	80 038	60 000	638	60 638
sonst. Passiva	824 000		824 000	948 000		948 000
Summe Passiva	**2 958 075**	**./. 66 151**	**2 891 924**	**2 982 675**	**458 108**	**3 440 783**

TEIL B
Fallgruppe 7
Bilanzberichtigung/Berichtigungstechnik

Anlage 2 (Lösung)

Kapitalkontenentwicklung	Steuerbilanz	Änderungen	Prüferbilanz
Kapital 01.01.10	1 434 075	0	1 434 075
zzgl. Einlagen 10	1 000 000	./. 32 850	967 150
abzgl. Entnahmen 10	800 000	13 200	813 200
zzgl. Gewinn 10	300 000	58 611	358 611
Kapital 31.12.10	1 934 075	12 561	1 946 636
zzgl. Einlagen 11	1 000 000	498 487	1 498 487
abzgl. Entnahmen 11	1 509 400	41 250	1 550 650
zzgl. Gewinn 11	400 000	96 422	496 422
Kapital 31.12.11	1 824 675	566 220	2 390 895

Mehr- und Weniger-Rechnung

Anlage 3 (Lösung)

Tz.	Vorgang	10 +	10 ./.	11 +	11 ./.
1	AfA, fremdbetr.	1 500		5 250	
	AfA, eigengew.	25 500		14 587	
2	AfA, eigenbetr.	12 250		10 000	
	AfA, fremdgew.				2 250
	Mietzahlung	6 624		6 624	
	Mieteinnahmen	3 000		3 000	
	Grundstückskosten		2 500		2 500
3	AfA		6 308		12 573
	GrESt			42 000	
	Miete AN	5 400		7 200	
	Reparatur	1 800			
	Miete (Fotol.)			9 600	
	Grundstückskosten	5 400		3 600	
4	AfA	6 871		4 984	
	RAP		188		750
	Grundschuld		100		
	Schuldzinsen		638	7 650	
	Summen	68 345	9 734	114 495	18 073
	abzüglich	9 734		18 073	
	Mehr/Weniger	58 611		96 422	
	Gewinn lt. StB	+ 300 000		+ 400 000	
	Gewinn lt. Bp	358 611		496 422	

	Einlage 10				Einlage 11	
2)	200 000	2)	2 500	3d)	7 200	1)	40 000
3)	88 250	3)	140 250			1)	277 500
3d)	5 400	4)	112 500			2)	2 500
3d)	1 800	4)	7 250			3)	138 737
		4)	100			3)	46 950

	Entnahme 10		Entnahme 11
2)	4 800	2)	4 800
2)	3 000	2)	3 000
3)	5 400	3)	12 600
		3d)	9 600
		3e)	3 600
		4)	7 650

	sonst. Verb. 10			sonst. Verb. 11	
		3)	22 050	3)	0
		3)	7 350	4)	638
		4)	638		

	VoSt 10		VoSt 11
2)	1 624	2)	3 648

Weitere Sachverhalte mit vorwiegend rechtlicher Relevanz s. Koltermann, Fallsammlung Bilanzsteuerrecht, 16. Auflage 2013

Sachverhalte (Prüfungszeitraum 10 und 11)

Tz. 1: Festwert

Der Bauunternehmer Stein weist seit Jahren für seine Gerüst- und Schalungsteile (Nutzungsdauer 5 Jahre) in seinen Bilanzen einen Festwert aus. Dieser beträgt zutreffend seit dem 31.12.07 20 000 € (40 % der Anschaffungskosten der letzten 5 Jahre).

Die Anschaffungskosten der Gerüst- und Schalungsteile betrugen:

06 = 10 000 €
07 = 12 000 €
08 = 50 000 €
09 = 5 000 €
10 = 3 000 €
11 = 8 000 €

Zum 31.12.10 ermittelt er den Festwert neu mit 32 000 € und buchte:

Festwert 12 000 € an so. betr. Erträge 12 000 €

Den Wert von 32 000 € behielt er in der Bilanz zum 31.12.11 bei.

Die Zukäufe der Gerüst- und Schalungsteile hat Stein in allen Jahren über Aufwand gebucht.

Tz. 2: Durchschnittsbewertung

Bauunternehmer Stein kaufte am 10.1.10 einen Dieseltank mit Zapfsäule für seine Betriebsfahrzeuge (Fassungsvermögen 10 000 Liter).

In 10 tankte er	am 15.01.	6 000 l zu 1,00 €/l netto
	am 20.04.	8 000 l zu 1,10 €/l netto
	am 10.11.	7 000 l zu 1,05 €/l netto
	am 20.12.	9 000 l zu 1,08 €/l netto

Am 31.12.10 waren noch 8 500 Liter im Tank.

In 11 tankte er	am 20.03.	8 000 l zu 1,10 €/l netto
	am 28.06.	3 000 l zu 1,20 €/l netto
	am 01.08.	9 000 l zu 1,10 €/l netto
	am 31.12.	6 000 l zu 1,05 €/l netto

Am 31.12.11 waren noch 6 500 Liter im Tank.

Zum 10.2.12 war der Preis wieder auf 1,07 €/l gestiegen.

Stein hat die Anschaffungskosten der Anlage richtig behandelt und die Tankrechnungen jeweils über Betriebsstoffe (netto) gebucht. Bestände an Dieselkraftstoff sind nicht inventurmäßig erfasst.

Tz. 3: Teilweise abzugsfähige Vorsteuer

Der Bauunternehmer kaufte Anfang 10 zwei Baumaschinen mit einer betriebsgewöhnlichen Nutzungsdauer von 5 Jahren.

Maschine 1: Anschaffungskosten 6 250 € zzgl. 1 188 € USt.

Maschine 2: Anschaffungskosten 12 500 € zzgl. 2 375 € USt.

Die Maschine 2 setzte er zu 20 % zur Erzielung steuerfreier Umsätze ein. Stein möchte den niedrigsten möglichen Gewinn ausweisen, aktivierte beide Maschinen mit den Netto-Anschaffungskosten, schrieb linear ab und zog die Vorsteuer voll ab.

Tz. 4: Delkredere/Stichtagsprinzip

Der Bestand an Forderungen beträgt am 31.12.10 400 000 €.

a) In diesem Forderungsbestand ist eine Forderung in Höhe von 15 000 € zzgl. USt enthalten, die am 31.12.10 als uneinbringlich anzusehen ist.

b) Am 28.1.11 erfährt Stein, dass ein Kunde am 17.1.11 einen Antrag auf Insolvenzeröffnung gestellt hat. Der Antrag wurde mangels Masse abgelehnt. Die Forderung gegen diesen Kunden beläuft sich auf 10 000 € zzgl. USt.

c) Bei weiteren Forderungen im Nennbetrag von 20 000 € ist mit einem Ausfall von 50 % zu rechnen.

d) Für das allgemeine Ausfallrisiko ist wie in den Vorjahren für 10 und 11 ein Betrag von 3 % angemessen.

e) Für innerbetriebliche Zinsverluste wegen verspäteter Zahlung ist in 10 und 11 ein Betrag von 2 % angemessen.

Der Steuerpflichtige hat als Delkredere auf der Passivseite der Bilanz zum 31.12.10 den gleichen Betrag von 20 000 € wie bereits zum 31.12.09 ausgewiesen. Für 11 hat der Stpfl. auf den Ausweis eines Delkrederes verzichtet, weil zum 31.12.11 der Forderungsbetrag nur 30 000 € betrug und diese Beträge pünktlich bis zum 20.1.12 eingegangen waren.

Der Steuerpflichtige hat seine Bilanzen für 10 und 11 jeweils am 1.3. des Folgejahres erstellt (Forderungsbestand am 1.3.11 noch 150 000 €).

Tz. 5: Geringwertige Wirtschaftsgüter

Stein kaufte am 29.12.10 eine Reinigungsmaschine für sein Büro, die er noch am gleichen Tage in Betrieb nahm; Kaufpreis 415 € zzgl. 78,85 € USt. Die Rechnung wurde sofort am Tage ihres Eingangs am 3.1.11 mit Abzug von 2 % Skonto bezahlt. Der Steuerpflichtige buchte

in 10:

Aufwand (GWG)	406,70 €			
VoSt	77,27 €	an	sonst. Verb.	483,97 €

in 11:

Sonst. Verb.	483,97 €	an	Bank	483,97 €

Die Maschine hat eine betriebsgewöhnliche Nutzungsdauer von 5 Jahren. Der Steuerpflichtige hat bisher alle Wirtschaftsgüter, wenn möglich, in einem Sammelposten nach § 6 Abs. 2a EStG eingestellt.

Aufgabe

Erstellen Sie eine berichtigte Bilanz für das Jahr 11 einschließlich der Kapitalkontenentwicklung und geben Sie die Gewinnauswirkungen einzeln und unsaldiert in einer Mehr- und Weniger-

TEIL B — Bilanzberichtigung/Berichtigungstechnik
Fallgruppe 8

Rechnung an. Die Entwicklung der Bilanzansätze ist – soweit erforderlich – in Staffelform darzustellen.

HINWEIS

Die steuerfreien Umsätze des Steuerpflichtigen betragen mehr als 3 % des Gesamtumsatzes. Der Umsatzsteuersatz beträgt in allen Jahren 19 %.

Auf Veränderungen der Gewerbesteuer ist nicht einzugehen.

Die Bilanz auf den 31.12.11 wurde bereits am 10.02.12 aufgestellt.

BEACHTE

Ab dieser Fallgruppe wird die Aufgabenstellung in Anlehnung an die Betriebsprüfungspraxis ausdrücklich darauf beschränkt, nur eine Prüferbilanz für das letzte Prüfungsjahr zu erstellen. Die bisher dargestellten Zwischenbilanzen erscheinen für den Geübten aus pädagogischen Gründen nicht mehr erforderlich.

Außerdem wird ab dieser Fallgruppe in der Lösung auf die Darstellung der Bilanzkreuze verzichtet.

Steuer- und Prüferbilanzen Anlage 1 (Aufgabe)

	StB	StB	Änderungen	PB
Aktiva	31.12.10	31.12.11		31.12.11
	Euro	Euro	Euro	Euro
Reinigungsmaschine	0	0		
Maschine 2	10 000	7 500		
Festwert	32 000	32 000		
Diesel	0	0		
Forderungen	400 000	30 000		
sonst. Aktiva	1 000 000	999 000		
Summe Aktiva	1 442 000	1 068 500		
Passiva				
Kapital	312 000	./. 43 500		
USt	5 000	6 000		
Delkredere	20 000	0		
sonst. Verb.	5 000	6 000		
sonst. Passiva	1 100 000	1 100 000		
Summe Passiva	1 442 000	1 068 500		

190

Anlage 2 (Aufgabe)

Kapitalkontenentwicklung	Steuerbilanz	Änderungen	Prüferbilanz
Kapital 01.01.10	262 000		
zzgl. Einlagen 10	10 000		
abzgl. Entnahmen 10	10 000		
zzgl. Gewinn 10	50 000		
Kapital 31.12.10	312 000		
zzgl. Einlagen 11	10 000		
abzgl. Entnahmen 11	425 500		
zzgl. Gewinn 11	60 000		
Kapital 31.12.11	./. 43 500		

Mehr- und Weniger-Rechnung   Anlage 3 (Aufgabe)

		10		11	
Tz.	Vorgang	+	./.	+	./.
	Summen				
	Abzüglich				
	Mehr/Weniger				
	Gewinn lt. StB	+ 50 000		+ 60 000	
	Gewinn lt. Bp				

LÖSUNG

Tz. 1: Festwert

Stein darf für seine Gerüst- und Schalungsteile einen Festwert bilden. Der Festwert ist zum 31.12.10 auch richtig ermittelt. 40 % der Anschaffungskosten der letzten 5 Jahre sind 32 000 €. Die Behandlung der Zugänge als Aufwand ist ebenfalls zulässig und Teil der Vereinfachungsregel bei der Festbewertung.

Ergibt sich aber wie hier, dass der neue Festwert um mehr als 10 % vom alten Festwert zum 31.12.07 abweicht, sind die Zugänge bei den Gerüst- und Schalungsteilen so lange dem Konto „Festwert" zuzuschreiben und nicht mehr als Aufwand zu erfassen, bis der neue Wert erreicht ist.

Das bedeutet, dass der Festwert zum 31.12.10 nur 23 000 € und zum 31.12.11 nur 31 000 € betragen kann, da in den Jahren 10 und 11 nicht mehr Zugänge vorhanden sind.

Da sich hier ausschließlich ein Bestand gegenüber der Steuerbilanz ändert, bietet sich wieder die Darstellung wie beim Warenbestand (Fallgruppe 3) an.

Festwert	10	11
lt. Bp:	23 000 €	31 000 €
bisher:	32 000 €	32 000 €
mehr lt. Bp:	./. 9 000 €	./. 1 000 €
mehr Gewinn wg. EB:	./. 9 000 €	./. 1 000 €
mehr Gewinn wg. AB:	–	+ 9 000 €
Gewinn mehr insgesamt:	./. 9 000 €	+ 8 000 €

Auch hier sollte die Kontrolle der Quersumme mit der Bestandsveränderung des letzten Jahres erfolgen. Bei dieser Form der Darstellung muss die Quersumme der Gewinnauswirkungen insgesamt (– 9 000 + 8 000 = – 1 000) identisch sein mit der Bestandsveränderung des letzten Jahres (– 1 000).

Tz. 2: Durchschnittsbewertung

Hier kann der Dieselbestand zum 31.12.10 und 11 nur nach dem gewogenen Durchschnitt bewertet werden. Die Bewertung nach dem „Lifo"-Verfahren ist grundsätzlich auch möglich, aber wohl nicht gewollt (R 6.9a Abs. 1 und 2 EStR). Andere handelsrechtlich mögliche Verfahren sind steuerlich nicht zulässig.

31.12.10:	6 000 l	x 1,00 €	=	6 000 €	
	8 000 l	x 1,10 €	=	8 800 €	
	7 000 l	x 1,05 €	=	7 350 €	
	9 000 l	x 1,08 €	=	9 720 €	
	30 000 l		=	31 870 €	= Durchschnittswert 1,06 €/l

Bestand zum 31.12.10 = 8 500 l x 1,06 € = 9 010 €

Für die Bewertung zum 31.12.11 ist der Anfangsbestand mit dem Wert mit in die Bewertung einzurechnen.

31.12.11:	8 500 l	x 1,06 €	=	9 010 €	
	8 000 l	x 1,10 €	=	8 800 €	
	3 000 l	x 1,20 €	=	3 600 €	
	9 000 l	x 1,10 €	=	9 900 €	
	6 000 l	x 1,05 €	=	6 300 €	
	34 500 l		=	37 610 €	= Durchschnittswert 1,09 €/l

Für die Bewertung zum 31.12.11 ist zunächst der Durchschnittswert der Anschaffungskosten von 1,09 €/l maßgebend. Steuerlich kann der niedrigere Teilwert zum 31.12.11 von 1,05 €/l angesetzt werden. Dieser ergibt sich aus der letzten Einkaufsrechnung (zeitnah zum Bilanzstichtag). In der Steuerbilanz ist jedoch nur der auf Dauer gesunkene Teilwert anzusetzen (§ 6 Abs. 1 Nr. 2 Satz 2 EStG). Als auf Dauer niedrigerer Teilwert in diesem Sinne gilt nach dem Erlass des FinMin vom 25.2.2000, IV C 2 S 2171b der Wert von 01,07 €/l zum Tag der Bilanzaufstellung (FinMin a. a. O. Tz. 23 ff.).

Bestand in der StB zum 31. 12. 11 = 6 500 l x 1,07 € = 6 955 €

Für die Feststellung der Gewinnauswirkungen:

Dieselbestand	10	11
lt. Bp:	9 010 €	6 955 €
bisher:	–	–
Mehr Bestand = mehr Gewinn	+ 9 010 €	+ 6 955 €
Wechselwirkung		./. 9 010 €
Gewinn insgesamt	+ 9 010 €	./. 2 055 €

Tz. 3: Teilweise abzugsfähige Vorsteuer

Zu den Anschaffungskosten der Maschine 2 gehört auch die nicht abzugsfähige Vorsteuer (Umkehrschluss aus § 9b Abs. 1 EStG).

Maschine 1:

Die Vorsteuer ist voll abzugsfähig nach § 15 Abs. 1 UStG. Also kann diese Vorsteuer nicht mit aktiviert werden. Die Aktivierung des Steuerpflichtigen ist richtig.

Maschine 2:

20 % der Vorsteuer von 2 375 € = 475 € sind nicht abzugsfähig. Damit sind die 475 € mit zu aktivieren.

Maschine 2	StB	PB	Auswirkungen	
Zugang	12 500 €	12 975 €	USt	+ 475 €
AfA 10	2 500 €	2 595 €	Gewinn (AfA)	./. 95 €
31. 12. 10	10 000 €	10 380 €	Maschine 2	+ 380 €
AfA 11	2 500 €	2 595 €	Gewinn (AfA)	./. 95 €
31. 12. 11	7 500 €	7 785 €	Maschine 2	+ 285 €

Tz. 4: Delkredere/Stichtagsprinzip

Bei „Nicht-Kapitalgesellschaften" ist auch nach dem Bilanzrichtliniengesetz die Bildung eines Wertberichtigungspostens auf der Passivseite der Bilanz ohne Verrechnung mit den Forderungen zumindest nicht verboten. Die Praxis geht wohl seit Jahren nach und nach dazu über, diese Behandlung auch bei Personenunternehmen zu bevorzugen. Diese Behandlung scheint uns aber zumindest nicht zwingend, da der § 247 Abs. 1 HGB nur fordert, die Bilanzpositionen hinreichend aufzugliedern. Das kann bezüglich den Forderungen auch sicherlich durch die Form der indirekten Abschreibung unter Einschaltung eines Delkrederes geschehen. Nur endgültig ausgefallene Forderungen sind auszubuchen.

Bei dem gegebenen Sachverhalt ist nur die Forderung zu Tz. 4a auszubuchen. Das ergibt folgende Änderungen bei den Forderungen:

Forderungen	StB	PB	Auswirkungen	
Lt. Stpfl.	400 000 €	400 000 €	–	
./. Tz. 4a	–	17 850 €	Gewinn	./. 15 000 €
			USt	./. 2 850 €
31. 12. 10	400 000 €	382 150 €	Forderungen	./. 17 850 €
Abgang 11	370 000 €	352 150 €	Gewinn	+ 15 000 €
			USt	+ 2 850 €
31. 12. 11	30 000 €	30 000 €		

Beim Bilanzansatz der 30 000 € zum 31. 12. 11 kann die Forderung aus Tz. 4a nicht mehr mit enthalten sein, da laut Sachverhalt die 30 000 € noch im Januar 12 eingehen. Also muss der Steuerpflichtige im Jahre 11 eine entsprechende Ausbuchung vorgenommen haben. Diese Ausbuchung gehört aber bereits ins Jahr 10. Deshalb sind die Auswirkungen der Ausbuchung des Steuerpflichtigen in 11 rückgängig zu machen (siehe oben).

Die in Tz. 4b beschriebene Forderung ist erst in 11 uneinbringlich geworden. Das Ereignis, das den Ausfall bedingt (Insolvenz), liegt erst in 11. Der Vorgang muss für die Bilanzierung zum 31. 12. 10 außer Betracht bleiben. Da der Forderungsbestand zum 31. 12. 11 aber richtig ist (siehe oben), hat der Steuerpflichtige diese Forderung in 11 offenbar richtig ausgebucht.

Zu c)

Für die Forderung in Höhe von 20 000 € ist eine Wertberichtigung in Höhe von 50 % des Nettobetrages zu bilden. Die USt bleibt unverändert.

Nennbetrag der Forderung zu c):	20 000 €
davon 50 %	10 000 €
./. USt	1 596 €
Wertberichtigung	8 404 €

Zu d)

Das pauschale Ausfallrisiko ist laut Sachverhalt mit 3 % zu berücksichtigen. Hierfür können aber nur die Forderungen berücksichtigt werden, die nicht schon vorher ausgebucht (Tz. 4a) oder einzelwertberichtigt (Tz. 4b) sind. Außerdem ist nur der Nettobetrag der Forderungen ausfallbedroht, da beim tatsächlichen Ausfall der Forderung die USt über § 17 UStG berichtigt werden könnte.

Für 11 ist zu Recht kein Delkredere angesetzt worden, da im Zeitpunkt der Erstellung der Bilanz für 11 feststand, dass keine der zum 31. 12. 11 auszuweisenden Forderungen ausfällt oder verspätet eingeht.

Berechnung:	Forderungen insgesamt	400 000 €
	./. ausgebucht (Tz. 4a)	17 850 €
	./. einzelwertberichtigt (Tz. 4c)	20 000 €
	Restforderungen brutto	362 150 €
	Restforderungen netto	304 328 €
	x 3 % Delkredere =	9 130 €

Zu 4e)

Bei einer Wertberichtigung wegen Zinsverlusten muss die Brutto-Forderung Bemessungsgrundlage sein, weil auch die USt dem Zinsverlust unterliegt.

Berechnung:	Bruttoforderung wie Tz. 4d	362 150 €
	x 2 % Delkredere =	7 243 €

Zusammenstellung

Delkredere	StB	PB	Auswirkungen	
1.1.10	20 000 €	20 000 €	–	
Auflösung	–	20 000 €	Gewinn	+ 20 000 €
Tz. 4c	–	8 404 €	Gewinn	./. 8 404 €
Tz. 4d	–	9 130 €	Gewinn	./. 9 130 €
Tz. 4e	–	7 243 €	Gewinn	./. 7 243 €
31.12.10	20 000 €	24 777 €	Delkredere	+ 4 777 €
Auflösung 11	20 000 €	24 777 €	Gewinn	+ 4 777 €
31.12.11	–	–		

Tz. 5: Geringwertige Wirtschaftsgüter

Die Reinigungsmaschine ist kein Wirtschaftsgut im Sinne des § 6 Abs. 2 EStG, sondern ein Wirtschaftsgut im Sinne des § 6 Abs. 2a EStG, da die Anschaffungskosten im Jahre der Anschaffung mehr als 410 €, aber nicht mehr als 1 000 € betragen. Die Inanspruchnahme von Skonto mindert die Anschaffungskosten erst in 11 (siehe auch die Entscheidung des Großen Senats beim BFH zum Vorlagebeschluss des I. Senats I R 176/84 vom 30.3.1989 I R 176/84, BStBl 1989 II 874). Die Reinigungsmaschine kann somit in einen Sammelposten im Sinne des § 6 Abs. 2a EStG eingestellt werden. Der Sammelposten ist jährlich (nicht zeitanteilig) mit 20 % aufzulösen.

Sammelposten	StB	PB	Auswirkungen	
Zugang 12/10	406,70 €	415,00 €	sonst. Verb.	+ 9,88 €
			n. n. v. VoSt	+ 78,85 €
			VoSt	./. 77,27 €
Verteilung 20 % 10	406,70 €	83,00 €	Gewinn	+ 323,70 €
31.12.10		332,00 €	Sammelposten	+ 332,00 €
Verteilung 20 % 11		83,00 €	Gewinn	./. 83,00 €
31.12.11		249,00 €	Sammelposten	+ 249,00 €

TEIL B — Bilanzberichtigung/Berichtigungstechnik
Fallgruppe 8

Zusätzlich ist in 11 die bisher erfasste, noch nicht verrechenbare Vorsteuer in Höhe von 77,28 € jetzt als abzugsfähige Vorsteuer zu behandeln, da die Rechnung in 11 eingegangen ist. Außerdem ist bei Bezahlung der Maschine in Höhe des Skontobetrages (brutto) in Höhe von 9,88 € die sonstige Verbindlichkeit aus 10 zu mindern, die noch nicht verrechenbare Vorsteuer um 1,58 € zu kürzen und ein Gewinn in Höhe des Nettobetrages von 8,30 € auszuweisen. Da die Wirtschaftsgüter aus dem Sammelposten nicht mehr bewertungsfähig sind, kommt ein Ansatz des Skontos als nachträgliche (negative) Anschaffungskosten nicht in Betracht.

Steuer- und Prüferbilanzen Anlage 1 (Lösung)

	StB	StB	Änderungen	PB
Aktiva	31.12.10	31.12.11	11	31.12.11
	Euro	Euro	Euro	Euro
Sammelposten			249,00	249,00
Maschine 2	10 000	7 500	285,00	7 785,00
Festwert	32 000	32 000	./. 1 000,00	31 000,00
Diesel			6 955,00	6 955,00
Forderungen	400 000	30 000	0,00	30 000,00
sonst. Aktiva	1 000 000	999 000	0,00	999 000,00
Summe Aktiva	**1 442 000**	**1 068 500**	**6 489,00**	**1 074.989,00**
Passiva				
Kapital	312 000	./. 43 500	6 014,00	./. 37 486,00
USt	5 000	6 000	475,00	6 475,00
Delkredere	20 000	0	0,00	0,00
sonst. Verb.	5 000	6 000	0,00	6 000,00
sonst. Passiva	1 100 000	1 100 000	0,00	1 100 000,00
Summe Passiva	**1 442 000**	**1 068 500**	**6 489,00**	**1 074.989,00**

Mehr- und Weniger-Rechnung

Anlage 2 (Lösung)

Tz.	Vorgang	10 + Euro	10 ./. Euro	11 + Euro	11 ./. Euro
1	Festwert		9 000,00	8 000,00	
2	Dieseltank	9 010,00			2 055,00
3	Maschine 2, AfA		95,00		95,00
4a	Ausbuchung		15 000,00	15 000,00	
4c	Einzel-Wertberichtigung		8 404,00		
4d	Ausfallrisiko		9 130,00		
4e	Zinsrisiko		7 243,00		
	Auflösungen	20 000,00		4 777,00	
5	Sammelposten	323,70		8,30	83,00
	Summen	29 333,70	48 872,00	27 785,30	2 233,00
	abzüglich	./. 48 872,00		./. 2 233,00	
	Mehr/Weniger	./. 19 538,30		25 552,30	
	Gewinn lt. StB	50 000,00		60 000,00	
	Gewinn lt. Bp	30 461,70		85 552,30	

Anlage 3 (Aufgabe)

Kapitalkontenentwicklung	Steuerbilanz	Änderungen	Prüferbilanz
Kapital 01.01.10	262 000	0	262 000,00
zzgl. Einlagen 10	10 000		10 000,00
abzgl. Entnahmen 10	10 000		10 000,00
zzgl. Gewinn 10	50 000	./. 19 538,30	30 461,70
Kapital 31.12.10	312 000	./. 19 538,30	292 461,70
zzgl. Einlagen 11	10 000		10 000,00
abzgl. Entnahmen 11	425 500		425 500,00
zzgl. Gewinn 11	60 000	25 552,30	85 552,30
Kapital 31.12.11	./. 43 500	6 014,00	./. 37 486,00

Weitere Sachverhalte mit vorwiegend rechtlicher Relevanz s. Koltermann, Fallsammlung Bilanzsteuerrecht, 16. Auflage 2013

TEIL B Bilanzberichtigung/Berichtigungstechnik
Fallgruppe 9

Sachverhalte

Tz. 1: Anschaffungskosten auf Rentenbasis, immaterielle Wirtschaftsgüter

Der Unternehmer Hauser kaufte mit Wirkung zum 1.3.10 ein Grundstück mit einem 30 Jahre alten aufstehenden Gebäude. Er will das Objekt zu 100 % betrieblich nutzen. Als Kaufpreis zahlte er aus privaten Mitteln 100 000 € ohne Buchung an den Veräußerer. Außerdem wurde vereinbart, dass er ab 1.3.10 eine monatliche Rente an den Vorbesitzer in Höhe von 2 000 € zahlt. Die Rentenzahlungen erfolgten pünktlich und wurden jeweils „Gebäude an Bank" gebucht.

Der Steuerpflichtige hat jeweils 2 % der auf dem Konto „Gebäude" aktivierten Beträge als AfA erfasst. Nebenkosten einschließlich Grunderwerbsteuer fielen in Höhe von 10 000 € an, die er in 11 vom privaten Konto ohne Buchung überwiesen USt war hierbei nicht ausgewiesen.

Die versicherungsmathematischen Rentenbarwerte betragen:

01.03.10: 200 000 €

31.12.10: 190 000 €

01.03.11: 195 000 €

Auf Grund einer Wertsicherungsklausel erhöhte sich die Rente ab 1.3.11 auf 2 200 €. Der Steuerpflichtige buchte weiter wie oben.

Weil am 3.1.12 die Überweisung zum 1.12.11 seinem Bankkonto wieder gutgeschrieben wurde, erfuhr der Steuerpflichtige, dass der Grundstücksverkäufer am 30.11.11 verstorben war. Er stellte daraufhin in 12 die Zahlungen ein. Die Rücküberweisung buchte er:

Bank   2 200 €   an   a. o. Ertrag (12)   2 200 €

Dem Mieter im Dachgeschoss des Hauses zahlte der Steuerpflichtige am 1.11.10 nach langen Verhandlungen einen Betrag von 5 000 €. Nur hierdurch war der Mieter bereit, einen bis Ende 12 laufenden Mietvertrag vorzeitig zum 1.11.10 aufzugeben. Seit dem 1.11.10 hat der Steuerpflichtige sein Büro auf diese Räume erweitert.

Er buchte: Grundstückskosten an Bank 5 000 €.

Der Wert des Grund und Bodens beträgt im Prüfungszeitraum immer 20 % des Gesamtwertes des Objektes.

Tz. 2: Anschaffungskosten und Tausch

Hauser benötigte Ende 10 einen bestimmten Werkstoff, der allgemein sehr knapp geworden war. Anderenfalls drohte ihm eine erhebliche Vertragsstrafe. Sein Lieferant, der diesen Werkstoff noch besorgen konnte, kannte die Situation des Steuerpflichtigen und verlangt als Gegenleistung für die Lieferung des Werkstoffs die Mitnutzung eines Patents des Steuerpflichtigen. Dieser stimmte dem Geschäft zu.

Der gemeine Wert des Werkstoffs betrug im Zeitpunkt der Anschaffung 35 700 €. Der gemeine Wert der Mitnutzung des Patents betrug gleichzeitig 41 650 €. Der Steuerpflichtige hat das Patent, das er seit Jahren in seinem Betrieb nutzt, selbst entwickelt. Entwicklungskosten 10 000 €.

Der Steuerpflichtige hat den Vorgang nicht gebucht.

Die umsatzsteuerliche Abwicklung dieses Kaufvertrages ist nicht zu beanstanden. Es liegen ordnungsgemäße Rechnungen beider Parteien vor.

Tz. 3: Gewerbesteuerrückstellung

Der Steuerpflichtige hat in 10 und 11 jeweils die Salden seiner Buchführung des Kontos „Gewerbesteuerrückstellung" in die jeweilige Handels- und Steuerbilanz übernommen.

In 10 weist er einen Betrag von 15 000 € aus. Hierin enthalten ist ein Betrag von 10 000 €, der zutreffend als Nachzahlung an Gewerbesteuer für 09 erwartet wird. Die restlichen 5 000 € sind die zu erwartende Einkommensteuernachzahlung für 10, die er wie folgt einbuchte: „Steueraufwand an Gewerbesteuerrückstellung". Die Gewerbesteuernachzahlung für 10 wurde zutreffend mit 7 000 € ermittelt, aber versehentlich nicht mit in die Rückstellungen übernommen.

Im Jahre 11 buchte er die vierteljährlichen Gewerbesteuervorauszahlungen **jeweils** zum 10. 2., 10. 5. und 10. 8. wie folgt:

Gewerbesteuerrückstellung   2 000 €   an   Bank   2 000 €

Die 4. Vorauszahlung war von der Stadt bis zum 10. 1. 12 gestundet. Die tatsächliche Gewerbesteuerschuld des Jahres 11 betrug nach Abzug der Vorauszahlungen 8 500 €. Hierfür wurde eine zutreffende Rückstellung gebildet.

Der Gewerbesteuerbescheid für 09 ging am 10. 12. 11 beim Steuerpflichtigen ein. Die Nachzahlung betrug wider Erwarten 11 000 €. Er überwies den Betrag am 10. 1. 12 und buchte in 12:

Gewerbesteueraufwendungen   11 000 €   an   Bank   11 000 €

Tz. 4: Warenbewertung, Rückstellung für drohende Verluste

Im Sommer 10 nutzte der Steuerpflichtige die Möglichkeit zu einem Großeinkauf. Er vereinbarte die Lieferung von 10 000 Artikeln zu einem Festpreis von netto 5 €/Stück. Die Auslieferung sollte ab dem 1. 11. 10 halbjährlich mit je 2 500 Stück erfolgen. Die Lieferungen und Bezahlungen erfolgten pünktlich, die Buchungen waren zutreffend. Zum 31. 12. 11 war der Marktpreis nachhaltig für diese Artikel auf 4 €/Stück gefallen.

Zum 31. 12. 10 hatte er keine Artikel auf Lager, zum 31. 12. 11 hatte er 1 000 Artikel auf Lager. Er bilanzierte mit den Anschaffungskosten.

Aufgabe

Erstellen Sie berichtigte Bilanzen für die Jahre 10 und 11 einschließlich der Kapitalkontenentwicklung und geben Sie die Gewinnauswirkungen einzeln und unsaldiert in einer Mehr- und Weniger-Rechnung an. Die Entwicklung der Bilanzansätze ist – soweit erforderlich – in Staffelform darzustellen.

Der Steuerpflichtige führt nur steuerpflichtige Umsätze aus. Der Umsatzsteuersatz beträgt einheitlich für alle Jahre 19 %. Auf Veränderungen der Gewerbesteuer ist nicht einzugehen.

TEIL B — Bilanzberichtigung/Berichtigungstechnik
Fallgruppe 9

Steuer- und Prüferbilanzen Anlage 1 (Aufgabe)

Aktiva	StB 31.12.10	StB 31.12.11	Änderungen	PB 31.12.11
	Euro	Euro	Euro	Euro
GruBo				
Gebäude	19 600	44 680		
sonst. Forderung	10 000	12 000		
IWG				
Waren	100 000	100 000		
sonst. Aktiva	800 000	800 000		
Summe Aktiva	**929 600**	**956 680**		
Passiva				
Kapital	492 600	506 180		
USt	2 000	3 000		
sonst. Verb.	20 000	30 000		
GewStR	15 000	17 500		
sonst. Rückst.				
sonst. Passiva	400 000	400 000		
Summe Passiva	**929 600**	**956 680**		

Mehr- und Weniger-Rechnung Anlage 2 (Aufgabe)

Tz.	Vorgang	10 +	10 ./.	11 +	11 ./.
	Summen				
	abzüglich				
	Mehr/Weniger				
	Gewinn lt. StB	50 000		60 000	
	Gewinn lt. Bp				

Anlage 3 (Aufgabe)

Kapitalkontenentwicklung	Steuerbilanz	Änderungen	Prüferbilanz
Kapital 01.01.10	542 600		
zzgl. Einlagen 10	100 000		
abzgl. Entnahmen 10	200 000		
zzgl. Gewinn 10	50 000		
Kapital 31.12.10	492 600		
zzgl. Einlagen 11	100 000		
abzgl. Entnahmen 11	146 420		
zzgl. Gewinn 11	60 000		
Kapital 31.12.11	506 180		

Tz. 1: Anschaffungskosten auf Rentenbasis, Immaterielle Wirtschaftsgüter

Zu den Anschaffungskosten gehört alles, was der Steuerpflichtige aufwendet, um in den Besitz des Grundstücks zu gelangen (§ 255 Abs. 1 HGB). Dazu gehört auch die monatliche Rentenzahlung. Diese wird allerdings nur mit dem Kapitalwert der gesamten Rentenverpflichtung angesetzt, der sich nach versicherungsmathematischen Grundsätzen errechnet. Die Werte ergeben sich aus dem Sachverhalt.

Die monatlichen Rentenzahlungen sind Betriebsausgaben. Die Rentenverpflichtung ist zu jedem Bilanzstichtag neu mit dem Rentenbarwert zu bewerten. Minderungen oder Erhöhungen zum letzten Bilanzansatz stellen Ertrag oder Aufwand dar. Die Anschaffungskosten des Grundstücks ändern sich jedoch nicht durch Änderungen des Rentenbarwertes. Auch die Vereinbarung einer Wertsicherungsklausel führt nicht zur Änderung dieser Anschaffungskosten. Die wechselnde Höhe der monatlichen Zahlungen auf Grund der Wertsicherungsklausel steht der Annahme einer Rente nicht entgegen.

Die Abschreibung des Gebäudes kann nur nach § 7 Abs. 4 EStG mit 2 % zeitanteilig vorgenommen werden, da das Objekt bereits 30 Jahre alt ist.

Die Abfindungen an den Mieter des Dachgeschosses sind keine Anschaffungskosten des Grundstücks oder Gebäudes, sondern Anschaffungskosten eines selbständigen immateriellen Wirtschaftsgutes, nämlich des Rechtes auf vorzeitige Nutzung des Dachgeschosses. Die Anschaffungskosten sind gesondert abzuschreiben. Dabei ist die degressive AfA bei immateriellen Wirtschaftsgütern nicht möglich.

TEIL B Bilanzberichtigung/Berichtigungstechnik
Fallgruppe 9

Im Einzelnen ergeben sich folgende Auswirkungen:

Gebäude	StB	PB	Auswirkungen	
1.3.10 bar	–	100 000 €	Einl.	+ 100 000 €
Rentenzahl.	20 000 €	–	Gewinn	./. 20 000 €
Rentenbarwert	–	200 000 €	siehe bes. Staffel	
Nebenkosten	–	10 000 €	sonst. Verb.	+ 10 000 €
	20 000 €	310 000 €		
davon GruBo	–	62 000 €	GruBo	+ 62 000 €
Gebäude	20 000 €	248 000 €		
./. AfA 10	400 €	4 133 €	Gewinn	./. 3 733 €
31.12.10	19 600 €	243 867 €	Gebäude	+ 224 267 €
Rente 1–11	23 800 €	–	Gewinn	./. 23 800 €
Rente 12/11	2 200 €	–	sonst. Ford.	+ 2 200 €
	45 600 €	243 867 €		
./. AfA 11	920 €	4 960 €	Gewinn	./. 4 040 €
31.12.11	44 680 €	238 907 €	Gebäude	+ 194 227 €

Außerdem mindern sich die zum 31.12.10 erhöhten sonstigen Verbindlichkeiten um 10 000 €. Gleichzeitig erhöhen sich die Einlagen um 10 000 € (Bezahlung der Verbindlichkeiten wegen Nebenkosten vom privaten Konto).

Rentenbarwert	StB	PB	Auswirkungen	
1.3.10	–	200 000 €	siehe Gebäude	
Minderung 10	–	10 000 €	s. b. Ertrag	+ 10 000 €
31.12.10	–	190 000 €	RBW	+ 190 000 €
Abgang 11	–	190 000 €	s. b. Ertrag	+ 190 000 €
31.12.11	–	–		–

Durch den Tod des Rentenberechtigten in 11 erlischt die Rentenverpflichtung. Dadurch ändern sich die Anschaffungskosten des Grundstücks nicht.

Immaterielles WG	StB	PB	Auswirkungen	
1.11.10	–	5 000 €	Gewinn	+ 5 000 €
AfA 10	–	200 €	Gewinn	./. 200 €
31.12.10	–	4 800 €	IWG	+ 4 800 €
AfA 11	–	1 200 €	Gewinn	./. 1 200 €
31.12.11	–	3 600 €	IWG	+ 3 600 €

Tz. 2: Anschaffungskosten und Tausch

Anschaffungskosten für den knapp gewordenen Werkstoff ist der gemeine Wert der eigenen Leistung abzüglich der abzugsfähigen Vorsteuer. Also muss zunächst die zutreffend in Rechnung gestellte Vorsteuer ermittelt werden. Bemessungsgrundlage beim Lieferanten des Werkstoffs ist nach § 10 Abs. 2 Satz 2 UStG der gemeine Wert der Gegenleistung abzüglich Umsatzsteuer. Der gemeine Wert des Patents als Gegenleistung beträgt laut Sachverhalt 41 650 €, abzüglich 19 % Umsatzsteuer in Höhe von 6 650 € ergibt sich eine Bemessungsgrundlage von 35 000 €. 6 650 € sind also für den Unternehmer Hauser als Vorsteuer abzugsfähig. Der gemeine Wert der eigenen Leistung, der Duldung der Nutzung des Patents, beträgt 41 650 €. Bei einer abzugsfähigen Vorsteuer in Höhe von 6 650 € ergeben sich Anschaffungskosten des Werkstoffs in Höhe von 35 000 €.

Die Duldung der Nutzung des Patents stellt umsatzsteuerlich ein Hilfsgeschäft dar, welches steuerbar und steuerpflichtig ist. Bemessungsgrundlage hierfür ist wieder nach § 10 Abs. 2 UStG der gemeine Wert der Gegenleistung ohne die USt. Diese Gegenleistung (Lieferung des knappen Werkstoffs) hat einen gemeinen Wert von 35 700 €, abzüglich USt ergibt sich eine Bemessungsgrundlage von 30 000 €. Die abzuführende USt beträgt 5 700 €.

Da das übertragene Patent vom Steuerpflichtigen vor Jahren selbst entwickelt wurde und zum Anlagevermögen gehörte, kann es nicht bilanziert worden sein (§ 248 Abs. 2 HGB in der damals gültigen Fassung, § 5 Abs. 2 EStG). Die 10 000 € Entwicklungskosten waren damals sofort abzugsfähige Betriebsausgabe. Also ergibt sich durch den Verkauf des Patents in voller Höhe ein sonstiger betrieblicher Ertrag (35 000 €). Die Differenz zwischen der Vorsteuer (6 650 €) und der zu zahlenden Umsatzsteuer (5 700 €) ist ebenfalls als sonstiger betrieblicher Ertrag zu erfassen.

Im Einzelnen ergeben sich folgende Auswirkungen:

USt	StB	PB	Auswirkungen	
Einkauf	–	./. 6 650 €	sonst. Verb.	+ 41 650 €
			Gewinn	./. 35 000 €
Verkauf	–	5 700 €	Gewinn	+ 35 000 €
			sonst. Verb.	./. 41 650 €
			Gewinn	+ 950 €
31.12.10	–	./. 950 €	USt	./. 950 €
31.12.11	–	./. 950 €	USt	./. 950 €

Tz. 3: Gewerbesteuer-Rückstellung

Das Gewerbesteuer-Rückstellungskonto entwickelt sich wie folgt:

GewStR	StB	PB	Auswirkungen	
Zugang 09	10 000 €	10 000 €		–
Zugang ESt	5 000 €	–	Gewinn	+ 5 000 €
Zugang 10	–	7 000 €	Gewinn	./. 7 000 €
31.12.10	15 000 €	17 000 €	GewStR	+ 2 000 €
GewSt-Vz 3x	./. 6 000 €	–	Gewinn	./. 6 000 €
4. GewSt-Vz	–	–	sonst. Verb.	+ 2 000 €
			Gewinn	./. 2 000 €
Zugang 11	8 500 €	8 500 €		–
Bescheid 09	–	./. 10 000 €	sonst. Verb.	+ 11 000 €
			Gewinn	./. 1 000 €
31.12.11	17 500 €	15 500 €	GewStR	./. 2 000 €

Die Auswirkungen der Gewerbesteuer sind außerhalb der Bilanz zu korrigieren. Das sind 10: 7 000 € und für 11: 17 500 €.

Tz 4: Der Warenbestand zum 31.12.11 ist falsch

Warenbestand		11
Ware lt. Bp:	1 000 x 4 €	= 4 000 €
Ware bisher:	1 000 x 5 €	= 5 000 €
Weniger Gewinn lt. Bp:		1 000 €

Gleichzeitig ist in der Handelsbilanz eine Rückstellung für drohende Verluste aus schwebenden Geschäften zu bilden (§ 249 HGB).

Der Großeinkauf stellt sich für 2 500 noch nicht gelieferte Artikel als schwebendes Geschäft dar. Da sich hieraus wegen inzwischen nachhaltig gesunkener Einkaufspreise ein Verlust abzeichnet, hat der vorsichtige Kaufmann zwingend nach § 249 Abs. 1 HGB eine Rückstellung für drohende Verluste aus schwebenden Geschäften zu bilden. Diesem handelsrechtlichen Passivierungsgebot ist in der Steuerbilanz nicht zu folgen (§ 5 Abs. 4a EStG).

Berichtigungen bei Einzelunternehmen — TEIL B, Fallgruppe 9

Steuer- und Prüferbilanzen

Anlage 1 (Lösung)

Aktiva	StB 31.12.10	StB 31.12.11	Änderungen	PB 31.12.11
	Euro	Euro	Euro	Euro
GruBo			62 000	62 000
Gebäude	19 600	44 680	194 227	238 907
sonst. Forderung	10 000	12 000	2 200	14 200
IWG			3 600	3 600
Waren	100 000	100 000	./. 1 000	99 000
sonst. Aktiva	800 000	800 000	0	800 000
Summe Aktiva	**929 600**	**956 680**	**261 027**	**1 217 707**
Passiva				
Kapital	492 600	506 180	250 977	757 157
USt.	2 000	3 000	./. 950	2 050
sonst. Verb.	20 000	30 000	13 000	43 000
GewStR	15 000	17 500	./. 2 000	15 500
sonst. Rückst.	0	0		0
sonst. Passiva	400 000	400 000		400 000
Summe Passiva	**929 600**	**956 680**	**261 027**	**1 217 707**

Anlage 2 (Lösung)

Kapitalkontenentwicklung	Steuerbilanz	Änderungen	Prüferbilanz
Kapital 01.01.10	542 600	0	542 600
zzgl. Einlagen 10	100 000	100 000	200 000
abzgl. Entnahmen 10	200 000	0	200 000
zzgl. Gewinn 10	50 000	./. 10 983	39 017
Kapital 31.12.10	492 600	89 017	581 617
zzgl. Einlagen 11	100 000	10 000	110 000
abzgl. Entnahmen 11	146 420	0	146 420
zzgl. Gewinn 11	60 000	151 960	211 960
Kapital 31.12.11	**506 180**	**250 977**	**757 157**

TEIL B
Fallgruppe 9
Bilanzberichtigung/Berichtigungstechnik

Mehr- und Weniger-Rechnung

Anlage 3 (Lösung)

Tz.	Vorgang	10 +	10 ./.	11 +	11 ./.
		Euro	Euro	Euro	Euro
1	Rentenzahlung		20 000		23 800
	AfA		3 733		4 040
	Rentenbarwert	10 000		190 000	
	IWG	5 000	200		1 200
2	s. b. Ertrag	35 000	35 000		
	s. b. Ertrag	950			
3	ESt	5 000			
	GewSt 10		7 000		
	GewSt VZ 1–3				6 000
	GewSt VZ 4				2 000
	GewSt 09				1 000
4	Warenbestand		1 000		
	Summen	55 950	66 933	190 000	38 040
	abzüglich	66 933		38 040	
	Mehr/Weniger	./. 10 983		151 960	
	Gewinn lt. StB	50 000		60 000	
	Gewinn lt. Bp	39 017		211 960	

Anlage 4 (Lösung)

```
           sonst. Verb. 11
              |  3)    11 000
              |  3)     2 000
              |        13 000
```

LITERATURHINWEIS

Weitere Sachverhalte mit vorwiegend rechtlicher Relevanz s. Koltermann, Fallsammlung Bilanzsteuerrecht, 16. Auflage 2013

Sachverhalte

Tz. 1: Rücklage für Ersatzbeschaffung

Der Kaufmann Redlich bilanziert am 1.1.10 einen Pkw in seinem Anlagevermögen, der mit einem Buchwert von 6 000 € (Jahres-AfA 12 000 €) zu Buche steht. Am 5.5.10 wird der Pkw bei einem Sturm durch einen umstürzenden Baum zerstört. Der Schrottwert beträgt 0 €. Die Versicherung des Steuerpflichtigen bezahlt am 10.8.10 25 000 € für den verunfallten Pkw und 1 000 € Schmerzensgeld an den Steuerpflichtigen. Nach langer Suche kaufte er am 10.1.11 einen Ersatz-Pkw für 20 000 € zzgl. Umsatzsteuer (Restnutzungsdauer 5 Jahre).

Behandlung des Steuerpflichtigen (Buchungen):

Beim Schaden:

| a. o. Aufwendungen | 6 000 € | an | Pkw | 6 000 € |

Bei Zahlung Versicherung:

| Geld | 26 000 € | an | Einlage | 26 000 € |

Beim Neukauf:

Pkw	20 000 €	an	Geld	23 800 €
VoSt	3 800 €		Pkw	4 000 €
AfA	4 000 €			

Der Steuerpflichtige möchte in beiden Jahren den niedrigsten zulässigen Gewinn ausweisen.

Tz. 2: Re-Investitionsrücklage nach § 6b EStG

Der Steuerpflichtige verkaufte am 1.12.10 ein unbebautes Grundstück, das er bisher als Lagerplatz genutzt hatte, für 100 000 €.

Das Grundstück hatte er am 1.1.05 von der Gemeinde im Tausch gegen einen wertgleichen Lagerplatz erhalten, den die Gemeinde wegen der Umlegung einer Straße benötigte und gegebenenfalls im Wege der Enteignung auch erhalten hätte. Der Buchwert des damals an die Gemeinde abgegebenen Grundstücks betrug 40 000 € (= Anschaffungskosten des Grundstücks zum 1.1.01). Der gemeine Wert des Grundstücks betrug zum 1.1.05 60 000 €.

Der Buchwert des in 10 verkauften Lagerplatzes betrug ebenfalls 40 000 €, da der Steuerpflichtige keine Konsequenzen aus dem Tausch im Jahre 05 gezogen hatte.

Im Jahre 11 erbaute der Steuerpflichtige auf einem ihm seit Jahren gehörenden Grundstück eine Lagerhalle für 130 000 € (Fertigstellung 1.12.11). Er will die Halle jährlich mit 4 % linear abschreiben.

Behandlungen des Steuerpflichtigen (Buchungen):

Beim Verkauf in 10:

Geld	100 000 €	an	Grundstück	40 000 €
			Einlage	60 000 €

Beim Neubau in 11:

Halle	130 000 €	an	Geld	154 700 €
Vorsteuer	24 700 €			
AfA	5 200 €	an	Halle	5 200 €

Tz. 3: Warenbewertung

Der Steuerpflichtige erwarb im Jahre 09 Ware, die 1 000 € pro Einheit kostete. Von dieser Ware hatte er

    zum 31.12.09: 20 Einheiten,

    zum 31.12.10: 12 Einheiten und

    zum 31.12.11: 4 Einheiten auf Lager.

Der Marktpreis der Ware schwankte

    zum 31.12.09: auf netto 900 €,

    zum 30.04.10: auf netto 1 100 € (Tag der Bilanzaufstellung für 09)

    zum 31.12.10: auf netto 500 € und

    zum 20.05.11: auf netto 1 000 € (Tag der Bilanzaufstellung für 10)

    und zum 31.12.11: auf netto 1 800 €.

Der Steuerpflichtige bewertete die Ware in 09 mit 900 €, in 10 mit 500 € und behielt in 11 den niedrigeren letzten Bilanzansatz bei.

Der Steuerpflichtige möchte aus steuerlichen Gründen einen niedrigen Gewinn ausweisen.

Tz. 4: Investitionsabzugsbetrag nach § 7g EStG

Der Steuerpflichtige erwarb im Juli 10 eine Maschine mit einer Nutzungsdauer von 10 Jahren zum Preise von 400 000 € netto. Er aktivierte diese 400 000 € in seiner Handels- und Steuerbilanz, möchte linear abschreiben und buchte jeweils 40 000 € AfA. Zusätzlich nahm er in Handels- und Steuerbilanz eine gewinnmindernde Absetzung von den Anschaffungskosten in Höhe von 160 000 € vor (§ 7g Abs. 2 Satz 2 EStG) und nahm die Sonderabschreibung nach § 7g Abs. 5 EStG in Anspruch (die allgemeinen Voraussetzungen des § 7g EStG liegen vor. Der Höchstbetrag ist insgesamt nicht überschritten).

Er möchte die höchstmöglichen AfA-Beträge.

Im Jahr 09 hat der Stpfl. für diese Maschine einen zutreffenden Investitionsabzugsbetrag von 200 000 € abgezogen. Die Anschaffungskosten der Maschine haben sich erst im Jahr 10 durch allgemeine Markteinflüsse gemindert.

Aufgabe

Erstellen Sie eine berichtigte Bilanz für das Jahr 11 einschließlich der Kapitalkontenentwicklung und geben Sie die Gewinnauswirkungen einzeln und unsaldiert in einer Mehr- und Weniger-Rechnung an. Die Entwicklung der Bilanzansätze ist – soweit erforderlich – in Staffelform darzustellen.

Der Steuerpflichtige führt nur steuerpflichtige Umsätze aus. Der Umsatzsteuersatz beträgt für alle Jahre einheitlich 19 %. Auf Veränderungen der Gewerbesteuer ist nicht einzugehen. Die Voraussetzungen für eine Bilanzberichtigung sind gegeben.

Steuer- und Prüferbilanzen Anlage 1 (Aufgabe)

	StB	StB	Änderungen	PB
Aktiva	31.12.10	31.12.11		31.12.11
	Euro	Euro	Euro	Euro
Halle	0	124 800		
Pkw	0	16 000		
Maschinen	360 000	320 000		
Waren	200 000	220 000		
sonst. Aktiva	190 000	41 112		
Summe Aktiva	**750 000**	**721 912**		
Passiva				
Kapital	250 000	641 912		
RfE	0	0		
Rücklagen	0	0		
sonst. Passiva	500 000	80 000		
Summe Passiva	**750 000**	**721 912**		

TEIL B	Bilanzberichtigung/Berichtigungstechnik
Fallgruppe 10	

Mehr- und Weniger-Rechnung Anlage 2 (Aufgabe)

Tz.	Vorgang	10 +	10 ./.	11 +	11 ./.
	Summen abzüglich				
	Mehr/Weniger Gewinn lt. StB	+80 000		+90 000	
	Gewinn lt. Bp				

Anlage 3 (Aufgabe)

Kapitalkontenentwicklung	Steuerbilanz	Änderungen	Prüferbilanz
Kapital 1.1.10	170 000		
zzgl. Einlagen 10	100 000		
abzgl. Entnahmen 10	100 000		
zzgl. Gewinn 10	80 000		
Kapital 31.12.10	250 000		
zzgl. Einlagen 11	501 912		
abzgl. Entnahmen 11	200 000		
zzgl. Gewinn 11	90 000		
Kapital 31.12.11	641 912		

Einlagen 10   Einlagen 11

Tz. 1: Rücklage für Ersatzbeschaffung

Der Pkw des Redlich scheidet durch höhere Gewalt aus dem Betriebsvermögen aus. Daher ist grundsätzlich die Bildung einer Rücklage für Ersatzbeschaffung im Sinne des R 6.6 EStR möglich.

Begünstigt ist aber nur die Entschädigung für den Pkw selbst und nicht das Schmerzensgeld. Außerdem muss für die Berechnung der Rücklage die AfA bis zum Ausscheiden des Pkws berücksichtigt werden.

Da für die Ersatzbeschaffung nicht die volle Entschädigung verwendet wird, (20 000 € von 25 000 €) kann auch nicht die gesamte gebildete Rücklage begünstigt übertragen werden (H 6.6 Abs. 3/Mehrentschädigung EStR). $^1/_5$ der Rücklage ist bei Ersatzbeschaffung erfolgswirksam aufzulösen, die anderen $^4/_5$ = 19 200 € sind auf die Anschaffungskosten des Ersatzwirtschaftsguts zu übertragen. Dadurch verbleibt eine Abschreibungsbemessungsgrundlage von 800 €.

Im Einzelnen ergeben sich folgende Auswirkungen:

Pkw	StB	PB		Auswirkungen
1.1.10	6 000 €	6 000 €		–
Ausbuchung	6 000 €	–	Gewinn	+ 6 000 €
AfA 10	–	5 000 €	Gewinn	./. 5 000 €
Abgang	–	1 000 €	RfE	+ 24 000 €
			Einlage	./. 25 000 €
Zugang	20 000 €	20 000 €		–
Übertrag RfE	–	19 200 €	RfE	./. 24 000 €
			Gewinn	+ 4 800 €
Zwischensumme	20 000 €	800 €		
AfA 11	4 000 €	160 €	Gewinn	+ 3 840 €
31.12.11	16 000 €	640 €	Pkw	./. 15 360 €

Tz. 2: Re-Investitionsrücklage nach § 6b EStG

Der Steuerpflichtige braucht die stillen Reserven, die beim Verkauf des Lagerplatzes am 1.12.10 aufgedeckt wurden, nicht zu versteuern, sondern kann diese Reserven einer Reinvestitionsrücklage nach § 6b EStG zuführen. Das Vorliegen der allgemeinen Voraussetzungen des § 6b EStG wird aus Vereinfachungsgründen unterstellt. Insbesondere die Voraussetzung der 6-jährigen Zugehörigkeit zum Anlagevermögen ist laut Sachverhalt gegeben, da für die Berechnung der 6-Jahres-Frist nach R 6b.3 Abs. 4 EStR die Zeit der Zugehörigkeit des wegen höherer Gewalt am 1.1.05 ausgeschiedenen Lagerplatzes und die Zeit des Ersatzwirtschaftsgutes zusammengerechnet werden dürfen.

Der Buchwert des zum 1.12.10 verkauften Lagerplatzes ist zutreffend, auch wenn der Steuerpflichtige zum 1.1.07 bei der Anschaffung des Ersatzwirtschaftsgutes keine steuerlichen Konsequenzen gezogen hat. Er hätte die damals vorhandenen stillen Reserven (20 000 €) im Rahmen einer RfE auf die Anschaffungskosten des Ersatzwirtschaftsgutes (60 000 €) übertragen können, und hätte einen Buchwert von 40 000 € erreicht.

Die Rücklage nach § 6b EStG kann auf die Herstellungskosten der Lagerhalle übertragen werden (§ 6b Abs. 1 Satz 2 Nr. 3 EStG). Sie mindert die Abschreibungsbemessungsgrundlage. Die AfA beträgt 3 %.

TEIL B   Bilanzberichtigung/Berichtigungstechnik
Fallgruppe 10

Im Einzelnen ergeben sich folgende Auswirkungen:

Rücklage § 6b	StB	PB	Auswirkungen	
Rücklagenbildung	–	60 000 €	Einlagen	./. 60 000 €
31.12.10	–	60 000 €	6b-Rücklage	+ 60 000 €
Übertragung	–	60 000 €	Halle	./. 60 000 €
31.12.11	–	–		–

Halle	StB	PB	Auswirkungen	
Zugang 1.12.	130 000 €	130 000 €		–
6b-Rücklage	–	60 000 €	siehe oben	
	130 000 €	70 000 €		
AfA 11, $^1/_{12}$	5 200 €	175 €	Gewinn	+ 5 025 €
31.12.11	124 800 €	69 825 €	Halle	./. 54 975 €

Tz. 3: Warenbewertung

Die Ware ist zu allen Bilanzstichtagen mit den Anschaffungskosten i. H.v. 1 000 € zu bewerten. Nach § 6 Abs. 1 Nr. 2 Satz 2 EStG ist die Bewertung mit dem niedrigeren Teilwert nur bei dauernder Wertminderung möglich. Dies ist bei Umlaufvermögen nur dann der Fall, wenn ein gesunkener Wert bis zum Tag der Bilanzaufstellung unter den historischen Anschaffungskosten bleibt (FinMin vom 25.2.2000, S 2171b, Rz. 23 ff.). Laut Sachverhalt ist das nicht gegeben. Insoweit ist eine Abweichung der Steuerbilanz von der Handelsbilanz (siehe § 253 HGB) zwingend.

Auswirkungen:	10	11
Warenbestand bisher:	6 000 €	2 000 €
berichtigter Bestand	12 000 €	4 000 €
Gewinnauswirkung	+ 6 000 €	+ 2 000 €
Wechselwirkung	–	./. 6 000 €
Gewinnauswirkung insgesamt	+ 6 000 €	./. 4 000 €

Tz. 4: Investitionsabzugsbetrag

Die Maschine ist mit den Anschaffungskosten von 400.000 € zu aktivieren. Bei Inanspruchnahme der Steuervergünstigung des § 7g EStG steht dem Steuerpflichtigen maximal eine außerplanmäßige Abschreibung von 40 % der Anschaffungskosten der Maschine nach § 7g Abs. 2 Satz 2 EStG zu. Dieser Abschreibungsbetrag mindert die Bemessungsgrundlage sowohl für die Sonder-AfA nach § 7g Abs. 5 EStG und der planmäßigen AfA nach § 7 Abs. 1 EStG. Die Sonder-AfA beträgt danach 20 % von 240 000 € = 48 000 € und die planmäßige AfA $^1/_2$ von 10 % von 240 000 € = 12 000 € (10) und 24 000 € (11).

Berichtigungen bei Einzelunternehmen — TEIL B, Fallgruppe 10

Das Konto „Maschinen" stellt sich ab 10 wie folgt dar:

Maschinen	StB	PB		Auswirkungen
Zugang	400 000 €	400 000 €		–
Abschreibung nach § 7g Abs. 2 Satz 2	–	160 000 €	Gewinn (AfA)	./. 160.000 €
Abschreibung nach § 7g Abs. 5	–	48 000 €	Gewinn (AfA)	./. 48 000 €
AfA 10	40 000 €	12 000 €	Gewinn (AfA)	+ 28 000 €
31.12.10	360 000 €	180 000 €	Maschine	./. 180 000 €
AfA 11	40 000 €	24 000 €	Gewinn (AfA)	+ 16 000 €
31.12.11	320 000 €	156 000 €	Maschinen	./. 164 000 €

Darüber hinaus ist im Zeitpunkt der Anschaffung der Maschinen ein Betrag von 40 % der Anschaffungskosten der Maschine (160 000 €) nach § 7g Abs. 2 Satz 1 EStG außerhalb der Bilanz dem Gewinn 10 hinzuzurechnen.

Für das Jahr 09 muss außerdem eine Berichtigung der Veranlagung erfolgen, weil der Betrag von 40 000 €, der aus der Sicht aus 10 zuviel als Investitionsabzugsbetrag in 09 abgezogen wurde. Der Gewinn 09 ist außerhalb der Bilanz um diesen Betrag zu erhöhen. Bei der Veranlagung 09 ist § 233a AO zu beachten.

Steuer- und Prüferbilanzen   Anlage 1 (Lösung)

	StB	StB	Änderungen	PB
Aktiva	31.12.10	31.12.11		31.12.11
	Euro	Euro	Euro	Euro
Halle	0	124 800	./. 54 975	69 825
Pkw	0	16 000	./. 15 360	640
Maschinen	360 000	320 000	./. 164 000	156 000
Waren	200 000	220 000	2 000	222 000
sonst. Aktiva	190 000	41 112	0	41 112
Summe Aktiva	**750 000**	**721 912**	**./. 232 335**	**489 577**
Passiva				
Kapital	250 000	641 912	./. 232 335	409 577
RfE	0	0	0	0
Rücklagen	0	0	0	0
sonst. Passiva	500 000	80 000	0	80 000
Summe Passiva	**750 000**	**721 912**	**./. 232 335**	**489 577**

TEIL B Bilanzberichtigung/Berichtigungstechnik
Fallgruppe 10

Mehr- und Weniger-Rechnung   Anlage 2 (Lösung)

Tz.	Vorgang	10 +	10 ./.	11 +	11 ./.
1	Pkw, AfA	6 000	5 000	3 840	
	Auflösung RfE			4 800	
2	AfA Halle			5 025	
3	Warenbestand	6 000			4 000
4	AfA Maschinen	28 000	160 000	16 000	
			48 000		
	Summen	40 000	213 000	29 665	4 000
	abzüglich	213 000		4 000	
	Mehr/Weniger	./. 173 000		25 665	
	Gewinn lt. StB	+ 80 000		+ 90 000	
	Gewinn lt. Bp	./. 93 000		115 665	

Anlage 3 (Lösung)

Kapitalkontenentwicklung	Steuerbilanz	Änderungen	Prüferbilanz
Kapital 01.01.10	170 000		220 000
zzgl. Einlagen 10	100 000	./. 85 000	15 000
abzgl. Entnahmen 10	100 000		100 000
zzgl. Gewinn 10	80 000	./.173 000	./.93 000
Kapital 31.12.10	250 000	./. 258 000	./. 8 000
zzgl. Einlagen 11	501 912		501 912
abzgl. Entnahmen 11	200 000		200 000
zzgl. Gewinn 11	90 000	25 665	115 665
Kapital 31.12.11	**641 912**	**./. 232 335**	**409 577**

Gewinn 11 lt. Bilanz:	./. 93 000 €
Zurechnung außerhalb der Bilanz (§ 7g Abs. 2 Satz 1 EStG)	160 000 €
zu versteuern 11:	67 000 €

Einlagen 10	
25 000	
60 000	

214

III. Bilanzberichtigungen bei Personengesellschaften

Bilanzberichtigungen bei Personengesellschaften sind grundsätzlich genauso durchzuführen wie bei einer Einzelfirma. Es ergeben sich hierbei lediglich folgende Besonderheiten:

1. Die durch die Bp ermittelten Gewinne sind auf die Mitunternehmer zu verteilen, um die Kapitalkontenentwicklungen der einzelnen Mitunternehmer erstellen zu können.

▶ Hierbei können Probleme hinsichtlich solcher Gewinne auftreten, die durch Mehrentnahmen entstehen. Hier gilt der Grundsatz, dass denjenigen Mitunternehmern die Mehrgewinne, deren Zurechnung streitig ist, zuzurechnen sind, die sie tatsächlich erhalten haben.

▶ Im Übrigen folgt die Verteilung des steuerlichen Gewinns dem gesellschafts**vertraglichen** Gewinnverteilungsschlüssel.

▶ Sollte die vertragliche Gewinnverteilung ausnahmsweise jedoch von außerbetrieblichen Erwägungen beeinflusst sein, z.B. bei Familienpersonengesellschaften, ist diese steuerlich nicht maßgebend.

2. Die Vorschrift des § 15 Abs. 1 Nr. 2, 2. Halbsatz EStG ist zu beachten. Hiernach sind Vergütungen, die ein Gesellschafter von der Gesellschaft erhält

▶ für seine Tätigkeit im Dienste der Gesellschaft,

▶ für die Hingabe von Darlehen,

▶ für die Überlassung von Wirtschaftsgütern

als Einkünfte aus Gewerbebetrieb zu erfassen. Andererseits sind Sonderbetriebsausgaben einzelner Gesellschafter zu erfassen.

Die Ermittlung solcher „Gewinneinkünfte eines einzelnen Gesellschafters" geschieht in der Regel im Rahmen einer Sonderbilanz für diesen Gesellschafter.

Gesamthandsbereich:
Schwarzgeschäfte, Grundstücksanschaffung, immaterielles Wirtschaftsgut, Warenbewertung, Gewerbesteuerrückstellung

Sachverhalt

Die Firma Heinz Krawitz KG betreibt in Münster eine Maschinenherstellung und einen Handel mit Motoren. Die Gesellschaft wurde am 1.1.1968 gegründet und ist im Handelsregister eingetragen.

An der Gesellschaft sind beteiligt:

Heinz Krawitz als Komplementär mit	60 %
Franz Klein als Kommanditist mit	40 %

Der Gewinn wird aufgrund doppelter Buchführung durch Betriebsvermögensvergleich nach § 5 EStG in Verbindung mit § 4 Abs. 1 EStG ermittelt. Das Wirtschaftsjahr entspricht dem Kalenderjahr. Ende 07 fand bei der KG eine Außenprüfung für die Jahre 05 und 06 statt, die zu folgenden Feststellungen führte:

TEIL B
Fallgruppe 11
Bilanzberichtigung/Berichtigungstechnik

Tz. 1: Schwarzgeschäfte

Die KG hat in 05 und in 06 Waren zum Verkaufspreis von je 11 900 € veräußert. Diese Beträge wurden jeweils im Jahr der Veräußerung von den Gesellschaftern Krawitz und Klein zu 60 % bzw. zu 40 % vereinnahmt. In der Buchführung wurden diese Vorgänge nicht erfasst.

Tz. 2: Grundstück Münster, Hohe Straße 9

2.1

Mit Kaufvertrag vom 20. 7. 05 erwarb die KG das bebaute Grundstück Hohe Straße 9 von dem Kaufmann Max Fischer. Das auf dem Grundstück befindliche Gebäude wurde 1970 errichtet. Das Grundstück war bisher bereits zu 60 % für betriebliche Zwecke der KG angemietet worden, während der übrige Teil der Firma Emil Freund OHG als Büro diente.

Die Nutzungen und Lasten gingen am 1. 10. 05 auf die Käuferin über; die Eintragung in das Grundbuch erfolgte am 31. 1. 06. Als Kaufpreis wurden 780 000 € vereinbart, die durch die KG wie folgt entrichtet wurden:

Übernahme Hypothek	400 000 €
Banküberweisung am 1. 10. 05	380 000 €
	780 000 €

Buchung:

Gebäude	780 000 €	an	Hypothek	400 000 €
			Bank	380 000 €

Konto-Entwicklung:

Anschaffungskosten	780 000 €
AfA 05	3 900 €
AfA 06	15 600 €
31. 12. 06	760 500 €

Von dem Kaufpreis entfallen unstreitig 20 % auf den Grund und Boden.

Im Rahmen der Verhandlungen über die Höhe des Kaufpreises verzichtete die KG auf eine aus dem Jahre 04 stammende Forderung gegen Max Fischer in Höhe von 20 000 €; der Forderung lag eine Warenlieferung zugrunde. Der maßgebliche Steuersatz für diese Warenlieferung betrug 19 % Bei den Jahresabschlussarbeiten zum 31. 12. 06 buchte die Gesellschaft die Forderung als uneinbringlich aus:

Abschreibung auf Forderungen	16 807 €	an	Forderungen	20 000 €
Umsatzsteuer	3 193 €			

In der Bilanz zum 31. 12. 06 sind die Forderungen in Höhe von 20 000 € und die Umsatzsteuer in Höhe von 3 193 € nicht mehr ausgewiesen.

Im Jahre 05 entstandene Notarkosten – die Vorsteuer wurde zutreffend behandelt –, Grundbuchkosten sowie Grunderwerbsteuer in Höhe von insgesamt 45 000 € wurden am 20. 1. 06

vom betrieblichen Bankkonto beglichen und buchmäßig auf dem Konto „Haus- und Grundstücksaufwendungen" erfasst.

Am 20.12.05 bezahlte die KG 40 000 € Zinsen; dieser Betrag entfällt mit 24 000 € auf übernommene rückständige Zinsen des Verkäufers sowie mit je 8 000 € auf das 4. Quartal 05 und das 1. Quartal 06.

Buchung:

Haus- und Grundstücksaufwendungen   40 000 € an   Bank   40 000 €

2.2

Die an die Firma Emil Freund OHG vermieteten Büroräume benötigt die KG dringend für ihre eigenen betrieblichen Zwecke. Aus diesem Grunde bedrängte sie die OHG, auf die Erfüllung des mit Max Fischer für die Zeit vom 1.1.00 – 31.12.09 geschlossenen Mietvertrages zu verzichten. Nach zähen Verhandlungen willigte die OHG schließlich gegen eine Abstandszahlung von 29 155 € in einen Verzicht ab 1.12.05 ein. Nach Eingang einer von der KG geforderten ordnungsmäßigen Rechnung (mit offenem Steuerausweis) vom 10.1.06 überwies die Gesellschaft die Abstandszahlung am 15.1.06.

Gebucht wurde bei Zahlung:

Haus- und Grundstücksaufwendungen   24 500 € an   Bank   29 155 €
VoSt   4 655 €

Tz. 3: Waren

Die bilanzierten Vorräte sind mit den Netto-Einkaufspreisen zu den einzelnen Bilanzstichtagen bewertet worden.

a) Eine Rechnung der Firma Boris Flott, Bremen, vom 28.12.06 über 20 000 € netto ist zutreffend als Wareneingang des Jahres 06 verbucht worden. Eine Erfassung im Warenbestand unterblieb jedoch, da der **von der KG beauftragte** Frachtführer die Ware zwar am 30.12.06 übernahm, aber erst am 4.1.07 zustellte. Die Konditionen für diese Lieferung lauteten:

   „Zahlbar innerhalb von 14 Tagen mit 5 % Skonto oder netto nach 30 Tagen".

   Die Bezugskosten trägt vereinbarungsgemäß der Lieferant. Die Zahlung erfolgte am 10.1.07.

b) Bezugskosten (Einzelkosten) sind in 05 mit 292 160 € und in 06 mit 246 992 € entstanden. Sie beziehen sich auf die gesamten Wareneinkäufe von 5 312 000 € in 05 und von 5 744 000 € in 06.

c) Am 15.12.06 hat die Gesellschaft mit der „Motoric GmbH" in Frankfurt einen Kaufvertrag abgeschlossen, mit dem sie sich zur Abnahme von 400 Motoren der Marke „Daibe 500" zum Festpreis von 400 € zuzüglich 76 € Umsatzsteuer pro Motor verpflichtete. Von den in 06 gelieferten 220 Motoren hatte die KG bis zum Bilanzstichtag 180 verkauft; die restlichen 40 Motoren sind mit 16 000 € im Warenbestand enthalten.

Zum Jahreswechsel ist der Wiederbeschaffungspreis für den Artikel „Daibe 500" nachhaltig (auch bis zum Tage der Bilanzaufstellung) auf 350 € (einschließlich Bezugskosten) zuzüglich Umsatzsteuer gesunken.

Tz. 4: Gewerbesteuerrückstellung

Die bisher für die Prüfungsjahre zutreffend gebildeten Gewerbesteuerrückstellungen sind ggf. zu berichtigen (Hebesatz 400 %). Bisher wurden 52 360 € für 05 und 62 860 € für 06 als Gewerbesteueraufwand gebucht.

HINWEISE

- Bilanzierungs- und Bewertungswahlrechte sind so auszuüben, dass sich für die beiden Kalenderjahre der jeweils niedrigste Gewinn ergibt.
- Die Veranlagungen 05 und 06 stehen unter dem Vorbehalt der Nachprüfung.
- Die Buchwerte entsprechen den Inventurwerten, soweit in den einzelnen Tz. nichts anderes gesagt wird.
- Centbeträge sind nach kaufmännischen Regeln auf- bzw. abzurunden.

Aufgabe

- Bei der Lösung ist für die Prüfungsjahre die Rechtslage zum 1. 4. 2013 zu berücksichtigen.
- Die Prüfungsfeststellungen für die Jahre 05 und 06 sind auszuwerten. Die Entscheidungen sind unter Angabe der Rechtsgrundlagen kurz zu begründen.
- Soweit Bilanzansätze, Entnahmen, Einlagen oder Erfolgsposten durch die Prüfungsfeststellungen geändert werden, sind die Korrekturen zahlenmäßig zu entwickeln.
- Gewinnberichtigungen sind für jeden Fehler einzeln nach der GuV-Methode zu ermitteln und in der Mehr- und Weniger-Rechnung darzustellen (Anlage 2).
- Die Prüferbilanz zum 31. 12. 06 ist zu erstellen (Anlage 1).
- Berichtigte Kapitalkontenentwicklungen sind zu erstellen (Anlage 3).
- Der einheitlich und gesondert festzustellende Gewinn ist zu ermitteln (Anlage 4).

Bilanzberichtigungen bei Personengesellschaften — TEIL B, Fallgruppe 11

Steuer- und Prüferbilanzen — Anlage 1

	StB 31.12.05	StB 31.12.06	Änderungen	PB 31.12.06
Aktiva				
Immat. Wirtschaftsgut	30 000	30 000		
Grund u. Boden	–	–		
Gebäude	776 100	760 500		
Maschinen	250 000	300 000		
Fuhrpark	150 000	180 000		
Büroausstattung	40 000	25 000		
Vorräte	600 000	550 000		
Geldkonten	90 000	270 000		
Forderungen	1 200 000	1 350 000		
Wertpapiere	30 000	35 000		
Summe Aktiva	3 166 100	3 500 500		
Passiva				
Kapital Heinz Krawitz	850 000	935 200		
Kapital Franz Klein	526 100	625 300		
Rückstellungen (einschl. GewSt-Rückst.)	80 000	170 000		
Verbindlichkeiten	1 250 000	1 320 000		
Darlehen	395 000	380 000		
Umsatzsteuer	65 000	70 000		
Summe Passiva	3 166 100	3 500 500		

Mehr- und Weniger-Rechnung — Anlage 2

		05		06	
Tz.	Vorgang	+	./.	+	./.
	Summen abzüglich				
	Mehr/Weniger				
	Gewinn lt. StB	410 000		485 000	
	Gewinn lt. PB				

TEIL B
Fallgruppe 11

Bilanzberichtigung/Berichtigungstechnik

Kapitalkontenentwicklung   Anlage 3

	Krawitz			Klein		
	StB	Änderung	PB	StB	Änderung	PB
31.12.04	795 000			501 000		
Entnahmen	./. 206 000			./. 138 900		
Einlagen	15 000			–		
Gewinn	246 000			164 000		
31.12.05	850 000			526 100		
Entnahmen	./. 210 800			./. 119 800		
Einlagen	5 000			25 000		
Gewinn	291 000			194 000		
31.12.06	935 200			625 300		

Einheitliche und gesonderte Feststellung des Gewinns aus Gewerbebetrieb unter Zugrundelegung der Prüfungsergebnisse   Anlage 4

Für 05	Krawitz	Klein	Gesamt
Gewinn der KG			

Für 06	Krawitz	Klein	Gesamt
Gewinn der KG			

Tz. 1: Umsatzsteuer aus Schwarzgeschäften

Umsatzsteuer	StB	PB	Auswirkungen	
Zugang 05	–	1 900	PE Krawitz	+ 7 140
			(60 % von 11 900)	
			PE Klein	+ 4 760
			Gewinn (WVK)	+ 10 000
31. 12. 05	–	1 900	(+ 1 600)	
Zugang 06	–	1 900	PE Krawitz	+ 7 140
			(60 % von 11 900)	
			PE Klein	+ 4 760
			Gewinn (WVK)	+ 10 000
31. 12. 06	–	3 800	(+ 3 800)	

Sollten Sie die Auswirkungen direkt erkennen (z. B. dadurch, dass Sie sich die „fehlenden Buchungssätze" vorstellen), ist die obige Staffel selbstverständlich entbehrlich. Es ist jedoch darauf hinzuweisen, dass die Auswirkungen auf Bilanzposten (hier: Umsatzsteuer), auf die Entnahmen der Gesellschafter und den Gewinn der Jahre 05 und 06 immer darzustellen sind.

Tz. 2.1:

Das Grundstück gehört seit dem 1. 10. 05 zum Betriebsvermögen der KG. Das Gebäude besteht im Zeitpunkt des Erwerbs aus zwei selbständigen Wirtschaftsgütern, da es teils eigenbetrieblich, teils fremdbetrieblich genutzt wird. Nach der Nutzungsänderung zum 1. 12. 05 dient das Gebäude ausschließlich eigenen betrieblichen Zwecken der KG und stellt danach ein Wirtschaftsgut dar. Die damit verbundene Änderung des Volumens des eigengenutzten Teils hat keine Auswirkungen auf die AfA-Methode (2 % zeitanteilig nach § 7 Abs. 4 Nr. 2a EStG) und die für die jeweilige AfA-Methode maßgebliche Bemessungsgrundlage (R 7.4 Abs. 10 Satz 2 EStR).

Neben dem eigenbetrieblich genutzten Gebäudeteil gehört auch der zunächst vermietete Teil zum notwendigen Betriebsvermögen der KG (R 4.2 Abs. 11 Satz 1 EStR). Denn nur solche Wirtschaftsgüter des Gesamthandsvermögens können nicht Betriebsvermögen sein, die notwendiges Privatvermögen der Mitunternehmer darstellen (H 4.2 Abs. 11 (Ausnahmen bei privater Nutzung) EStH).

Grund und Boden und Gebäude sind mit den entsprechenden Anschaffungskosten getrennt in der Bilanz auszuweisen. Neben dem Kaufpreis von 780 000 € gehören auch die vom Verkäufer geschuldeten und von der KG übernommenen rückständigen Zinsen für die Zeit vom 1. 1. – 30. 9. 05 zu den Anschaffungskosten. Die übrigen Zinsen stellen abzugsfähige Betriebsausgaben dar; 8 000 € für das 1. Quartal 06 sind jedoch zum 31. 12. 05 aktiv abzugrenzen.

Notar- und Grundbuchkosten sowie Grunderwerbsteuer in Höhe von 45 000 € fallen in den unmittelbaren Bereich des Anschaffungsvorgangs und sind als Einzelkosten Bestandteil der Anschaffungskosten. Ebenfalls in unmittelbarem Zusammenhang mit dem Grundstückserwerb steht der Forderungsverzicht gegenüber dem Verkäufer Max Fischer. Die Forderung ist mit dem Kaufpreis verrechnet worden. Der Wert der Forderung gehört zu den Anschaffungskosten.

Konto Gebäude	StB	PB	Auswirkungen	
Zugang 1.10.05				
Kaufpreis	780 000	780 000		–
Übernommene Zinsen	–	24 000	Gewinn 05	+ 24 000
Nebenkosten	–	45 000	sonst. Verb. 05	+ 45 000
Forderungsverrechnung	–	20 000	Forderung 05	./. 20 000
	780 000	869 000		
GruBo 20 % (lt. Sachverhalt)	–	173 800	GruBo 05	+ 173 800
	780 000	695 200		
AfA 05 (3/12)	3 900	./. 3 476	Gewinn 05	+ 424
31.12.05	776 100	691 724	(– 84 376)	
AfA 06	15 600	./. 13 904	Gewinn 06	+ 1 696
31.12.06	760 500	677 820	(– 82 680)	

Konto sonst. Verb.	StB	PB	Auswirkungen	
31.12.05	–	45 000	(Gebäude + 45 000 s. oben)	
Zahlung in 06	–	./. 45 000	Gewinn 06	+ 45 000
31.12.06	–	–		

Konto Ford.	StB	PB	Auswirkungen	
31.12.06	20 000	–	(Gebäude + 20 000 s. oben)	
Buchung 06	20 000	–	Gewinn 06	+ 16 807
			USt 06	+ 3 193
	–	–		

Konto RAP	StB	PB	Auswirkungen	
31.12.05	–	8 000	Gewinn 05	+ 8 000
Auflösung 06	–	./. 8 000	Gewinn 06	./. 8 000
31.12.06	–	–		

Tz. 2.2:

Abstandszahlungen beim Erwerb eines Grundstücks an den Mieter für die Räumung vor Ablauf der Mietzeit sind als Anschaffungskosten eines immateriellen Wirtschaftsguts (eines sonstigen Vorteils im Sinne der R 5.5 Abs. 1 EStR) zu aktivieren. Die Anschaffungskosten dieses als selbständiges Wirtschaftsgut aktivierten wirtschaftlichen Vorteils sind gemäß § 7 Abs. 1 EStG gleichmäßig zwischen dem vereinbarten Räumungstermin (1.10.05) und dem im ursprünglichen Mietvertrag vereinbarten Ablauf des Mietverhältnisses (31.12.09) abzuschreiben.

Immaterielles Wirtschaftsgut	StB	PB	Auswirkungen	
Anschaffungskosten 1.10.05	–	24 500	sonst. Verb.	+ 24 500
Abschreibung: 05 ($^1/_{49}$)	–	./. 500	Gewinn	./. 500
31.12.05	–	24 000	(+ 24 000)	
Abschreibung 06 ($^{12}/_{49}$)	–	./. 6 000	Gewinn	./. 6 000
31.12.06	–	18 000	(+ 18 000)	

Sonstige Verbindlichkeiten	StB	PB	Auswirkungen	
Zugang 05	–	24 500	s. oben	
31.12.05	–	./. 24 500	(+ 24 500)	
Zahlung 06	–	./. 24 500	Gewinn	+ 24 500
31.12.06	–	–		

Tz. 3:

a) Die KG ist am 30.12.06 Eigentümerin der Waren geworden. Gefahr und Risiko sind auf die Erwerberin übergegangen, da an den von ihr beauftragten Frachtführer die Ware übergeben wurde.

Die Waren sind mit 20 000 € im Warenbestand zu erfassen. Eine Bewertung unter den Anschaffungskosten durch mögliche Inanspruchnahme von Skonto entfällt, da die Minderung – wenn überhaupt – erst nach dem Bilanzstichtag eintritt.

b) Die Warenbezugskosten müssen als Anschaffungsnebenkosten der Warenvorräte berücksichtigt werden. Sie betragen zum 31.12.05 (292 160 € : 5 312 000 € =) **5,5 %** und zum 31.12.06 (246 992 € : 5 744 000 € =) **4,3 %** des jeweiligen (vorläufigen) Inventurwertes:

Bestandserhöhung 31.12.05   5,5 % von 600 000 € = 33 000 €
Bestandserhöhung 31.12.06   4,3 % von 550 000 € = 23 650 €

c) Handelsrechtlich sind die Waren als Umlaufvermögen gemäß § 253 Abs. 4 HGB zwingend mit dem niedrigeren Wert anzusetzen. Mit diesem Wert ist der Warenposten gemäß § 6 Abs. 1 Nr. 2 EStG auch in der Steuerbilanz anzusetzen, es sei denn, im Rahmen der Ausübung des in § 6 Abs. 1 EStG formulierten steuerlichen Wahlrechtes (Ansatz mit Anschaffungskosten **oder** dem niedrigeren Teilwert bei dauernder Wertminderung) wird ein anderer Ansatz gewählt. Dies ist hier nicht der Fall, da laut Aufgabenstellung der niedrigst mögliche Ansatz zu wählen ist.

Dieser Warenposten ist daher mit dem Teilwert von 14 000 € (= 40 x 350 €) zu bewerten. Bisher wurde (nach Auswertung der Lösung zu Tz 3b) dieser Bilanzposten wie folgt bewertet: Anschaffungskosten 16 000 € (= 40 x 400 €) + Nebenkosten 688 € (4,3 % von 16 000 €) = 16 688 €.

Damit ergibt sich eine Bestands- und Gewinnminderung von 2 688 € (16 688 € ./. 14 000 €).

TEIL B
Fallgruppe 11
Bilanzberichtigung/Berichtigungstechnik

Zusammenstellung

	31.12.05	31.12.06
Waren lt. StB	600 000	550 000
+ Mehr lt. Buchstabe a)	–	20 000
+ Mehr lt. Buchstabe b)	33 000	23 650
– Weniger lt. Buchstabe c)	–	./. 2 688
Waren lt. PB	633 000	590 962
– Waren – Bisher	600 000	550 000
Betriebsvermögen – Mehr	33 000	40 962
	–	./. 33 000
Gewinnerhöhung (= WES-Minderung)	33 000	7 962

Tz. 4:

	05	06
Mehrgewinne		
lt. Tz. 1	+ 10 000	+ 10 000
lt. Tz. 2.1	+ 24 000	+ 16 807
	+ 424	+ 45 000
	+ 8 000	+ 1 696
	–	./. 8 000
lt. Tz 2.2	./. 500	./. 6 000
	–	+ 24 500
lt. Tz. 3	+ 33 000	+ 7 962
	+ 74 924	+ 91 965
GewSt-Mehr = 3,5 % x 400 % der Mehrgewinne	10 489	12 875

Mehr-GewSt	StB	PB	Auswirkungen	
Zugang 05	–	10 489	Gewinn	./. 10 489
31.12.05	–	10 489	(+ 10 489)	
Zugang 06	–	12 875	Gewinn	./. 12 875
31.12.06	–	23 364	(+ 23 364)	

Für die Gewerbesteuer, die für nach dem 31.12.2007 endende Erhebungszeiträume festgesetzt wird, gilt gemäß § 4 Abs. 5b EStG: Die Gewerbesteuer ist keine Betriebsausgabe mehr. Da die Zahlung von Gewerbesteuern jedoch keine Privatentnahme darstellt, wird die Gewerbesteuer als Betriebsausgabe erfasst und anschließend außerhalb der Bilanz dem Gewinn hinzugerechnet

	05	06
Bisheriger Gewerbesteueraufwand	52 360	62 860
Mehr-GewSt	10 489	12 875
Hinzuzurechnen außerhalb der Bilanz:	62 849	75 735

Steuer- und Prüferbilanzen Anlage 1 (Lösung)

	StB	StB	Änderungen		PB
Aktiva	31.12.05	31.12.06			31.12.06
Immat. Wirtschaftsgut	30 000	30 000	2)	+ 18 000	48 000
Grund u. Boden	–	–	2)	+173 800	173 800
Gebäude	776 100	760 500	2)	./. 82 680	677 820
Maschinen	250 000	300 000			300 000
Fuhrpark	150 000	180 000			180 000
Büroausstattung	40 000	25 000			25 000
Vorräte	600 000	550 000	3)	+ 40 962	590 962
Geldkonten	90 000	270 000			270 000
Forderungen	1 200 000	1 350 000			1 350 000
Wertpapiere	30 000	35 000			35 000
Summe Aktiva	3 166 100	3 500 500			3 650 582
Passiva					
Kapital Heinz Krawitz	850 000	935 200	s. Anlage 3		1 007 035
Kapital Franz Klein	526 100	625 300	s. Anlage 3		673 190
Rückstellungen (einschl. GewSt-Rückst.)	80 000	170 000	4)	+ 23 364	193 364
Verbindlichkeiten	1 250 000	1 320 000			1 320 000
Darlehen	395 000	380 000			380 000
Umsatzsteuer	65 000	70 000	1)	+ 3 800	76 993
			2)	+ 3 193	
Summe Passiva	3 166 100	3 500 500			3 650 582

TEIL B Bilanzberichtigung/Berichtigungstechnik
Fallgruppe 11

Mehr- und Weniger-Rechnung Anlage 2 (Lösung)

Tz.	Vorgang	05 +	05 ./.	06 +	06 ./.
1	WVK	10 000		10 000	
2.1	Zinsen	24 000			
	AfA	424		1 696	
	Hausaufwand			45 000	
	Forderungsabschreibung			16 807	
	Zinsen	8 000			8 000
2.2	Hausaufwand			24 500	
	Abschreibung		500		6 000
3	WES	33 000		7 962	
4	GewSt-Aufwand		10 489		12 875
	Summen	75 424	10 989	105 965	26 875
	abzüglich	10 989		26 875	
	Mehr/Weniger	64 435		79 090	
	Gewinn lt. StB	410 000		485 000	
	Gewinn lt. PB	474 435		564 090	

Kapitalkontenentwicklung Anlage 3 (Lösung)

	Krawitz StB	Krawitz Änderung	Krawitz PB	Klein StB	Klein Änderung	Klein PB
31.12.04	795 000		795 000	501 000		501 000
Entnahmen	./. 206 000	1) + 7 140	./. 213 140	./. 138 900	1) + 4 760	./. 143 660
Einlagen	15 000		15 000	–		–
Gewinn	246 000		284 661	164 000		189 774
31.12.05	850 000		881 521	526 100		547 114
Entnahmen	./. 210 800	1) + 7 140	./. 217 940	./. 119 800	1) + 4 760	./. 124 560
Einlagen	5 000		5 000	25 000		25 000
Gewinn	291 000		338 454	194 000		225 636
31.12.06	935 200		1 007 035	625 300		673 190

Bilanzberichtigungen bei Personengesellschaften TEIL B
Fallgruppe 12

Einheitliche und gesonderte Feststellung des Gewinns aus Gewerbebetrieb
unter Zugrundelegung der Prüfungsergebnisse   Anlage 4 (Lösung)

Für 05	Krawitz	Klein	Gesamt
Gewinn der KG lt Bilanz: 474 435			
Aufzuteilen 60:40	284 661	189 774	474 435
Außerhalb hinzuzurechnen (Tz. 4)	37 709	25 140	62 849
	322 370	214 914	537 284

Für 06	Krawitz	Klein	Gesamt
Gewinn der KG lt. Bilanz: 555 628			
Aufzuteilen 60:40	338 454	225 636	564 090
Außerhalb hinzuzurechnen (Tz. 4)	45 441	30 294	75 735
	383 895	255 930	639 825

FALLGRUPPE 12

Gewinnverteilung, Vorabvergütungen, Entnahmen eines Gesellschafters, Rückstellungen

Sachverhalt

Die Firma Mangold und Co. KG betreibt in Münster einen Handel mit Baustoffen und die Herstellung von Betonsteinen. Die Gesellschaft wurde am 1.1.1978 gegründet und ist im Handelsregister eingetragen.

An der Gesellschaft sind beteiligt:

Heinz Mangold als Komplementär mit	60 %
Franz Neumann als Kommanditist mit	40 %

Der Gewinn wird aufgrund doppelter Buchführung durch Betriebsvermögensvergleich nach § 5 EStG in Verbindung mit § 4 Abs. 1 EStG ermittelt. Das Wirtschaftsjahr entspricht dem Kalenderjahr. Ende 07 fand bei der KG eine Außenprüfung für die Jahre 05 und 06 statt, die zu folgenden Feststellungen führte:

Tz. 1: Gewinnverteilung

Der Steuerberater der Firma hat bei den Abschlussarbeiten der Prüfungsjahre versehentlich die vertraglichen Gewinnverteilungsabreden nicht beachtet.

TEIL B — Bilanzberichtigung/Berichtigungstechnik
Fallgruppe 12

§ 5 des Gesellschaftsvertrages lautet:

Der Gewinn bzw. der Verlust wird wie folgt verteilt:

- *Haftungsvergütung für den unbeschränkt haftenden Komplementär in Höhe von 30 000 € pro Wirtschaftsjahr.*
- *Die Kapitalkonten I der Gesellschafter werden mit 6 % pro Wirtschaftsjahr verzinst. Eine Verzinsung der Kapitalkonten II erfolgt nicht.*
- *Der Restgewinn (bzw. -verlust) wird wie folgt verteilt:*

    60 % an Heinz Mangold,

    40 % an Franz Neumann.

Tz. 2: Haftungsvergütung

Im Januar 07 hat Heinz Mangold sich die ihm laut Gesellschaftsvertrag zustehenden Haftungsvergütungen für 05 und 06 von je 30 000 € auszahlen lassen. Im Auszahlungszeitpunkt buchte die KG:

PE Heinz Mangold	60 000 €	an	Geldkonto	60 000 €

Tz. 3: Erwerb einer Modelleisenbahn

Ende Januar 06 erwarb Heinz Mangold eine Modellbaueisenbahn für seinen Sohn Walter für 1 000 € + 190 € Umsatzsteuer. Die Rechnung hierüber wurde an die KG gerichtet und von dieser am 4. 2. 06 vom betrieblichen Bankkonto bezahlt. Der Buchhalter der KG erfasste diesen Vorgang wie folgt:

Sonst. Aufwand	1 000 €	an	Geldkonto	1 190 €
VoSt	190 €			

Tz. 4: Fertigbauteile

Am 20. 1. 05 wurden 100 Fertigbauteile zu 150 € pro Stück (zuzüglich 300 € Transportkosten + Umsatzsteuer) bei dem Hauptlieferanten bestellt. Die Auslieferung erfolgte zum 19. 1. 06.

Diese Bauteile waren seit der zweiten Dezemberhälfte 05 einem erheblichen Preisverfall unterworfen. Ende Dezember 05 hätte die KG die gleichen Fertigbauteile für 110 € pro Stück (zuzüglich Umsatzsteuer) erwerben können, ohne dass zusätzlich Transportkosten zu zahlen gewesen wären. In der Bilanz zum 31. 12. 05 wurde eine Rückstellung von 4 000 € ausgewiesen.

HINWEIS

- Bilanzierungs- und Bewertungswahlrecht sind so auszuüben, dass sich für die beiden Kalenderjahre der jeweils niedrigste Gewinn ergibt.
- Die Veranlagungen 05 und 06 stehen unter dem Vorbehalt der Nachprüfung.

Bilanzberichtigungen bei Personengesellschaften — TEIL B, Fallgruppe 12

- Die Buchwerte entsprechen den Inventurwerten, soweit in den einzelnen Tz. nichts anderes gesagt wird.
- Auf Gewerbesteuer und Gewerbesteuerrückstellungen ist aus Vereinfachungsgründen nicht einzugehen.

Aufgabe
- Bei der Lösung ist für die Prüfungsjahre die Rechtslage zum 1.4.2013 zu berücksichtigen.
- Die Prüfungsfeststellungen für die Jahre 05 und 06 sind auszuwerten. Die Entscheidungen sind unter Angabe der Rechtsgrundlagen kurz zu begründen. Auch auf handelsrechtliche Vorschriften ist ggf. einzugehen.
- Soweit Bilanzansätze, Entnahmen, Einlagen oder Erfolgsposten durch die Prüfungsfeststellungen geändert werden, sind die Korrekturen zahlenmäßig zu entwickeln.
- Gewinnberichtigungen sind für jeden Fehler einzeln nach der GuV-Methode zu ermitteln und in der Mehr- und Weniger-Rechnung darzustellen (Anlage 2).
- Die Prüferbilanz zum 31.12.06 ist zu erstellen (Anlage 1); hierbei sind zwingend die steuerrechtlichen Vorschriften zu beachten.
- Berichtigte Kapitalkontenentwicklungen sind zu erstellen (Anlage 3).
- Der einheitlich und gesondert festzustellende Gewinn ist zu ermitteln (Anlage 4).

Steuer- und Prüferbilanzen — Anlage 1

	StB 31.12.05	StB 31.12.06	Änderungen	PB 31.12.06
Aktiva	3 166 000	3 500 000		
Summe Aktiva	3 166 000	3 500 000		
Passiva				
Kapital I Heinz Mangold	600 000	600 000		
Kapital II Heinz Mangold	250 000	335 000		
Kapital I Franz Neumann	400 000	400 000		
Kapital II Franz Neumann	126 000	225 000		
Sonstige Verbindlichkeiten	46 000	60 000		
Rückstellungen	4 000	0		
Umsatzsteuer	4 000	17 000		
Sonstige Passiva	1 736 000	1 863 000		
Summe Passiva	3 166 000	3 500 000		

TEIL B — Bilanzberichtigung/Berichtigungstechnik
Fallgruppe 12

Mehr- und Weniger-Rechnung   Anlage 2

Tz.	Vorgang	05 +	05 ./.	06 +	06 ./.
	Summen				
	Abzüglich				
	Mehr/Weniger				
	Gewinn lt. StB				
	Gewinn lt. PB				

Kapitalkontenentwicklung   Anlage 3

	Mangold StB	Mangold Änderung	Mangold PB	Neumann StB	Neumann Änderung	Neumann PB
31.12.04	165 000			99 000		
Entnahmen	./. 206 000			./. 138 000		
Einlagen	45 000			1 000		
Gewinn	246 000			164 000		
31.12.05	250 000			126 000		
Entnahmen	./. 210 000			./. 119 000		
Einlagen	4 000			24 000		
Gewinn	291 000			194 000		
31.12.06	335 000			225 000		

Einheitliche und gesonderte Feststellung des Gewinns aus Gewerbebetrieb unter Zugrundelegung der Prüfungsergebnisse   Anlage 4

Für 05	Mangold	Neumann	Gesamt
Gewinn der KG			
– Vorab-Gewinnanteile			
Restgewinn			

Für 06	Mangold	Neumann	Gesamt
Gewinn der KG			
– Vorab-Gewinnanteile			
Restgewinn			

Lehrbuch Buchführung und Bilanzsteuerrecht, Rdn. 1560 ff.

Tz. 1:

Von dem in der Mehr- und Weniger-Rechnung festgestellten Gewinn sind Mangold zunächst sowohl für 05 als auch für 06 je 30 000 € vorab zuzurechnen (Haftungsvergütung), ebenso wie die jeweiligen Verzinsungen für das Kapital I den Gesellschaftern als Vorabgewinn zugerechnet werden müssen.

Der verbleibende Restgewinn ist auf die Gesellschafter im Verhältnis 60:40 zu verteilen.

Die zahlenmäßige Abwicklung ergibt sich aus der Anlage 4.

Tz. 2:

Wird die Haftungsvergütung ausgezahlt (oder auch nicht ausgezahlt), berührt dies lediglich das Kapitalkonto II. Es ist daher nichts zu ändern.

Tz. 3:

Es handelt sich hierbei um Entnahmen des Mangold in Höhe von 1 190 €. Es ergeben sich folgende Änderungen:

PE Mangold	+ 1 190	USt 06	+ 190
		Gewinn 06	+ 1000

Tz. 4:

Nach § 249 Abs. 1 Satz 1 HGB ist in der Handelsbilanz eine Rückstellung für drohende Verluste aus schwebenden Geschäften zu passivieren. Der drohende Verlust beträgt 4 300 € (100 x (150 € ./. 110 €) + 300 €); die Ursache liegt in dem bis zum Bilanzstichtag eingetretenen Preisverfall.

TEIL B — Bilanzberichtigung/Berichtigungstechnik

Fallgruppe 12

Damit ist die in der Handelsbilanz zum 31.12.05 die Rückstellung um 300 € zu erhöhen.

In der Steuerbilanz darf eine Rückstellung für drohende Verluste gemäß § 5 Abs. 4a EStG nicht passiviert werden.

Daraus ergeben sich **für die Steuerbilanz** folgende Auswirkungen:

Kontenentwicklung Rückstellung	StB	PB	Auswirkungen
Zuführung zur RSt in 05	4 000	0	Gewinn 05 + 4 000
31.12.05	4 000	0	(./. 4 000)
Auflösung der RSt in 06	./. 4 000	0	Gewinn 06 ./. 4 000
31.12.06	0	0	

Steuer- und Prüferbilanzen Anlage 1 (Lösung)

	StB 31.12.05	StB 31.12.06	Änderungen	PB 31.12.06
Aktiva	3 166 000	3 500 000		3 500 000
Summe Aktiva	3 166 000	3 500 000		3 500 000
Passiva				
Kapital I Heinz Mangold	600 000	600 000		600 000
Kapital II Heinz Mangold	250 000	335 000	s. Anlage 3	358 410
Kapital I Franz Neumann	400 000	400 000		400 000
Kapital II Franz Neumann	126 000	225 000	s. Anlage 3	201 400
Sonstige Verbindlichkeiten	46 000	60 000		60 000
Rückstellungen	4 000	0	3) + 190	0
Umsatzsteuer	4 000	17 000		17 190
Sonstige Passiva	1 736 000	1 863 000		1 863 000
Summe Passiva	3 166 000	3 500 000		3 500 000

Mehr- und Weniger-Rechnung

Anlage 2 (Lösung)

Tz.	Vorgang	05 +	05 ./.	06 +	06 ./.
3	Sonst. Aufwand			1 000	
4	s. b. Aufwand	4 000			4 000
	Summen	4 000		1 000	4 000
				./. 4 000	
	Mehr/Weniger	4 000		./. 3 000	
	Gewinn lt. StB	410 000		485 000	
	Gewinn lt. PB	414 000		482 000	

Kapitalkontenentwicklung

Anlage 3 (Lösung)

	Mangold StB	Mangold Änderung	Mangold PB	Neumann StB	Neumann Änderung	Neumann PB
31.12.04	165 000		165 000	99 000		99 000
Entnahmen	./. 206 000		./. 206 000	./. 138 000		./. 138 000
Einlagen	45 000		45 000	1 000		1 000
Gewinn	246 000	s. Anlage 4	260 400	164 000	s. Anlage 4	153 600
31.12.05	250 000		264 400	126 000		115 600
Entnahmen	./. 210 000	3) + 1 190	./. 211 190	./. 119 000		./. 119 000
Einlagen	4 000		4 000	24 000		24 000
Gewinn	291 000	s. Anlage 4	301 200	194 000	s. Anlage 4	180 800
31.12.06	335 000		358 410	225 000		201 400

TEIL B — Bilanzberichtigung/Berichtigungstechnik
Fallgruppe 12

Einheitliche und gesonderte Feststellung des Gewinns aus Gewerbebetrieb unter Zugrundelegung der Prüfungsergebnisse

Anlage 4 (Lösung)

Für 05		Mangold	Neumann	Gesamt
Gewinn der KG	414 000			
– Vorab-Gewinnanteile				
Haftungsvergütung	./. 30 000	30 000		30 000
Kapitalverzinsung				
6 % von 600 000	./. 36 000	36 000		36 000
6 % von 400 000	./. 24 000		24 000	4 000
Restgewinn	324 000			
zu verteilen 60:40		194 400	129 600	324 000
		260 400	153 600	414 000

Für 06		Mangold	Neumann	Gesamt
Gewinn der KG	482 000			
– Vorab-Gewinnanteile				
Haftungsvergütung	./. 30 000	30 000		30 000
Kapitalverzinsung				
6 % von 600 000	./. 36 000	36 000		36 000
6 % von 400 000	./. 24 000		24 000	24 000
Restgewinn	392 000			
zu verteilen 60:40		235 200	156 800	392 000
		301 200	180 800	482 000

ANMERKUNG ▶ Laut Aufgabenstellung (Hinweise) ist auf die Gewerbesteuer nicht einzugehen. Grundsätzlich ergibt sich für die Gewerbesteuer Folgendes:

Für die Gewerbesteuer, die für nach dem 31.12.2007 endende Erhebungszeiträume festgesetzt wird, gilt gemäß § 4 Abs. 5b EStG: Die Gewerbesteuer ist keine Betriebsausgabe mehr. Da die Zahlung von Gewerbesteuern jedoch keine Privatentnahme darstellt, wird die Gewerbesteuer als Betriebsausgabe erfasst und anschließend außerhalb der Bilanz dem Gewinn hinzugerechnet.

Sonderbilanzen:
Grundstück, Umsatzsteuer in Sonderbilanzen, Architektenleistungen, Verkäufe an Gesellschaft, Anschaffung von geringwertigen Wirtschaftsgütern, Entnahme von geringwertigen Wirtschaftsgütern

Sachverhalt

Die Firma All & Co. OHG betreibt in Nordkirchen einen Handel mit Baumaschinen und Werkzeugen und einen Herstellungsbetrieb für Eisenteile. Die Gesellschaft wurde am 1.1.1968 gegründet und ist im Handelsregister eingetragen.

An der Gesellschaft sind die Gesellschafter All und Ball mit je 50 % beteiligt.

Der Gewinn wird aufgrund doppelter Buchführung durch Betriebsvermögensvergleich nach § 5 EStG in Verbindung mit § 4 Abs. 1 EStG ermittelt. Ende 07 fand bei der OHG eine Außenprüfung für die Jahre 05 und 06 statt, die zu folgenden Ergebnissen führte:

Tz. 1: Grundstück Nordkirchen, Rosenstraße 7

Heinz All hat vor 20 Jahren das unbebaute Grundstück Rosenstraße 7 umsatzsteuerfrei für 70 000 € erworben und mit einem Zweifamilienhaus bebaut, das am 1.10.03 bezugsfertig wurde. Die Herstellungskosten haben 640 000 € betragen. In diesem Betrag war ein gesondert ausgewiesener Umsatzsteuerbetrag von 50 000 € enthalten. Das Grundstück ist unbelastet.

Ab dem 1.1.05 werden zwei Räume (5 % der Gebäudenutzfläche) als Büro an die KG gegen eine angemessene Miete von jährlich 3 000 € zuzüglich 570 € Umsatzsteuer vermietet.

Das Grundstück ist in den Bilanzen der OHG nicht ausgewiesen.

Die am 15. jeden Monats von der OHG gezahlten Mieten wurden auf den Konten „Mietaufwendungen" und „Vorsteuer" erfasst. Weitere Buchungen wurden nicht vorgenommen.

Die Haus- und Grundstücksaufwendungen (ohne AfA) wurden von All privat gezahlt. Sie betrugen:

05: 8 000 € zuzüglich 420 € Umsatzsteuer,

06: 7 500 € zuzüglich 220 € Umsatzsteuer

Für die Renovierung der Büroräume in Dezember 06 erhielt All als Auftraggeber am 28.12.06 eine Rechnung über 3 000 € zuzüglich 570 € Umsatzsteuer, die er am 15.1.07 privat bezahlte.

Die gesamten Haus- und Grundstücksaufwendungen einschließlich der zutreffenden Abschreibung gemäß § 7 Abs. 4 Nr. 2 Buchstabe a EStG wurden im Rahmen der Einkünfte aus „Vermietung und Verpachtung" geltend gemacht.

TEIL B Bilanzberichtigung/Berichtigungstechnik
Fallgruppe 13

Die aus den Vermietungsumsätzen stammende Umsatzsteuer-Zahllast wurde für 05 in Höhe von 549 € (570 € ./. 21 €) am 10.1.06 und für 06 in Höhe von 559 € (570 € ./. 11 €) am 10.1.07 an das Finanzamt entrichtet.

Die Teilwerte (= gemeinen Werte) des Grundstücks haben betragen:

	1.1.05	31.12.05	31.12.06
Grund und Boden	150 000 €	160 000 €	170 000 €
Gebäude	660 000 €	660 000 €	670 000 €

Die tatsächliche Restnutzungsdauer des Gebäudes beträgt am 1.1.05 noch 60 Jahre.

Tz. 2: Architektenleistung

Ferdinand Ball ist zusätzlich als selbständiger Architekt tätig. Für die OHG hat er in 06 die Planung für den Bau einer Lagerhalle durchgeführt. Hierüber erteilte er am 2.1.07 der OHG eine ordnungsgemäße Rechnung über 20 000 € + 3 800 € Umsatzsteuer. Bei der OHG wurde dieser Geschäftsvorfall zutreffend erfasst. Ball ließ bei Geldeingang am 3.2.07 in seinem Architekturbüro buchen:

Geldkonto	23 800 € an	Erlöse	20 000 €
		Umsatzsteuer	3 800 €

Tz. 3: Schreibtische

Am 9.9.05 und am 3.3.06 hat die OHG je 5 Schreibtische für die Büroräume zu 500 € + USt gegen Barzahlung erworben. Diese Geschäftsvorfälle wurden am 9.9.05 und am 3.3.06 wie folgt gebucht:

Sonst. betriebl. Aufwendungen	2 500 € an	Kasse	2 975 €
VoSt	475 €		

Am 1.12.06 schenkt Ball seiner Tochter einen dieser Schreibtische und stellt diesen in deren Kinderzimmer auf (TW 500 €). Dieser Vorgang wurde bisher nicht gebucht.

HINWEIS

- Bilanzierungs- und Bewertungswahlrechte sind so auszuüben, dass sich für die beiden Kalenderjahre der jeweils niedrigste Gewinn ergibt.
- Die Veranlagungen 05 und 06 stehen unter dem Vorbehalt der Nachprüfung.
- Die Buchwerte entsprechen den Inventurwerten, soweit in den einzelnen Tz. nichts anderes gesagt wird.
- Auf Gewerbesteuer und Gewerbesteuerrückstellungen ist aus Vereinfachungsgründen nicht einzugehen.

Aufgabe

- Bei der Lösung ist für die Prüfungsjahre die Rechtslage zum 1. 4. 2013 zu berücksichtigen.
- Die Prüfungsfeststellungen für die Jahre 05 und 06 sind auszuwerten. Die Entscheidungen sind unter Angabe der Rechtsgrundlagen kurz zu begründen.
- Soweit Bilanzansätze, Entnahmen, Einlagen oder Erfolgsposten durch die Prüfungsfeststellungen geändert werden, sind die Korrekturen zahlenmäßig zu entwickeln.
- Gewinnberichtigungen sind für jeden Fehler einzeln nach der GuV-Methode zu ermitteln und in der Mehr- und Weniger-Rechnung darzustellen (Anlage 3).
- Berichtigte Kapitalkontenentwicklungen sind zu erstellen (Anlage 2).
- Die Prüferbilanz zum 31. 12. 06 ist zu erstellen (Anlage 1);
- Das Betriebsvermögen ist vollständig, ggf. unter Berücksichtigung von Sonderbilanzen (s. Anlagen 4 und 5) darzustellen.
- Ggf. sind Gewinn- und Verlustrechnung zu erstellen (s. Anlagen 4 und 5).
- Der einheitlich und gesondert festzustellende Gewinn ist zu ermitteln (Anlage 6).

Steuer- und Prüferbilanzen   Anlage 1

	StB 31.12.05	StB 31.12.06	Änderungen	PB 31.12.06
Aktiva	3 166 000	3 500 000		
Summe Aktiva	3 166 000	3 500 000		
Passiva				
Kapital Franz All	567 000	714 500		
Kapital Heinz Ball	609 000	645 500		
Sonstige Verbindlichkeiten	50 000	60 000		
Umsatzsteuer	4 000	17 000		
Sonstige Passiva	1 936 000	2 063 000		
Summe Passiva	3 166 000	3 500 000		

TEIL B
Fallgruppe 13
Bilanzberichtigung/Berichtigungstechnik

Kapitalkontenentwicklung Anlage 2

	All			Ball		
	StB	Änderung	PB	StB	Änderung	PB
31.12.04	499 000			565 000		
Entnahmen	./. 138 000			./. 206 000		
Einlagen	1 000			45 000		
Gewinn	205 000			205 000		
31.12.05	567 000			609 000		
Entnahmen	./. 119 000			./. 210 000		
Einlagen	24 000			4 000		
Gewinn	242 500			242 500		
31.12.06	714 500			645 500		

Mehr- und Weniger-Rechnung Anlage 3

		05		06	
Tz.	Vorgang	+	./.	+	./.
	Summen				
	abzüglich				
	Mehr/Weniger				
	Gewinn lt. StB				
	Gewinn lt. PB				

Anlage 4

Sonderbilanz für Heinz All auf den 31.12.05

Sonder-GuV für Heinz All für 05

Bilanzberichtigungen bei Personengesellschaften

TEIL B
Fallgruppe 13

Sonderbilanz für Heinz All auf den 31.12.06

Sonder-GuV für Heinz All für 06

Anlage 5

Sonderbilanz für Ferdinand Ball auf den 31.12.06

Sonder-GuV für Ferdinand Ball für 06

Einheitliche und gesonderte Feststellung des Gewinns aus Gewerbebetrieb unter Zugrundelegung der Prüfungsergebnisse

Anlage 6

Für 05	All	Ball	Gesamt
Gewinn der KG			
./.Vorab-Gewinnanteile			
Restgewinn			
Sonderbilanzgewinne			

TEIL B
Fallgruppe 13
Bilanzberichtigung/Berichtigungstechnik

Für 06	All	Ball	Gesamt
Gewinn der KG			
./. Vorab-Gewinnanteile			
Restgewinn			
Sonderbilanzgewinne			

Lehrbuch Buchführung und Bilanzsteuerrecht, Rdn. 1490 ff.

Tz. 1:

Feststellungen, die zu Änderungen im Gesamthandsbereich führen, sind aus dem in dieser Tz. dargestellten Sachverhalt nicht ersichtlich.

Für den Sonderbereich sind folgende Konsequenzen zu ziehen:

In den ertragsteuerlichen Betriebsvermögensvergleich sind auch Wirtschaftsgüter des Sonderbetriebsvermögens mit einzubeziehen. Als Sonderbetriebsvermögen sind Wirtschaftsgüter auszuweisen, die nicht dem Gesellschaftsvermögen, sondern einem Mitunternehmer oder einer Bruchteilsgemeinschaft, an der ein oder mehrere Mitunternehmer beteiligt sind, zuzurechnen sind (R 4.2 Abs. 12 Satz 1 EStR). Die Wirtschaftsgüter können nur insoweit Sonderbetriebsvermögen sein, als sie anteilig auf die Beteiligten entfallen, die auch Mitunternehmer sind (R 4.2 Abs. 12 Satz 2 EStR).

Das Gebäude Rosenstraße 7 besteht aus zwei selbständigen Wirtschaftsgütern (R 4.2 Abs. 4 EStR). Der eigenen Wohnzwecken dienende Teil darf nicht bilanziert werden, da er weder notwendiges Betriebsvermögen darstellt noch als gewillkürtes Betriebsvermögen bilanziert werden darf (R 4.2 Abs. 2 EStR).

Der der OHG zur Nutzung überlassene Teil stellt notwendiges Sonderbetriebsvermögen dar, da er nicht von untergeordneter Bedeutung ist; sein gemeiner Wert beträgt 5 % des gemeinen Werts des gesamten Grundstücks von 810 000 € (150 000 € für den Grund und Boden + 660 000 € für das Gebäude) = 40 500 € (R 4.2 Abs. 8 EStR). Dieser Teil ist zum 1.1.05 im Wege der Einlage dem Sonderbetriebsvermögen zuzuführen. Nach § 6 Abs. 1 Nr. 5 EStG ist die Einlage wie folgt zu bewerten:

▶ Grund und Boden

Die Dreijahresfrist ist überschritten. Der anteilige Grund und Boden ist mit dem anteiligen Teilwert zum 1.1.05 einzulegen: 5 % von 150 000 € = 7 500 €

▶ Gebäude

Da das Gebäude innerhalb von drei Jahren seit der Herstellung dem Betriebsvermögen zugeführt wird, ist der Anteil mit den fortgeführten Herstellungskosten in das Sonderbetriebsvermögen einzulegen.

Herstellungskosten 1.10.03	640 000 €
abzgl. AfA 03 nach § 7 Abs. 4 Nr. 2 EStG für 3 Monate ($3/_{12}$ von 2 % von 640 000 €)	3 200 €
abzgl. AfA 04	12 800 €
= fortgeführte Herstellungskosten 1.1.05	624 000 €
Einlagewert 5 %	31 200 €

Welche Bemessungsgrundlage für die Absetzung für Abnutzung nach Einlage von zuvor zur Erzielung von Überschusseinkünften genutzten Wirtschaftsgütern anzusetzen ist, richtet sich nach dem BMF-Schreiben vom 27.10.2010 (BStBl. 2010 II S. 964).

Da der Einlagewert (31 200 €) geringer ist als die historischen Herstellungskosten (5 % von 640 000 € = 32 000 €), aber nicht geringer als die fortgeführten historischen Herstellungskosten, stellt nach Rz 4 des o.a. BMF-Schreibens der Einlagewert ab 05 die AfA-Bemessungsgrundlage dar.

Dabei richtet sich die AfA nach § 7 Abs. 4 Satz 1 Nr. 1 EStG (R 7.3 Abs. 6 Satz 1 i.V. m. R 7.4 Abs. 12 Nr. 1 EStR). Die AfA beträgt 3 % von 31 200 € = 936 €.

Da das Gebäude ab dem 1.1.05 zu 5 % zur Ausführung von umsatzsteuerpflichtigen sonstigen Leistungen genutzt wird, greift § 15a UStG. In 05 und 06 können je 10 % von (5 % von 50 000 € =) 250 € als Vorsteuer in Anspruch genommen werden. Nach § 9b Abs. 2 EStG sind diese Beträge als Betriebseinnahmen zu behandeln.

Die von der OHG gezahlten Mieten sind Sonderbetriebseinnahmen des All (§ 15 Abs. 1 Nr. 2 EStG). Die Haus- und Grundstücksaufwendungen stellen zu 5 % Sonderbetriebsausgaben dar. In voller Höhe den Sonderbetriebsausgaben zuzurechnen sind die Renovierungskosten in Höhe von 3 570 €. Die Vorsteuer ist abziehbar.

Eine Möglichkeit, zu den geforderten Bilanzen und Gewinn- und Verlustrechnungen zu gelangen, besteht darin, die Buchungen der Geschäftsvorfälle, die ja bisher nicht erfasst sind, nachzuholen.

1) **Einlagebuchung**

	05:	GruBo	7 500 € an	NE	7 500 €
	05:	Gebäude	31 200 € an	NE	31 200 €

2) **AfA-Buchung**

	05:	AfA	936 € an	Gebäude	936 €
	06:	AfA	936 € an	Gebäude	936 €

3) **Erfassung der zusätzlichen Vorsteuern**

05:	Vorsteuern	250 € an	s. b. Erträge		250 €
06:	Vorsteuern	250 € an	s. b. Erträge		250 €

4) **Erfassung der Mieteinnahmen**

05:	PE	3 570 € an	Mietertrag		3 000 €
			sonst. Verb. (USt)		570 €
06:	PE	3 570 € an	Mietertrag		3 000 €
			sonst. Verb. (USt)		570 €

5) **Erfassung der Hausaufwendungen**

05:	Hausaufwand	400 € an	NE (5 % v. 8 420)		421 €
	sonst. Ford. (VoSt)	21 €			
06:	Hausaufwand	375 € an	NE (5 % v. 7 720)		386 €
	sonst. Ford. (VoSt)	11 €			

6) **Erfassung der USt-Zahlung**

06:	sonst. Verb. (USt)	570 € an	NE (570 ./. 21)		549 €
			sonst. Ford. (VoSt)		21 €

7) **Erfassung der noch nicht gezahlten Hausaufwendungen**

06:	Hausaufwand	3 000 € an	sonst. Verb.		3 570 €
	VoSt	570 €			

Die zahlenmäßige Abwicklung ist aus der Anlage 4 ersichtlich.

Tz. 2:

Feststellungen, die zu Änderungen im Gesamthandsbereich führen, sind aus dem in dieser Tz. dargestellten Sachverhalt nicht ersichtlich.

Hier liegt vielmehr ein Fall des § 15 Abs. 1 Nr. 2, 2. Halbsatz vor. Im Sonderbereich des Ball sind in 06 zu erfassen:

Forderungen	23 800 €	an	Erlöse	20 000 €
			Umsatzsteuer	3 800 €

Dass Ball diese Vorgänge im Rahmen seines Einzelunternehmens erfasst, ist für die Beurteilung, ob der Sonderbereich angesprochen werden muss, ohne Bedeutung: § 15 Abs. 1 Nr. 2 EStG geht der Erfassung in Einzelunternehmen grundsätzlich vor.

Die weitere zahlenmäßige Abwicklung ist aus der Anlage 4 ersichtlich.

Tz. 3:

Gemäß § 6 Abs. 2 EStG stellen die Schreibtische selbständig nutzbare Wirtschaftsgüter dar, die nach § 6 Abs. 2a EStG in einen Sammelposten eingestellt werden können. Nach § 6 Abs. 2a Satz 2 EStG ist der Sammelposten im Wirtschaftsjahr der Bildung und in den folgenden vier Jahren mit jeweils einem Fünftel gewinnmindernd aufzulösen. Für jedes Wirtschaftsjahr, in dem Wirtschaftsgüter i. S. d. § 6 Abs. 2a EStG angeschafft werden, ist ein gesonderter Sammelposten zu bilden (R 6.13 Abs. 5 Satz 2 EStR). Die Bildung eines Sammelpostens ist günstiger, da ansonsten die Anschaffungskosten auf 13 Jahre zu verteilen wären.

Gemäß R 6.13 Abs. 6 EStR mindert sich die **Rechengröße** „Sammelposten" nicht durch die Entnahme darin enthaltener Wirtschaftsgüter aus dem Betriebsvermögen.

Der Sammelposten ist mit 20 % pro Jahr aufzulösen.

Sammelposten 05	StB	PB	Auswirkungen	
Anschaffungskosten 9. 9. 05	–	2 500	Gewinn	+ 2 500
Auflösung 05	–	./. 500	Gewinn	./. 500
31. 12. 05	–	2 000	(+ 2 000)	
Auflösung 06	–	./. 500	Gewinn	./. 500
31. 12. 06	–	1 500	(+ 1 500)	
Sammelposten 06	**StB**	**PB**	**Auswirkungen**	
Anschaffungskosten 3. 03. 06	–	2 500	Gewinn	+ 2 500
Auflösung 06	–	./. 500	Gewinn	./. 500
31. 12. 06	–	2 000	(+ 2 000)	

Zusätzlich ist die Entnahme des Schreibtisches durch Ball mit dem Teilwert zu erfassen (§ 6 Abs. 1 Nr. 4 Satz 1 EStG); dieser Vorgang unterliegt der USt. Folgende Umbuchung ist für 06 vorzunehmen:

Entnahmen Ball	595 €	an	s. b. Erträge	500 €
			USt	95 €

Der Gewinn von 500 € ist Ball vorab zuzurechnen.

Steuer- und Prüferbilanzen   Anlage 1 (Lösung)

	StB	StB	Änderungen	PB
	31. 12. 05	31. 12. 06		31. 12. 06
Aktiva				
Aktiva - Bisher	3 166 000	3 500 000		3 500 000
Sammelposten	–	–	3) + 3 500	3 500
Summe Aktiva	3 166 000	3 500 000		3 503 500
Passiva				
Kapital Franz All	567 000	714 500	s. Anlage 2	716 250
Kapital Heinz Ball	609 000	645 500	s. Anlage 2	647 155
Sonstige Verbindlichkeiten	50 000	60 000		60 000
Umsatzsteuer	4 000	17 000	3) + 95	17 095
Sonstige Passiva	1 936 000	2 063 000		2 063 000
Summe Passiva	3 166 000	3 500 000		3 503 500

TEIL B   Bilanzberichtigung/Berichtigungstechnik
Fallgruppe 13

Kapitalkontenentwicklung   Anlage 2 (Lösung)

	All			Ball		
	StB	Änderung	PB	StB	Änderung	PB
31.12.04	499 000		499 000	565 000		565 000
Entnahmen	./. 138 000		./. 138 000	./. 206 000		./. 206 000
Einlagen	1 000		1 000	45 000		45 000
Gewinn	205 000		206 000	205 000	s. Anlage 6	206 000
31.12.05	567 000		568 000	609 000		610 000
Entnahmen	./. 119 000		./. 119 000	./. 210 000	3) + 595	./. 210 595
Einlagen	24 000		24 000	4 000		4 000
Gewinn	242 500		243 250	242 500	s. Anlage 6	243 750
31.12.06	714 500		716 250	645 500		647 155

Mehr- und Weniger-Rechnung   Anlage 3 (Lösung)

		05		06	
Tz.	Vorgang	+	./.	+	./.
3	Sammelposten	2 500	500	2 500	1 000
	s. b. Erträge			500	
	Summen	2 500	500	3 000	1 000
	abzgl.		500		1 000
	Mehr/Weniger		2 000		2 000
	Gewinn lt. StB		410 000		485 000
	Gewinn lt. PB		412 000		487 000

Anlage 4 (Lösung)

Sonderbilanz für Heinz All auf den 31.12.05

Grund und Boden		7 500	Kapital 1.1.		0
Gebäude	31 200		Einlagen	7 500	
	./. 936	30 264	Einlagen	31 200	
Sonst. Ford. (VoSt)		271		421	39 121
250 + 21:					
			Entnahmen		./. 3 570
			Gewinn		+ 1 914 37 465
			Sonst. Verb. (USt)		570
		38 035			38 035

Sonder-GuV für All für 05

AfA	936	s. b. Ertrag	250
Hausaufwand	400	Mietertrag	3 000
Gewinn	1 914		
	3 250		3 250

Sonderbilanz für All auf den 31. 12. 06

Grund und Boden		7 500	Kapital 1.1.		37 465
Gebäude	30 264		Einlagen	386	
	./. 936	29 328		549	935
Sonst. Ford. (VoSt)		1 081	Entnahmen		./. 3 570
570 + 11 + 500					
			Gewinn	./. 1 061	33 769
			Sonst. Verb.		3 570
			Sonst. Verb. (USt)		570
		37 909			37 909

Sonder GuV für All für 06

AfA	936	Mietertrag	3 000
Hausaufwand	375	s. b. Ertrag	250
Hausaufwand	3 000	Verlust	1 061
	4 311		4 311

Anlage 5 (Lösung)

Sonderbilanz für Ball auf den 31. 12. 06

Forderungen	23 800	Kapital 1.1.		0
		Gewinn	20 000	20 000
		Umsatzsteuer		3 800
				23 800

Sonder-GuV für Ball für 06

Gewinn	20 000	Erlöse	20 000

TEIL B
Fallgruppe 14
Bilanzberichtigung/Berichtigungstechnik

Einheitliche und gesonderte Feststellung des Gewinns aus Gewerbebetrieb
unter Zugrundelegung der Prüfungsergebnisse

Anlage 6 (Lösung)

Für 05		All	Ball	Gesamt
Gewinn der KG	412 000			
– Vorab-Gewinnanteile	–			
Restgewinn	412 000			
zu verteilen 50:50		206 000	206 000	412 000
Sonderbilanzgewinne		1 664	–	1 664
		207 664	206 000	413 664

Für 06		All	Ball	Gesamt
Gewinn der KG	487 000			
– Vorab-Gewinnanteile	./. 500		500	500
Restgewinn	486 500			
zu verteilen 50:50		243 250	243 250	486 500
Anteile am Gesamthandsgewinn		243 250	243 750	487 000
Sonderbilanzgewinne		./. 1 061	20 000	18 939
		242 189	263 750	505 939

ANMERKUNG Laut Aufgabenstellung (Hinweise) ist auf die Gewerbesteuer nicht einzugehen. Grundsätzlich ergibt sich für die Gewerbesteuer Folgendes:

Für die Gewerbesteuer, die für nach dem 31.12.2007 endende Erhebungszeiträume festgesetzt wird, gilt gemäß § 4 Abs. 5b EStG: Die Gewerbesteuer ist keine Betriebsausgabe mehr. Da die Zahlung von Gewerbesteuern jedoch keine Privatentnahme darstellt, wird die Gewerbesteuer als Betriebsausgabe erfasst und anschließend außerhalb der Bilanz dem Gewinn hinzugerechnet.

FALLGRUPPE 14

Haftungsvergütungen, Fuhrparkvermietung, Grundstücksfälle in Gesamthands- und Sonderbilanzen

Sachverhalt

Die Firma Franz Drewer KG betreibt in Lüdinghausen einen Groß- und Einzelhandel mit Baustoffen. Die Gesellschaft wurde am 1.1.1980 gegründet und ist im Handelsregister eingetragen.

Am Gesellschaftsvermögen sind beteiligt:

Franz Drewer als Komplementär mit	60 %
Bernd Drewer als Kommanditist mit	40 %

Beide Gesellschafter weisen auf ihrem Kapitalkonto I die bei der Gesellschaftsgründung von ihnen eingezahlten Bareinlagen aus. Die Kapitalkonten II werden für beide Gesellschafter als variable Kapitalkonten geführt.

Die Gewinnverteilung wurde unter Beachtung des § 5 des Gesellschaftsvertrages (s. Tz. 1) vorgenommen.

Das Wirtschaftsjahr der KG entspricht dem Kalenderjahr.

Der Gewinn wird mit Hilfe einer EDV-Buchführung durch Betriebsvermögensvergleich nach § 5 EStG in Verbindung mit § 4 Abs. 1 EStG ermittelt.

Ende 07 fand bei der KG eine Außenprüfung für die Jahre 05 und 06 statt. Hierbei ergaben sich folgende Prüfungsfeststellungen:

Tz. 1: Haftungsvergütungen

Franz Drewer hat sich am 1. 7. 06 die Haftungsvergütung für die Jahre 05 und 06 auszahlen lassen. § 5 des Gesellschaftsvertrages hat folgenden Wortlaut:

§ 5 Ergebnisverteilung

Der Gewinn bzw. Verlust wird wie folgt verteilt:

- *Haftungsvergütung für den unbeschränkt haftenden Gesellschafter in Höhe von 30 000 € pro Wirtschaftsjahr.*
- *Die Kapitalkonten I der Gesellschafter werden mit 6 % pro Wirtschaftsjahr verzinst. Eine Verzinsung der Kapitalkonten II erfolgt nicht. Der Restgewinn (bzw. -verlust) wird wie folgt verteilt:*

    60 % an Franz Drewer, 40 % an Bernd Drewer.

Der Buchhalter der KG erfasste diesen Vorgang durch folgende Buchung:

PE Franz Drewer	60 000 €	an	Geldkonto	60 000 €

Tz. 2: Grundstück Rosenstraße 1

Die Franz Drewer KG erwarb mit Wirkung vom 1. 12. 06 umsatzsteuerfrei das unbebaute Grundstück Rosenstraße 1. Dieses Grundstück hat sie zur Hälfte in ihrer Handelsbilanz ausgewiesen, da sie es nachweislich nur zur Hälfte als Lagerplatz nutzen will. Den restlichen Grundstücksteil hat sie ab dem 1. 1. 07 an die Stadt Lüdinghausen für den städtischen Bauhof als Lagerplatz umsatzsteuerfrei vermietet. Die der KG zufließenden Mieten von monatlich 1 000 € werden anteilig als Einlagen der Gesellschafter verbucht. Laufende Grundstücksaufwendungen sind der KG in 06 nicht entstanden. Die Anschaffungskosten des gesamten Grundstücks betrugen 240 000 €. Die KG buchte die Zahlung in 06 wie folgt:

TEIL B

Bilanzberichtigung/Berichtigungstechnik

Fallgruppe 14

Grund und Boden	120 000 € an	Geldkonto	240 000 €
PE Franz Drewer	72 000 €		
PE Bernd Drewer	48 000 €		

Tz. 3: Fuhrparkvermietung

Franz Drewer vermietet schon seit langem den gesamten ihm gehörenden Fuhrpark an die KG. Er schaffte mit Wirkung vom 2.11.05 einen neuen Lkw an. Die Rechnung lautet über 80 000 € + 19 % Umsatzsteuer. Die betriebsgewöhnliche Nutzungsdauer des Lkw beträgt 9 Jahre.

Diesen Kaufpreis finanzierte Franz Drewer wie folgt:

▶ 35 200 € wurden von seinem privaten Sparbuch bezahlt;

▶ ein Darlehen in Höhe von 66 000 € wurde am 2.11.05 aufgenommen, das unter Abzug eines Disagios von 6 000 € mit 60 000 € an Franz Drewer ausgezahlt wurde. Das Darlehen ist nach 5 Jahren in einer Summe an den Darlehensgeber zurückzuzahlen. Es ist mit 6 % pro Jahr zu verzinsen. Die Zinsen sind halbjährlich jeweils vorschüssig am 2.11. und am 2.5. fällig und wurden im Prüfungszeitraum jeweils pünktlich von Franz Drewer entrichtet.

Zusätzlich musste Franz Drewer noch 300 € an Zulassungskosten tragen. Die Zahlungsaufforderung hierüber vom 3.11.05 übergab er am gleichen Tage dem Buchhalter der KG, der 5 Tage später die Überweisung vom betrieblichen Bankkonto der KG veranlasste und diesen Geschäftsvorfall wie folgt buchmäßig erfasste:

Sonst. betriebl. Aufwand	300 € an	Geldkonto	300 €

Franz Drewer hat zum Zwecke der Erstellung seiner Sonderbilanz eine gesonderte Buchführung einrichten lassen, in der die Geschäftsvorfälle im Zusammenhang mit der Kfz-Anschaffung wie folgt gebucht wurden:

05:	Fuhrpark	80 000 € an	NE		35 200 €
	Vorsteuer	15 200 €	Darlehen		60 000 €
	AfA (Lkw neu)	8 889 € an	Fuhrpark		8 889 €
	Zinsaufwand	1 980 € an	NE		1 980 €
06:	AfA (Lkw neu)	8 889 € an	Fuhrpark		8 889 €
	Zinsaufwand	3 960 € an	NE		3 960 €

Franz Drewer hat den neuen Lkw linear abgeschrieben.

Die übrigen Geschäftsvorfälle wurden zutreffend gebucht. Betriebliche Geldkonten hat Franz Drewer nicht eingerichtet.

Tz. 4: Grundstück Elper Weg 6

Die Eheleute Bernd und Gisela Drewer haben mit Wirkung vom 1.10.05 das Grundstück Elper Weg 6 umsatzsteuerfrei erworben. Abschreibungen wurden in 05 vom Veräußerer nicht vorgenommen. Der Kaufpreis von 275 000 € wurde vom privaten Kontokorrentkonto der Eheleute entrichtet, auf dem sich zu diesem Zeitpunkt aufgrund einer Erbschaft (beider Eheleute zu je 50 %) 290 000 € an Guthaben befanden. An weiteren Kosten sind angefallen:

► Grunderwerbsteuer und Notariatskosten in Höhe von 15 625 € (dieser Betrag wurde am 3. 1. 06 von Frau Drewer gezahlt). Umsatzsteuer wurde nicht ausgewiesen.

► Maklergebühren in Höhe von 9 500 € + 1 805 € Umsatzsteuer (der Bruttorechnungsbetrag wurde am 10. 10. 05 von Bernd Drewer gezahlt).

Auf den Grund und Boden entfallen 20 % der Anschaffungskosten.

Das Grundstück ist seit dem 1. 10. 05 an die Franz Drewer KG für einen monatlichen Mietzins von 1 000 € + 190 € Umsatzsteuer vermietet. Die KG unterhält dort seither ihr Büro. Die Mieten einschließlich der Umsatzsteuer gehen seit dem 1. 10. 05 monatlich vorschüssig auf dem privaten Kontokorrentkonto der Eheleute ein. Sämtliche Grundstückskosten (Grundsteuern, Gebühren usw.) wurden vereinbarungsgemäß vom Mieter getragen, von diesem im Jahr ihrer Entstehung gezahlt und auch zutreffend in seiner Buchführung ausgewiesen.

Die Grundstücksgemeinschaft erklärt die Einkünfte aus diesem Grundstück als Einkünfte aus Vermietung und Verpachtung. Sie gibt Umsatzsteuererklärungen jeweils im Januar für das vorherige Kalenderjahr ab (Umsatzsteuervoranmeldungen werden nicht abgegeben). Zahlungen an das Finanzamt (für 06 = 2 280 € (190 € x 12)) bzw. Erstattungen durch das Finanzamt (für 05 = 1 235 € (3 x 190 € ./. 1 805 €)) erfolgten jeweils im Monat der Abgabe der Umsatzsteuererklärung.

HINWEIS

► Soweit Bilanzierungs- und Bewertungswahlrecht noch nicht ausgeübt worden sind, ist die Sachbehandlung zu wählen, die für das Wirtschaftsjahr der Entscheidung zum niedrigsten Gewinn führt.

► Die Veranlagungen 05 und 06 stehen unter dem Vorbehalt der Nachprüfung (§ 164 AO).

► Die Buchwerte entsprechen den Inventurwerten, soweit in den einzelnen Tz. nichts anderes gesagt wird.

► Auf Gewerbesteuer und Gewerbesteuerrückstellungen ist aus Vereinfachungsgründen nicht einzugehen.

► Centbeträge sind aus Vereinfachungsgründen auf volle € aufzurunden.

Aufgabe:

► Bei der Lösung ist für die Prüfungsjahre die Rechtslage zum 1. 4. 2013 zu berücksichtigen.

► Die Prüfungsfeststellungen für die Jahre 05 und 06 sind auszuwerten. Die Entscheidungen sind unter Angabe der Rechtsgrundlagen kurz zu begründen.

► Soweit Bilanzansätze, Entnahmen, Einlagen oder Erfolgsposten durch die Prüfungsfeststellungen geändert werden, sind die Korrekturen zahlenmäßig zu entwickeln.

► Für den Gesamthandsbereich sind folgende Berichtigungen in den Anlagen vorzunehmen:
  – Erstellung einer Prüferbilanz auf den 31. 12. 06 (Anlage 1)

- Erstellung der Mehr- und Weniger-Rechnung (Anlage 2)
- Kapitalkontenentwicklungen (Anlage 3)
▶ Für den Sonderbereich Franz Drewer sind zu erstellen:
  - Prüferbilanzen auf den 31.12.05 und den 31.12.06 (Anlage 4)
  - Mehr- und Weniger-Rechnung (Anlage 5)
  - Kapitalkontenentwicklung (Anlage 6)
▶ Soweit erforderlich sind für Bernd Drewer Sonderbilanzen (nebst GuV-Rechnungen) auf den 31.12.05 und den 31.12.06 aufzustellen (Anlage 7).
▶ Der einheitlich und gesondert festzustellende Gewinn ist zu ermitteln (Anlage 8).

Steuer- und Prüferbilanzen Anlage 1

	StB 31.12.05	StB 31.12.06	Änderungen	PB 31.12.06
Aktiva				
Grund und Boden	140 000	260 000		
Gebäude	312 000	295 000		
Geschäftsausstattung	48 000	40 000		
Beteiligungen	35 000	35 000		
Vorräte	160 000	138 000		
Geldkonten	17 500	68 400		
Sonstige Aktiva	735 000	958 000		
Summe Aktiva	1 447 500	1 794 400		
Passiva				
Kapital I F. D.	300 000	300 000		
Kapital I B. D.	200 000	200 000		
Kapital II F. D.	296 000	316 000		
Kapital II B. D.	124 000	124 000		
Verbindlichkeiten	410 000	620 000		
Sonstige Verb.	17 000	28 000		
Umsatzsteuer	11 500	28 400		
Sonstige Passiva	89 000	178 000		
Summe Passiva	1 447 500	1 794 400		

Mehr- und Weniger-Rechnung   Anlage 2

Tz.	Vorgang	05 +	05 ./.	06 +	06 ./.
	Summen abzüglich Mehr/Weniger				
	Gewinn lt. StB	400 000		300 000	
	Gewinn lt. PB				

Kapitalkontenentwicklung (Kapitalkonten II)   Anlage 3

	Franz Drewer StB	Franz Drewer Änderung	Franz Drewer PB	Bernd Drewer StB	Bernd Drewer Änderung	Bernd Drewer PB
31.12.04	145 000			34 000		
Entnahmen	./. 135 000			./. 70 000		
Einlagen	34 000			12 000		
Gewinn	252 000			148 000		
31.12.05	296 000			124 000		
Entnahmen	./. 192 000			./. 108 000		
Einlagen	20 000			–		
Gewinn	192 000			108 000		
31.12.06	316 000			124 000		

TEIL B   Bilanzberichtigung/Berichtigungstechnik
Fallgruppe 14

Steuer- und Prüferbilanzen (Sonderbilanzen Franz D.)   Anlage 4

Aktiva	StB 31.12.05	PB 31.12.05	StB 31.12.06	PB 31.12.06
Fuhrpark	158 000		104 000	
Rechnungsabgrenzungsposten	1 700		2 300	
Sonstige Aktiva	20 300		23 700	
Summe Aktiva	180 000		130 000	
Passiva				
Darlehen	60 000		60 000	
Umsatzsteuer	2 900		1 900	
Sonstige Passiva	35 100		37 100	
Kapital	82 000		31 000	
Summe Passiva	180 000		130 000	

Mehr- und Weniger-Rechnung (Sonderbereich Franz D.)   Anlage 5

Tz.	Vorgang	05 +	05 ./.	06 +	06 ./.
	Summen				
	Mehr/Weniger				
	Gewinn lt. StB	15 000		24 000	
	Gewinn lt. PB				

Kapitalkontenentwicklung (Sonderbereich Franz D.)   Anlage 6

	StB	PB
Kapital 1.1.05	44 000	
− Entnahmen 05	./. 67 000	
+ Einlagen 05	90 000	
+ Gewinn 05	15 000	
Kapital 31.12.05	82 000	
− Entnahmen 06	./. 85 000	
+ Einlagen 06	10 000	
+ Gewinn 06	+ 24 000	
Kapital 31.12.06	31 000	

Anlage 7

Sonderbilanz für Bernd D. auf den 31.12.05

Sonder-GuV für Bernd D. für 05

Sonderbilanz für Bernd D. auf den 31.12.06

Sonder-GuV für Bernd D. für 06

TEIL B — Bilanzberichtigung/Berichtigungstechnik
Fallgruppe 14

Einheitliche und gesonderte Feststellung des Gewinns aus Gewerbebetrieb Anlage 8

Für 05	Franz D.	Bernd D.	Gesamt
Gewinn der KG			

Für 06	Franz D.	Bernd D.	Gesamt
Gewinn der KG			

LÖSUNG

Tz. 1:

Die Gewinnverteilung erfolgt nach § 5 des Gesellschaftsvertrages. Die zahlenmäßige Darstellung ist aus der Anlage 8 zu den Lösungshinweisen ersichtlich. Die in der Tz. dargestellte Buchung erfolgte korrekt.

Tz. 2:

Die KG hat in ihrer Handelsbilanz das gesamte Grundstück auszuweisen, da eine KG ihr gesamtes Vermögen vollständig in der Handelsbilanz auszuweisen hat.

Da es auch steuerrechtlich möglich ist, das Grundstück zu 100 % in der Steuerbilanz zu erfassen, muss die KG dieses nach § 5 Abs. 1 EStG (Maßgeblichkeitsprinzip) mit 240 000 € bilanzieren. Für Entnahmen der Gesellschafter ist daher kein Raum (vgl. auch R 4.2 Abs. 11 EStR).

Vorzunehmende Berichtigungen:

Grund und Boden 06	+ 120 000
PE F 06	./. 72 000
PE B 06	./. 48 000

Tz. 3:

Gesamthandsbilanz der KG

Mit der Zahlung der Zulassungskosten durch die KG wurde eine Schuld des F getilgt. Damit sind Betriebsausgaben der KG nicht entstanden.

Vorzunehmende Berichtigungen:

Gewinn 05	+ 300
PE F 05	+ 300

Sonderbereich des Franz D.

Die Zulassungskosten gehören zu den Anschaffungskosten. Die Zahlung durch die KG führt im Sonderbereich zu einer Einlage des Franz D. Das Darlehen ist mit dem Rückzahlungsbetrag von 66 000 € in der Bilanz zu erfassen. Gleichzeitig ist das Disagio als Rechnungsabgrenzungsposten auf die Laufzeit des Darlehens zu verteilen. Da es sich um ein Fälligkeitsdarlehen handelt, erfolgt die Auflösung linear. Die Zinsbeträge, die in 05 für 06 bzw. in 06 für 07 gezahlt werden, sind als Rechnungsabgrenzungsposten zu erfassen. Die AfA ist linear wie gewählt – nach § 7 Abs. 1 EStG zu ermitteln. Für 05 beträgt die AfA $^2/_{12}$ von 8 922 € = 1 487 €.

Die Auswirkungen sind aus den folgenden Staffelentwicklungen ersichtlich:

Lkw	StB	PB	Auswirkungen	
Kaufpreis	80 000	80 000		–
Nebenkosten		300	NE 05	+ 300
Anschaffungskosten	80 000	80 300		–
AfA 05	./. 8 889	./. 1 487	Gewinn 05	+ 7 402
31. 12. 05	71 111	78 813	(31. 12. Fuhrpark	+ 7 702)
AfA 06	./. 8 889	./. 8 922	Gewinn 06	./. 33
31. 12. 06	62 222	69 891	(31. 12. Fuhrpark	+ 7 669)

Bilanzansätze für das Konto Fuhrpark

	31. 12. 05	31. 12. 06
Lt. StB	158 000	104 000
Mehr	7 702	7 669
Lt. PB	165 702	111 669

Darlehen	StB	PB	Auswirkungen	
Zugang 05	60 000	66 000	Gewinn 05	./. 200
			aRAP 05	+ 5 800
31. 12. 05	60 000	66 000	(31. 12. Darlehen	+ 6 000)

Zum 31.12.06 bleiben die Bilanzansätze des letzten Stichtages unverändert.

aRAP (Disagio)	StB	PB	Auswirkungen	
31.12.05	–	5 800	s. oben (Konto Darlehen)	
Abgang 06	–	./.1 200	Gewinn 06	./.1 200
31.12.06	–	4 600	(31.12. aRAP	+ 4 600)

aRAP (Zinsen)	StB	PB	Auswirkungen	
Zugang 05	–	1 320	Gewinn 05	+ 1 320
31.12.05/06 je	–	1 320	(31.12. aRAP	+ 1 320)

Bilanzansätze für das Konto aRAP

	31.12.05	31.12.06
Lt. StB	1 700	2 300
Mehr	5 800	4 600
Mehr	1 320	1 320
Lt. PB	8 820	8 220

Die zahlenmäßige Abwicklung dieser Ergebnisse findet sich in den Anlagen 4 und 5 zur Lösung.

Tz. 4:

Für den Gesamthandsbereich ergeben sich keine Änderungen.

Sonderbereich:

Bernd Drewer stellt der KG ein Grundstück insoweit zur Verfügung, als es ihm nach § 39 Abs. 2 AO zuzurechnen ist. Da dieses Grundstück unmittelbar betrieblichen Zwecken der KG dient, liegen die Voraussetzungen des § 15 Abs. 1 Nr. 2 EStG vor.

Bernd Drewer muss also die Hälfte des Gebäudes bilanzieren, die ihm zugerechnet wird. Gleiches gilt für den hiermit zusammenhängenden Grund und Boden. Die AfA für den bilanzierten Gebäudeteil ermittelt sich nach § 7 Abs. 4 Nr. 1 EStG. Sie beträgt 3 %. Für 05 ist eine nach R 7.4 Abs. 2 Satz 1 EStR zeitanteilige AfA zu ermitteln.

Im Einzelnen ergeben sich folgende Auswirkungen:

Gebäude	StB	PB	Auswirkungen	
Anteiliger Kaufpreis	–	137 500	NE 05	+137 500
Anteilige GrundErwSt + Notarkosten	–	7 813	Sonst. Verb. 05	+7 813
Anteilige Maklergebühren	–	4 750	NE 05	+5 653
			Vorsteuer 05	+903
Anschaffungskosten GrSt	–	150 063		
GruBo-Anteil (20 %)	–	./. 30 013	GruBo 05	+30 013
AK Gebäude	–	120 050		
AfA 05 ($^3/_{12}$)	–	./. 901	Gewinn 05	./. 901
31.12.05		119 149	(31.12. Gebäude	+119 149)
AfA 06	–	3 602	Gewinn 06	./. 3 602
31.12.06	–	115 547	(31.12. Gebäude	+115 547)

Sonst. Verb.	StB	PB	Auswirkungen	
31.12.05	–	7 813	s. oben (Konto Gebäude)	
Zahlung 06	–	./. 7 813	NE 06	+7 813
31.12.06	–	–		

Weiter sind zu erfassen:

a) der Erhalt der Mietzahlungen:

	05	06
Mieterträge	+1 500	+6 000
Umsatzsteuer	+285	+1 140
PE	+1 785	+7 140

b) die Erstattung des Umsatzsteuerguthabens:

	05	06
Umsatzsteuer		
(= Vorsteuerminderung)	–	+618
PE (50 % von 1 235)	–	+618

Die zahlenmäßige Abwicklung dieser Ergebnisse findet sich in der Anlage 7 zu der Lösung.

TEIL B — Bilanzberichtigung/Berichtigungstechnik
Fallgruppe 14

Steuer- und Prüferbilanzen Anlage 1 (Lösung)

	StB	StB	Änderungen	PB
	31.12.05	31.12.06		31.12.06
Aktiva				
Grund und Boden	140 000	260 000	2) + 120 000	380 000
Gebäude	312 000	295 000		295 000
Geschäftsausstattung	48 000	40 000		40 000
Beteiligungen	35 000	35 000		35 000
Vorräte	160 000	138 000		138 000
Geldkonten	17 500	68 400		68 400
Sonstige Aktiva	735 000	958 000		958 000
Summe Aktiva	1 447 500	1 794 400		1 914 400
Passiva				
Kapital I F. D.	300 000	300 000		300 000
Kapital I B. D.	200 000	200 000		200 000
Kapital II F. D.	296 000	316 000	s. Anlage 3	387 880
Kapital II B. D.	124 000	124 000	s. Anlage 3	172 120
Verbindlichkeiten	410 000	620 000		620 000
Sonstige Verb.	17 000	28 000		28 000
Umsatzsteuer	11 500	28 400		28 400
Sonstige Passiva	89 000	178 000		178 000
Summe Passiva	1 447 500	1 794 400		1 914 400

Mehr- und Weniger-Rechnung Anlage 2 (Lösung)

		05		06	
Tz.	Vorgang	+	./.	+	./.
3	Sonst. Kosten	300			
	Summen	300			
	Mehr/Weniger	300			
	Gewinn lt. StB	400 000		300 000	
	Gewinn lt. PB	400 300		300 000	

Kapitalkontenentwicklung (Kapitalkonto II)

Anlage 3 (Lösung)

	Franz Drewer			Bernd Drewer		
	StB	Änderung	PB	StB	Änderung	PB
31.12.04	145 000		145 000	34 000		34 000
Entnahmen	./.135 000	3) + 300	./.135 300	./.70 000		./.70 000
Einlagen	34 000		34 000	12 000		12 000
Gewinn	252 000		252 180	148 000		148 120
31.12.05	296 000		295 880	124 000		124 120
Entnahmen	./.192 000	2) 72 000	./.120 000	./.108 000	2) ./.48 000	./.60 000
Einlagen	20 000		20 000	–		–
Gewinn	192 000		192 000	108 000		108 000
31.12.06	316 000		387 880	124 000		172 120

Steuer- und Prüferbilanzen (Sonderbilanzen Franz D.)

Anlage 4 (Lösung)

	StB 31.12.05	PB 31.12.05	StB 31.12.06	PB 31.12.06
Aktiva				
Fuhrpark	158 000	165 702	104 000	111 669
Rechnungsabgrenzungsposten	1 700	8 820	2 300	8 220
Sonstige Aktiva	20 300	20 300	23 700	23 700
Summe Aktiva	180 000	194 822	130 000	143 589
Passiva				
Darlehen	60 000	66 000	60 000	66 000
Umsatzsteuer	2 900	2 900	1 900	1 900
Sonstige Passiva	35 100	35 100	37 100	37 100
Kapital	82 000	90 822	31 000	38 589
Summe Passiva	180 000	194 822	130 000	143 589

TEIL B Bilanzberichtigung/Berichtigungstechnik
Fallgruppe 14

Mehr- und Weniger-Rechnung (Sonderbereich Franz D.) — Anlage 5 (Lösung)

Tz.	Vorgang	05 +	05 ./.	06 +	06 ./.
3	AfA	7 402			33
3	Zinsaufw./Disagio		200		1 200
3	Zinsaufwand	1 320			
	Summen	8 722	200	0	1 233
		./. 200		./. 1 233	
	Mehr/Weniger	8 522		./. 1 233	
	Gewinn lt. StB	15 000		24 000	
	Gewinn lt. PB	23 522		22 767	

Kapitalkontenentwicklung (Sonderbereich Franz D.) — Anlage 6 (Lösung)

	Steuerbilanz	Prüferbilanz
Kapital 1.1.05	44 000	44 000
− Entnahmen 05	./. 67 000	./. 67 000
+ Einlagen 05	90 000	90 300
+ Gewinn 05	15 000	23 522
Kapital 31.12.05	82 000	90 822
− Entnahmen 06	./. 85 000	./. 85 000
+ Einlagen 06	10 000	10 000
+ Gewinn 06	+ 24 000	22 767
Kapital 31.12.06	31 000	38 589

Sonderbilanzen — Anlage 7 (Lösung)

Sonderbilanz für Bernd D. auf den 31.12.05

Grund u. Boden		30 013	Kap 1.1.	0
Gebäude	120 050		NE	143 153
	./. 901	119 149	PE	./. 1 785
Sonst. Forderung			Gewinn	+ 599
(Umsatzsteuererstat-			Kapital 31.12.	141 967
tungsanspruch)		618	Sonst. Verbindlichkeit	7 813
		149 780		149 780

Bilanzberichtigungen bei Personengesellschaften — TEIL B, Fallgruppe 14

Sonder-GuV für Bernd D. für 05

AfA	901	Mieterträge	1 500
Gewinn	599		
	1 500		1 500

Sonderbilanz für Bernd D. auf den 31.12.06

Grund u. Boden		30 013	Kap 1.1.	141 967
Gebäude	119 149		NE	7 813
	./. 3 602	115 547	PE	./. 7 758
			Gewinn	+2 398
			Kapital 31.12.	144 420
			Umsatzsteuer	1 140
		145 560		145 560

Sonder-GuV für Bernd D. für 06

AfA	3 602	Mieterträge	6 000
Gewinn	2 398		
	6 000		6 000

Einheitliche und gesonderte Feststellung des Gewinns aus Gewerbebetrieb — Anlage 8 (Lösung)

Für 05		Franz D.	Bernd D.	Gesamt
Gewinn der KG	400 300			
Haftungsvergütung	./. 30 000	30 000		30 000
Kapitalverzinsung	./. 30 000	18 000	12 000	30 000
Restgewinn (60:40)	340 300	204 180	136 120	340 300
Gesamthandsergebnis		252 180	148 120	400 300
Sonderbilanzgewinne		23 522	+ 599	24 121
		275 702	148 719	424 421

Für 06		Franz D.	Bernd D.	Gesamt
Gewinn der KG	300 000			
Haftungsvergütung	./. 30 000	30 000	12 000	30 000
Kapitalverzinsung	./. 30 000	18 000	12 000	30 000
Restgewinn (60:40)	240 000	144 000	96 000	240 000
Gesamthandsergebnis		192 000	108 000	300 000
Sonderbilanzgewinne		22 767	+2 398	25 165
		214 767	110 398	325 165

TEIL B
Bilanzberichtigung/Berichtigungstechnik

Fallgruppe 15

ANMERKUNG Laut Aufgabenstellung (Hinweise) ist auf die Gewerbesteuer nicht einzugehen. Grundsätzlich ergibt sich für die Gewerbesteuer Folgendes:

Für die Gewerbesteuer, die für nach dem 31.12.2007 endende Erhebungszeiträume festgesetzt wird, gilt gemäß § 4 Abs. 5b EStG: Die Gewerbesteuer ist keine Betriebsausgabe mehr. Da die Zahlung von Gewerbesteuern jedoch keine Privatentnahme darstellt, wird die Gewerbesteuer als Betriebsausgabe erfasst und anschließend außerhalb der Bilanz dem Gewinn hinzugerechnet.

FALLGRUPPE 15

Steuerliche Folgen des Ausscheidens eines Gesellschafters durch Tod bzw. aus Altersgründen

Sachverhalt

Die Firma Lieder und Co. OHG hat ihre Geschäftsleitung und ihren Betrieb in Haltern. Sie betreibt einen Herstellungsbetrieb für Maschinen und maschinelle Anlagen.

Gesellschafter der OHG sind die Kaufleute Lieder, Maier und Müller. Die OHG ermittelt ihren Gewinn nach § 5 EStG aufgrund ordnungsmäßiger Buchführung. Das Wirtschaftsjahr entspricht dem Kalenderjahr. Die Bilanzen werden jeweils am 31.3. des folgenden Jahres für das abgelaufene Wirtschaftsjahr erstellt.

Die Gesellschafter sind laut Vereinbarung im Gesellschaftsvertrag am Gewinn und Verlust zu je $1/3$ beteiligt. Die Kapitalkonten werden nicht verzinst.

Für alle Beteiligten sind sämtliche Veranlagungen und Gewinnfeststellungen

► bis einschließlich 01 bestandskräftig;

► für das Jahr 02 entsprechend den Erklärungen nach § 164 AO unter dem Vorbehalt der Nachprüfung erfolgt.

Für das Jahr 02 wurde vom zuständigen Finanzamt eine Außenprüfung durchgeführt, die zu folgenden Feststellungen führte:

Tz. 1:

Zum 31.12.02 wurde ein Warenposten im Werte von 104 996 € (= zutreffender steuerlicher Wert) versehentlich nicht bei der Inventur erfasst.

Tz. 2:

Am 31.12.02 verstarb der Gesellschafter Lieder. Alleinerbin des Lieder war dessen Tochter Sänger. Dem Gesellschaftsvertrag ist zu entnehmen, dass im Falle des Todes von Lieder die Gesellschaft mit dessen Erben fortgesetzt wird.

Dieser Sachverhalt wurde vom Berater der Firma nur insoweit berücksichtigt, dass er in der Abfindungsbilanz zum 31.12.02 den Namen Lieder durch den Namen Sänger ersetzte.

Tz. 3:

Der Gesellschafter Maier schied nach langjähriger Tätigkeit zum 31.12.02 nach Vollendung des 50. Lebensjahres aus der OHG aus. Mit den verbleibenden Gesellschaftern war die Zahlung eines Geldbetrages in Höhe von 360 000 € vereinbart worden, wobei die aufgegebenen Gesellschaftsrechte zu gleichen Teilen auf Frau Sänger und Herrn Müller übergehen sollten. Durch die Zahlung des Geldbetrages sollten auch die Anteile des Maier an den stillen Reserven und am Geschäftsvermögen abgegolten sein.

Maier ist noch an etwaigen Gewinnänderungen aufgrund einer Außenprüfung beteiligt.

Im Betriebsvermögen der OHG zum 31.12.02 betragen die Teilwerte für den Grund und Boden Münsterstraße 18 105 000 € und für das Gebäude Münsterstraße 18 145 000 €. Am 31.12.02 entsprechen die Buchwerte der übrigen Bilanzpositionen den Teilwerten.

Im Übrigen ist die OHG auf dem Gebiete der Fertigungstechnik führend, so dass sich ein entsprechend hoher Firmenwert gebildet hat.

Bei der Erstellung der Abfindungsbilanz zum 31.12.02 (s. Anlage 1) wurde bei der OHG gebucht:

Kapital Maier	200 000 €	an	sonst. Verb.	360 000 €
Kapital Sänger	80 000 €			
Kapital Müller	80 000 €			

Tz. 4:

Der Gesellschafter Maier hat der OHG einen Lagerplatz vermietet und diese Vorgänge zutreffend in Sonderbilanzen dargestellt (s. Anlage 4).

Auch nach seinem Ausscheiden aus der Gesellschaft bleibt der Lagerplatz an die OHG vermietet.

Zum 31.12.02 bucht der Steuerpflichtige das in der Sonderbilanz ausgewiesene Grundstück zum Buchwert aus:

PE	180 000 €	an	Grundstück	180 000 €

Der Teilwert des Grundstücks betrug zu diesem Zeitpunkt 210 000 €.

Aufgabe

1. Bei der Lösung ist für die Prüfungsjahre die Rechtslage zum 1.4.2013 zu berücksichtigen.
2. Zu den einzelnen Feststellungen ist kurz Stellung zu nehmen.
3. Die Prüferbilanzen sind aufzustellen (s. Anlage 1).
4. Berichtigte Kapitalkontenentwicklungen sind zu erstellen (s. Anlage 2).
5. Die Gewinnänderungen sind in der Mehr- und Weniger-Rechnung auszuweisen (s. Anlage 3).
6. Ggf. ist eine berichtigte Sonderbilanz auf den 31.12.02 zu erstellen (s. Anlage 4).
7. Der einheitlich und gesondert festzustellende Gewinn ist zu ermitteln (s. Anlage 5).

TEIL B Bilanzberichtigung/Berichtigungstechnik
Fallgruppe 15

HINWEIS

Auf Gewerbesteuer und Gewerbesteuerrückstellungen ist aus Vereinfachungsgründen nicht einzugehen.

Steuer- und Prüferbilanzen Anlage 1

	StB 31.12.02	PB 31.12.02	Abfindungs-StB 31.12.02	Abfindungs-PB 31.12.02
Aktiva				
GruBo Münsterstr.	30 000		30 000	
Gebäude Münsterstr.	115 000		115 000	
Geschäftsausstattung	80 000		80 000	
Vorräte	360 000		360 000	
Geldkonten	17 500		17 500	
Sonst. Aktiva	485 500		485 500	
Summe Aktiva	1 088 000		1 088 000	
Passiva				
Kapital Sänger	300 000		220 000	
Kapital Maier	200 000		–	
Kapital Müller	196 000		116 000	
Verbindlichkeiten	310 000		310 000	
Sonst. Verb.	17 000		377 000	
Sonstige Passiva	65 000		65 000	
Summe Passiva	1 088 000		1 088 000	

Bilanzberichtigungen bei Personengesellschaften — TEIL B, Fallgruppe 15

Kapitalkontenentwicklung Anlage 2

	Lieder		Sänger	
	StB	PB	StB	PB
31.12.01	261 000		–	
Entnahmen	./. 135 000		–	
Einlagen	34 000		–	
Gewinn	140 000		–	
31.12.02	300 000		–	
Abgang	./. 300 000		./. 80 000	
Zugang	–		300 000	
Zugang	–		–	
31.12.02 (Abfindungsbilanz)	–		220 000	

	Maier		Müller	
	StB	PB	StB	PB
31.12.01	118 000		136 000	
Entnahmen	./. 70 000		./. 80 000	
Einlagen	12 000		–	
Gewinn	140 000		140 000	
31.12.02	200 000		196 000	
Abgang	./. 200 000		./. 80 000	
Zugang	–		–	
Zugang	–		–	
31.12.02 (Abfindungsbilanz)	–		116 000	

Mehr- und Weniger-Rechnung Anlage 3

		02	
Tz.	Vorgang	+	./.
	Summen		
	Mehr/Weniger		
	Gewinn lt. StB	420 000	
	Gewinn lt. PB		

Sonderbilanzen
Anlage 4

Sonderbilanz für Maier auf den 31.12.01

Grundstück	180 000	Kapital 1.1.	180 000
		Entnahmen	./. 24 000
		Gewinn	+ 24 000
	180 000	Kapital 31.12.	180 000

Sonderbilanz für Maier auf den 31.12.02

Grundstück	0	Kapital 1.1.	180 000
		Entnahmen	./. 204 000
		Gewinn	+ 24 000
	0	Kapital 31.12.	0

Einheitliche und gesonderte Feststellung des Gewinns aus Gewerbebetrieb
Anlage 5

1. Für 02	Lieder	Maier	Müller	Gesamt
Gewinn der KG				

Lehrbuch Buchführung und Bilanzsteuerrecht, Rdn. 1620 ff.

Tz. 1:

Der Warenbestand zum 31.12.02 sowie der Gewinn des Jahres 02 sind um 104 998 € zu erhöhen.

Tz. 2:

Wegen der hier vorliegenden gesellschaftsrechtlichen Nachfolgeklausel tritt Frau Sänger in die Rechtsstellung des Verstorbenen ein. Hierbei geht der Gesellschaftsanteil kraft Gesetzes auf Frau Sänger über; die Gesellschaft wird mit ihr als Gesellschafterin fortgesetzt.

Steuerlich sind als Konsequenz hieraus die Werte, die sich nach den Vorschriften über die Gewinnermittlung für den Rechtsvorgänger ergeben haben, zwingend fortzuführen (§ 6 Abs. 3 EStG). Im Ergebnis ist somit nichts zu ändern.

Tz. 3:

Scheidet ein Gesellschafter aus einer Personengesellschaft aus, so wächst sein Anteil am Gesellschaftsvermögen den verbleibenden Gesellschaftern zu. Was zivilrechtlich als Anwachsung anzusehen ist, wird steuerlich für den ausscheidenden Gesellschafter als Veräußerung und für die übernehmenden Gesellschafter als Anschaffung behandelt.

In der Abfindungsbilanz zum 31.12.02 ist das Kapitalkonto des Gesellschafters nicht mehr auszuweisen. Soweit der Kaufpreis in Höhe von 360 000 € das Kapitalkonto des Maier laut Prüferbilanz übersteigt, ist der Differenzbetrag bei den Wirtschaftsgütern, die stille Reserven beinhalten, als zusätzliche Anschaffungskosten zu erfassen. Der verbleibende Restbetrag stellt Anschaffungskosten für den Erwerb des Geschäftswertes dar.

a) Grund und Boden Münsterstraße 18

Teilwert 31.12.02	105 000 €
davon entfällt ⅓ auf den ausscheidenden Gesellschafter	35 000 €
⅓ des Buchwerts laut PB	./. 10 000 €
von den verbleibenden Gesellschaftern an Maier wegen stiller Reserven im Grund und Boden gezahlter Betrag	25 000 €
Bilanzansatz für den Grund und Boden:	
bisher	30 000 €
zusätzliche AK	25 000 €
	55 000 €

b) Gebäude Münsterstraße 18

Teilwert 31.12.02	145 000 €
davon entfällt ⅓ auf den ausscheidenden Gesellschafter	48 333 €
⅓ des Buchwerts laut PB	./. 38 333 €
von den verbleibenden Gesellschaftern an Maier wegen stiller Reserven im Gebäude gezahlter Betrag	10 000 €
Bilanzansatz für das Gebäude:	
bisher	115 000 €
zusätzliche AK	10 000 €
	125 000 €

c) Geschäftswert

Der das Kapitalkonto übersteigende Betrag der Abfindung in Höhe von 125 004 € entfällt in Höhe von 35 000 € auf das Grundstück und in Höhe des Restbetrages von 90 004 € auf den Geschäftswert. Dieser ist in der Abfindungsbilanz auszuweisen.

d) Veräußerungsgewinn

Der Veräußerungsgewinn des Maier beträgt 125 004 €; dieser wird bei der einheitlichen und gesonderten Gewinnfeststellung erfasst.

e) Buchung zur Abfindungsbilanz

Ausgehend von der Prüferbilanz hätte bei der Erstellung der Abfindungsbilanz zum 31.12.02 bei der OHG gebucht werden müssen:

GruBo	25 000 €	an	Kapital Sänger	180 000 €
Gebäude	10 000 €		Kapital Müller	180 000 €
Geschäftswert	90 004 €			
Kapital Maier	234 996 €			

Tz. 4:

Die Entnahme muss mit dem Teilwert erfolgen. Der Gewinn von 30 000 € (= Teilwert − Buchwert) ist zu realisieren (im Sonderbereich); hier erhöhen sich sowohl die Entnahmen 02 als auch der Gewinn 02 um je 30 000 €.

Gewinn lt. PB: 24 000 € (bisheriger Gewinn) + 30 000 € (Mehrgewinn) = 54 000 €.

Steuer- und Prüferbilanzen   Anlage 1 (Lösung)

	StB 31.12.02	PB 31.12.02	Abfindungs-StB 31.12.02	Abfindungs-PB 31.12.02
Aktiva				
GruBo Münsterstraße	30 000	30 000	30 000	55 000
Gebäude Münsterstraße	115 000	115 000	115 000	125 000
Geschäftsausstattung	80 000	80 000	80 000	80 000
Vorräte	360 000	464 988	360 000	464 988
Geldkonten	17 500	17 500	17 500	17 500
Sonst. Aktiva	485 500	485 500	485 500	485 500
Geschäftswert				90 004
Summe Aktiva	1 088 000	1 192 988	1 088 000	1 317 992
Passiva				
Kapital Sänger	300 000	334 996	200 000	514 996
Kapital Maier	200 000	234 996	−	−
Kapital Müller	196 000	230 996	116 000	410 996
Verbindlichkeiten	310 000	310 000	310 000	310 000
Sonst. Verb.	17 000	17 000	377 000	17 000
Sonstige Passiva	65 000	65 000	65 000	65 000
Summe Passiva	1 088 000	1 192 988	1 088 000	1 317 992

Bilanzberichtigungen bei Personengesellschaften   TEIL B
Fallgruppe 15

Kapitalkontenentwicklungen   Anlage 2 (Lösung)

	Lieder		Sänger	
	StB	PB	StB	PB
31.12.01	261 000	261 000	–	–
Entnahmen	./. 135 000	./. 135 000	–	–
Einlagen	34 000	34 000	–	–
Gewinn	140 000	174 996	–	–
31.12.02	300 000	334 996	–	–
Abgang	./. 300 000	./. 334 996	./. 80 000	–
Zugang	–	–	300 000	334 996
Zugang	–	–	–	180 000
31.12.02 (Abfindungsbilanz)	–		220 000	514 996

	Maier		Müller	
	StB	PB	StB	PB
31.12.01	118 000	118 000	136 000	136 000
Entnahmen	./. 70 000	./. 70 000	./. 80 000	./. 80 000
Einlagen	12 000	12 000	–	–
Gewinn	140 000	174 996	140 000	174 996
31.12.02	200 000	234 996	196 000	230 996
Abgang	./. 200 000	./. 234 996	./. 80 000	–
Zugang	–	–	–	180 000
Zugang	–	–	–	–
31.12.02 (Abfindungsbilanz)	–	–	116 000	410 996

Mehr- und Weniger-Rechnung   Anlage 3 (Lösung)

		02	
Tz.	Vorgang	+	./.
1	WES	104 988	
	Summen	104 988	
	Mehr/Weniger	104 988	
	Gewinn lt. StB	420 000	
	Gewinn lt. PB	524 988	

TEIL B — Bilanzberichtigung/Berichtigungstechnik
Fallgruppe 16

Einheitliche und gesonderte Feststellung des Gewinns aus Gewerbebetrieb — Anlage 4 (Lösung)

1. Für 02	Lieder	Maier	Müller	Gesamt
Gewinn der KG				
524 988 zu je $^1/_3$	174 996	174 996	174 996	524 988
Sonderbilanzgewinne	–	54 000	–	54 000
	174 996	228 996	174 996	578 988

ANMERKUNG: Laut Aufgabenstellung (Hinweise) ist auf die Gewerbesteuer nicht einzugehen. Grundsätzlich ergibt sich für die Gewerbesteuer Folgendes:

Für die Gewerbesteuer, die für nach dem 31.12.2007 endende Erhebungszeiträume festgesetzt wird, gilt gemäß § 4 Abs. 5b EStG: Die Gewerbesteuer ist keine Betriebsausgabe mehr. Da die Zahlung von Gewerbesteuern jedoch keine Privatentnahme darstellt, wird die Gewerbesteuer als Betriebsausgabe erfasst und anschließend außerhalb der Bilanz dem Gewinn hinzugerechnet.

FALLGRUPPE 16

Anstellungsverträge mit Gesellschaftern, Re-Investitionsrücklage bei Personengesellschaften

Sachverhalt

Die Firma Albrecht und Bertoldt KG hat seit 1980 ihre Geschäftsleitung und ihren Betrieb in Frankfurt/Main, Lilienweg 13–25. Sie betreibt einen Baumarkt mit einem großen Garten-Center.

Gesellschafter der OHG sind die Kaufleute Johannes Albrecht und Franz Bertoldt. Herr Albrecht ist Komplementär der KG und mit 75 % am Gewinn und am Vermögen der KG beteiligt (laut Vereinbarung im Gesellschaftsvertrag). Herr Bertoldt hat die Stellung eines Kommanditisten und ist am Gewinn und Vermögen der KG mit jeweils 25 % beteiligt (laut Vereinbarung im Gesellschaftsvertrag). Die Kapitalkonten werden nicht verzinst.

Die KG ermittelt ihren Gewinn nach § 5 EStG aufgrund ordnungsmäßiger Buchführung. Das Wirtschaftsjahr entspricht dem Kalenderjahr. Die Steuerbilanzen werden jeweils am 31.3. des folgenden Jahres für das abgelaufene Wirtschaftsjahr erstellt.

Ende 05 wurde für die Jahre 03 und 04 vom zuständigen Finanzamt eine Außenprüfung durchgeführt, die zu folgenden Feststellungen führte:

Tz. 1:

Der Komplementär Albrecht erhält für seine Geschäftsführungstätigkeit seit dem 1.1.03 von der KG ein monatliches Geschäftsführergehalt in Höhe von 5 950 €. Lohnsteuer und Sozialabgaben sind nicht einbehalten worden. Die Beträge sind jeweils zum Ende des Monats pünktlich ausgezahlt. Die KG buchte jeweils:

| Gehälter | 5 950 € | an | Bank | 5 950 € |

Tz. 2:

Bertoldt ist seit Beginn des Jahres 04 als Gärtner mit einer Beschäftigungsdauer von 20 Std./Woche beschäftigt. Sein Gehalt beträgt 1 000 € monatlich und wird jeweils am vorletzten Werktag des Monats ausgezahlt. Da Bertoldt mit dieser Beschäftigung sozialversicherungspflichtig ist, buchte die KG monatlich wie folgt:

Gehälter	900 € an	Bank	900 €

Bei gesetzlicher Fälligkeit der Sozialversicherungsabgaben:

Sozialer Aufwand	200 € an	Bank	200 €

Die Sozialabgaben für Dezember 04 wurden versehentlich erst im Januar 05 überwiesen. Lohnsteuer wurde von der KG nicht einbehalten.

B erklärte beim Finanzamt Einkünfte aus § 19 EStG.

Tz. 3:

Johann Albrecht ist zusätzlich auch Inhaber eines weiteren Einzelunternehmens. In der Steuerbilanz dieses Einzelunternehmens hat Albrecht zum 31.12.01 zulässigerweise eine Rücklage gemäß § 6b Abs. 3 EStG in Höhe von 200 000 € gebildet, die aus der Veräußerung eines unbebauten Grundstücks in 01 resultiert.

Im Dezember 04 hat Albrecht das unbebaute Grundstück Lilienweg 11 für 75 000 € erworben, das er sofort der Albrecht und Bertoldt KG für eine Erweiterung des Garten-Centers zur Verfügung stellt. Die 75 000 € bezahlte Johann Albrecht im Dezember 04 vom privaten Sparbuch. Ab Januar 05 ist für die Nutzung des Grundstücks eine angemessene Miete von der KG an Albrecht zu zahlen.

Am 1.12.04 hat Bertoldt das daneben gelegene unbebaute Grundstück Lilienweg 9 für 25 000 € erworben, das er sofort der Albrecht und Bertoldt KG für eine Erweiterung des Garten-Centers zur Verfügung stellt. Der Kaufpreis wurde am 1.12.04 gezahlt durch Aufnahme eines Bankdarlehens (Zinssatz 6 %) von 25 000 €. Das Darlehen ist ab dem 2.1.05 zu tilgen. Ab diesem Zeitpunkt sind auch die Zinsen monatlich zu entrichten. Für das Grundstück ist ab Januar 05 eine angemessene Miete von der KG an Bertoldt zu zahlen.

Albrecht hat in der Steuerbilanz des Einzelunternehmens die Rücklage in Höhe von 100 000 € mit der Buchung „Rücklage 100 000 an s. b. Erträge 100 000" aufgelöst und in den Sonderbilanzen für Albrecht und Bertoldt zum 31.12.04 wurden die Grundstücke jeweils mit 0 € ausgewiesen.

In der Sonderbilanz des Albrecht wurde gebucht:

Abschreibungen	75 000 € an	Grund und Boden	75 000 €

In der Sonderbilanz des Bertoldt wurde gebucht:

Abschreibungen	25 000 € an	Grund und Boden	25 000 €

Albrecht wünscht nicht, dass die Rücklage auf ein anderes Wirtschaftsgut übertragen wird.

TEIL B
Fallgruppe 16
Bilanzberichtigung/Berichtigungstechnik

Tz. 4:

Bertoldt und Jansen sind an der Bertoldt Gartenbau OHG seit Jahren mit je 50 % am Gewinn und Vermögen beteiligt. In der Steuerbilanz dieser OHG wurde zum 31.12.02 zulässigerweise eine Rücklage gemäß § 6b Abs. 3 EStG in Höhe von 200 000 € gebildet, die aus der Veräußerung eines unbebauten Grundstücks in 01 resultiert. In 04 hat die Albrecht und Bertoldt KG ein weiteres unbebautes Grundstück Lilienweg 1 – 7 zur Erweiterung des Garten-Centers angeschafft (Anschaffungskosten 300 000 €).

In der Steuerbilanz der Bertoldt-Gartenbau-OHG wurde die Rücklage in voller Höhe mit folgender Buchung aufgelöst:

Rücklage   200 000 € an   s. b. Erträge   200 000 €

In der Steuerbilanz (Gesamthandsbilanz) der Albrecht und Bertoldt KG wurde das Grundstück daher folgerichtig mit 100 000 € ausgewiesen.

Buchung:

Abschreibungen   200 000 € an   Grund und Boden   200 000 €

HINWEIS

▶ Soweit Bilanzierungs- und Bewertungswahlrecht noch nicht ausgeübt worden sind, ist die Sachbehandlung zu wählen, die für das Wirtschaftsjahr der Entscheidung zum niedrigsten Gewinn führt.

▶ Die Veranlagungen 03 und 04 für sämtliche im Sachverhalt genannte Firmen stehen unter dem Vorbehalt der Nachprüfung (§ 164 AO).

▶ Die Buchwerte entsprechen den Inventurwerten, soweit in den einzelnen Tz. nichts anderes gesagt wird.

▶ Auf Gewerbesteuer und Gewerbesteuerrückstellungen ist aus Vereinfachungsgründen nicht einzugehen.

Aufgabe

▶ Bei der Lösung ist für die Prüfungsjahre die Rechtslage zum 1.4.2013 zu berücksichtigen.

▶ Die Prüfungsfeststellungen für die Jahre 03 und 04 sind auszuwerten. Ggf. sind berichtigte **Steuerbilanzen** aufzustellen. Die Entscheidungen sind unter Angabe der Rechtsgrundlagen kurz zu begründen.

▶ Wenn der Jahresabschluss der Einzelfirma Albrecht geändert werden sollte, sind die Auswirkungen lediglich in einem Bilanzkreuz darzustellen.

▶ Sollte der Jahresabschluss der Bertoldt Gartenbau OHG geändert werden müssen, sind auch hier die Auswirkungen lediglich in einem Bilanzkreuz darzustellen. Ggf. erforderliche Sonder- und/oder Ergänzungsbilanzen für die Beteiligen dieser OHG sind zum 31.12.04 zu erstellen.

▶ Soweit Bilanzansätze, Entnahmen, Einlagen oder Erfolgsposten durch die Prüfungsfeststellungen geändert werden, sind die Korrekturen zahlenmäßig zu entwickeln.

Bilanzberichtigungen bei Personengesellschaften

TEIL B
Fallgruppe 16

- ▶ Für den Gesamthandsbereich der Albrecht und Bertoldt KG sind folgende Berichtigungen in den Anlagen vorzunehmen:
  - Erstellung einer Prüferbilanz auf den 31.12.04 (Anlage 1),
  - Erstellung der Mehr- und Weniger-Rechnung (Anlage 2),
  - Kapitalkontenentwicklungen (Anlage 3).
- ▶ Für den Sonderbereich Albrecht (in der Albrecht und Bertoldt KG) sind zu erstellen:
  - die Sonderbilanzen auf den 31.12.03 und den 31.12.04 (einschließlich der Kapitalkontenentwicklungen) sowie die GuV-Rechnungen für 03 und 04 (Anlage 4).
- ▶ Für den Sonderbereich Bertoldt (in der Albrecht und Bertoldt KG) sind zu erstellen:
  - die Sonderbilanz auf den 31.12.04 (einschließlich der Kapitalkontenentwicklung) sowie die GuV-Rechnung für 04 (Anlage 5).
- ▶ Der einheitlich und gesondert festzustellende Gewinn der Albrecht und Bertoldt KG ist zu ermitteln (Anlage 6).

Steuer- und Prüferbilanzen der Albrecht und Bertoldt KG

Anlage 1

	StB	StB	Änderungen	PB
	31.12.03	31.12.04		31.12.04
Aktiva				
Grund und Boden	140 000	260 000		
Gebäude	300 000	275 000		
Geschäftsausstattung	83 000	75 000		
Vorräte	560 000	538 000		
Geldkonten	17 500	68 400		
Sonstige Forderungen	12 000	20 000		
Sonstige Aktiva	335 000	558 000		
Summe Aktiva	1 447 500	1 794 400		
Passiva				
Kapital I J. A.	400 000	400 000		
Kapital I F. B.	100 000	100 000		
Kapital II J. A.	344 000	397 000		
Kapital II F. B.	76 000	43 000		
Verbindlichkeiten	310 000	520 000		
Sonstige Verb.	117 000	128 000		
Umsatzsteuer	11 500	28 400		
Sonstige Passiva	89 000	178 000		
Summe Passiva	1 447 500	1 794 400		

TEIL B
Bilanzberichtigung/Berichtigungstechnik

Fallgruppe 16

Mehr- und Weniger-Rechnung der Albrecht und Bertoldt KG   Anlage 2

Tz.	Vorgang	03 +	03 ./.	04 +	04 ./.
	Summen				
	Mehr/Weniger				
	Gewinn lt. StB	400 000		300 000	
	Gewinn lt. PB				

Kapitalkontenentwicklung (Kapitalkonto II) der Albrecht und Bertoldt KG   Anlage 3

	Johannes Albrecht StB	Johannes Albrecht Änderung	Johannes Albrecht PB	Franz Bertoldt StB	Franz Bertoldt Änderung	Franz Bertoldt PB
31.12.02	145 000			34 000		
Entnahmen	./. 135 000			./. 70 000		
Einlagen	34 000			12 000		
Gewinn	300 000			100 000		
31.12.03	344 000			76 000		
Entnahmen	./. 192 000			./. 108 000		
Einlagen	20 000			–		
Gewinn	225 000			75 000		
31.12.04	397 000			43 000		

Sonderbilanzen Albrecht (Albrecht und Bertoldt KG)   Anlage 4

Sonderbilanz für Johann Albrecht auf den 31.12.03

Bilanzberichtigungen bei Personengesellschaften — **TEIL B**, Fallgruppe 16

Sonder-GuV für Johann Albrecht für 03

Sonderbilanz für Johann Albrecht auf den 31.12.04

Sonder-GuV für Johann Albrecht für 04

Sonderbilanzen Bertoldt (Albrecht und Bertoldt KG)　　　　　　　　　　　　　　　Anlage 5

Sonderbilanz für Franz Bertoldt auf den 31.12.04

Sonder-GuV für Franz Bertoldt für 04

TEIL B	Bilanzberichtigung/Berichtigungstechnik
Fallgruppe 16	

Einheitliche und gesonderte Feststellung des Gewinns aus Gewerbebetrieb für die Albrecht und Bertoldt KG

Anlage 6

Für 03:

	Albrecht	Bertoldt	Gesamt

Für 04:

	Albrecht	Bertoldt	Gesamt

Lehrbuch Buchführung und Bilanzsteuerrecht, Rdn. 1148 ff., 1626 ff.

Tz. 1:

Albrecht übt seine Geschäftsführungstätigkeit selbständig im Sinne des § 2 UStG aus, da er als Komplementär gesetzlich mit entsprechenden Vollmachten ausgestattet ist und auch tatsächlich niemandem gegenüber weisungsgebunden ist. Seine sonstige Leistung im Sinne des § 3 Abs. 9 UStG findet gegen Entgelt, also im Leistungsaustausch statt. Die Leistung ist demnach steuerbar und mangels Steuerbefreiung auch steuerpflichtig. Bemessungsgrundlage nach § 10 Abs. 1 UStG ist alles, was die KG aufwendet, jedoch abzüglich der USt, also 5 000 € monatlich. Die USt beträgt monatlich 950 €.

Gesamthandsbilanz der KG

Der Nettoaufwand der Vergütungen für die Geschäftsführertätigkeit stellt eine Betriebsausgabe bei der KG dar.

In Höhe der entstehenden USt von monatlich 950 € = 11 400 € jährlich hat die KG gegen ihren Geschäftsführer einen Anspruch auf Erteilung einer ordnungsgemäßen Rechnung im Sinne des § 14 Abs. 4 UStG. Bis diese Rechnung vorliegt, muss sie eine Bilanzposition „sonstige Forderung (noch nicht verrechenbare Vorsteuer)" aktivieren.

Konto	StB	PB	Auswirkungen	
Sonstige Forderungen 1.1.03	–	–		
Zugang 03	–	11 400	Gewinn 03	+ 11 400
31.12.03	–	11 400	(+ 11 400)	
Zugang 04	–	11 400	Gewinn 04	+ 11 400
31.12.04	–	22 800	(+ 22 800)	

Sonderbilanz des Albrecht

Vergütungen im Sinne des § 15 Abs. 1 Nr. 2, 2. Halbsatz EStG für die Tätigkeit im Dienste der Gesellschaft sind in Höhe der Nettovergütungen, ohne die gesetzliche USt, anzunehmen. Die gesetzlich geschuldete USt ist, soweit noch nicht bezahlt, in der Sonderbilanz als Schuld auszuweisen. Die in den Sonderbereich geflossenen Beträge in Höhe von insgesamt 71 400 € pro Jahr können nur als Entnahme erfasst werden, weil im Sonderbereich typischerweise kein Finanzkonto geführt wird.

Folgende Buchung hätte im Sonderbereich sowohl in 03 als auch 04 erfolgen müssen:

Entnahmen	71 400 € an	Erträge (Gehalt)	60 000 €
		Umsatzsteuer	11 400 €

Tz. 2:

Bertoldt erhält zwar auch ein gewinnunabhängiges Entgelt in Höhe von 1 000 €. Als Kommanditist und angestellter Gärtner hat er aber weder gesetzlich noch tatsächlich eine Position, die ihn weisungsungebunden erscheinen lässt. Er ist daher nicht selbständig im Sinne des § 2 UStG und sozialversicherungspflichtig. Dennoch sind die Vergütungen, die er von der KG erhält, Sonderbetriebseinnahmen im Sinne des § 15 Abs. 1 Nr. 2, 2. Halbsatz EStG.

Gesamthandsbilanz der KG

Die Behandlung der Vergütung des Bertoldt ist in Höhe des Nettogehaltes (12 x) und der Sozialversicherungsbeiträge (11 x) in der KG korrekt. Für die Dezemberbeträge 04 in Höhe von 200 € muss jedoch noch eine sonstige Verbindlichkeit zu Lasten der sozialen Aufwendungen eingebucht werden.

Konto	StB	PB	Auswirkungen	
Sonstige Verb. 1.1.04	–	–		
Zugang 04	–	200	Gewinn 04	./. 200
31.12.04	–	200	(+ 200)	

TEIL B Bilanzberichtigung/Berichtigungstechnik

Fallgruppe 16

Sonderbilanz des Bertoldt

Die Vergütungen, die Bertholdt von der KG erhält, sind ebenfalls Sonderbetriebseinnahmen im Sinne des § 15 Abs. 1 Nr. 2, 2. Halbsatz EStG. Dazu gehören auch die Arbeitnehmerbeiträge zur Sozialversicherung. Da hier der Dezemberbetrag noch nicht ausgezahlt ist, ist eine sonstige Forderung zu bilanzieren. Nach langjähriger Verwaltungspraxis gehörten die Arbeitgeberbeiträge bisher ebenfalls zu den Vergütungen in diesem Sinne, weil die steuerbefreiende Vorschrift des § 3 Nr. 62 EStG nur für Einkünfte aus § 19 gelten soll (s. Anmerkung). Dieser Verwaltungsauffassung wird in der Lösung gefolgt.

Buchung im Sonderbereich Franz Bertoldt in 04:

Sonstige Forderung	200 €	an Erträge (Gehalt)	13 200 €
Entnahmen	11 900 €		
Entnahmen (AG-Anteile, soweit gezahlt 11 x 100)	1 100 €		

ANMERKUNG ▶ Zwar hat der BFH hat mit Urteil vom 6.6.2002 VI R 178/97, BStBl 2003 zur Lohnsteuer entschieden, dass die Arbeitgeberbeiträge kein Bestandteil des Arbeitslohns sind, weil es bei sachgerechter Würdigung des sog. Generationenvertrages am konkreten Vorteil auf der Seite des Arbeitnehmers mangelt. Aber mit Urteil vom 30.08.2007 IV R 14/06 hat der BFH klargestellt, dass dies nicht für Mitunternehmer gilt: Arbeitgeberanteile zur Sozialversicherung eines Mitunternehmers, der sozialversicherungsrechtlich als Arbeitnehmer angesehen wird, gehören – unabhängig davon, ob sie dem Mitunternehmer zufließen – zu den Vergütungen, die er für seine Tätigkeit im Dienste der Gesellschaft bezogen hat.

Tz. 3:

Die Anwendung des § 6b EStG ist personenbezogen. Das bedeutet für die im Einzelunternehmen des Albrecht gebildete Rücklage: Die Übertragung stiller Reserven ist grundsätzlich nur insoweit möglich, wie die stillen Reserven des ausgeschiedenen Wirtschaftsgutes dem Albrecht zugerechnet werden, also 100 000 €. Die stillen Reserven müssen jedoch auch nach der Übertragung auf ein anderes Wirtschaftsgut dem Albrecht zugerechnet werden. Dies ist hier nur hinsichtlich des Grundstücks gegeben, das Albrecht in seinem Sonderbetriebsvermögen erwirbt.

Eine Übertragung dieser Rücklage auf das von Bertoldt in dessen Sonderbetriebsvermögen gehaltene Grundstück kommt daher nicht in Betracht.

Die buchmäßige Behandlung ergibt sich aus R 6b.2 Abs. 8 EStR:

Wird der begünstigte Gewinn, der bei der Veräußerung eines Wirtschaftsgutes entstanden ist, bei den Anschaffungskosten eines Wirtschaftsgutes eines anderen Betriebes des Steuerpflichtigen berücksichtigt, so ist im veräußernden Betrieb der begünstigte Gewinn dem Kapitalkonto erfolgsneutral zuzurechnen. In Höhe des begünstigten Gewinns ist im anschaffenden Betrieb das Kapitalkonto erfolgsneutral zu mindern.

Im Einzelnen ergeben sich hieraus folgende Auswirkungen:

Einzelunternehmen des Albrecht

Eine Übertragung der Rücklage kommt nur in Höhe von 75 000 € in Betracht. Die Rücklage in Höhe von 25 000 € bleibt bestehen.

Der Gewinn des Jahres 04 mindert sich um 100 000 €, da die Auflösung der Rücklage in Höhe von 75 000 € erfolgsneutral erfolgen musste. Statt „Rücklage an s. b. Erträge 100 000" hätte „Rücklage an Kapital 75 000" gebucht werden müssen.

Bilanzkreuz 31.12.04

	Kapital	+ 75 000
	Rücklage	+ 25 000
	s. b. Ertr.	./. 100 000
0		0

Sonderbilanz des Albrecht

Die Übertragung der stillen Reserven auf das neu erworbene Grundstück in Höhe von 75 000 € ist grundsätzlich nicht zu beanstanden. Die Übertragung hätte jedoch auch hier erfolgsneutral erfolgen müssen. Der bisher ausgewiesene Verlust von 75 000 € hätte daher nicht ausgewiesen werden dürfen.

Folgende Buchungen hätten in 04 im Sonderbereich erfolgen müssen:

Grundstück	75 000 €	an	Einlage	75 000 €
Kapital	75 000 €	an	Grundstück	75 000 €

Konto	StB	PB	Auswirkungen	
Grundstück – neu	–	–		
Zugang 04	75 000	75 000		
Rücklagenübertragung	./. 75 000	./. 75 000	Gewinn	+ 75 000
31.12.04	–	–	Kapital	./. 75 000

Sonderbilanz des Bertoldt

Eine Übertragung stiller Reserven auf das von Bertoldt erworbene Grundstück kommt nicht in Betracht. Der bisher ausgewiesene Verlust von 25 000 € hätte daher nicht ausgewiesen werden dürfen. Das Darlehen hängt mit dem im Sonderbereich auszuweisenden Grundstück zusammen und ist daher in der Sonderbilanz auszuweisen, ebenso der Zinsanteil, der auf das Jahr 04 entfällt: $1/12$ von 6 % von 25 000 € = 125 €.

Folgende Buchungen hätten in 04 im Sonderbereich erfolgen müssen:

Grundstück	25 000 €	an	Darlehen	25 000 €
Zinsaufwand	125 €	an	sonst. Verb.	125 €

Konto	StB	PB	Auswirkungen	
Grundstück – neu	–	–		
Zugang 04	25 000	25 000		
Rücklagenübertragung	./. 25 000	–	Gewinn	+ 25 000
31. 12. 04	–	25 000	(+ 25 000)	

> **ANMERKUNG** Mit der Aussage des Albrecht, er wünsche keine Übertragung von stillen Reserven auf ein anderes Wirtschaftsgut, ist explizit ausgedrückt, dass er **keinen Antrag auf Bilanzänderung** stellt.

Tz. 4:

Auch hier gilt: Die Anwendung des § 6b EStG ist personenbezogen. Das bedeutet für die in der Bertoldt-Gartenbau-OHG gebildete Rücklage: Die Übertragung stiller Reserven ist grundsätzlich nur insoweit möglich, wie die stillen Reserven des ausgeschiedenen Wirtschaftsgutes dem Bertoldt zugerechnet werden, also 100 000 € (= 50 % von 200 000 €). Die stillen Reserven müssen jedoch auch nach der Übertragung auf ein anderes Wirtschaftsgut dem Albrecht zugerechnet werden. Das im Gesamthandsvermögen der Albrecht und Bertoldt KG erworbene Grundstück wird dem Bertoldt jedoch nur zu 25 % zugerechnet. Damit ist er auch nur zu 25 % an den stillen Reserven dieses neu erworbenen Grundstücks beteiligt. Bertoldt hat daher seinen Anteil am Grundstück zu 75 000 € (= 25 % von 300 000 €) erworben. Daher können stille Reserven auch höchstens in Höhe von 75 000 € auf dieses Grundstücks übertragen werden.

Die buchmäßige Behandlung ergibt sich aus R 6b.2 Abs. 8 EStR:

Wird der begünstigte Gewinn, der bei der Veräußerung eines Wirtschaftsgutes entstanden ist, bei den Anschaffungskosten eines Wirtschaftsgutes eines anderen Betriebes des Steuerpflichtigen berücksichtigt, so ist im veräußernden Betrieb der begünstigte Gewinn dem Kapitalkonto erfolgsneutral zuzurechnen. In Höhe des begünstigten Gewinns ist im anschaffenden Betrieb das Kapitalkonto erfolgsneutral zu mindern.

Im Einzelnen ergeben sich hieraus folgende Auswirkungen:

Gesamthandsbilanz der Bertoldt Gartenbau OHG

In der Gesamthandsbilanz der Bertoldt Gartenbau OHG ist die Rücklage erfolgsneutral aufzulösen, da die verbleibende Rücklage nicht beiden Gesellschaftern ihren Anteilen an der Gesellschaft entsprechend zuzurechnen ist.

Die zutreffende Buchung im Gesamthandsbereich ist daher:

Rücklage   200 000 € an   Kapital Bertoldt   100 000 €
                                         Kapital Jansen   100 000 €

(statt: Rücklage 200 000 € an s. b. Erträge 200 000 €).

Der Gewinn des Jahres 04 dieser Gesellschaft mindert sich somit um 200 000 €.

Die Rücklagen werden – soweit sie nicht übertragen werden – in Ergänzungsbilanzen der Gesellschafter ausgewiesen.

Bilanzkreuz 31.12.04

	Kapital Bertoldt	+100 000
	Kapital Jansen	+100 000
	s. b. Erträge	./. 200 000
0		0

Ergänzungsbilanz des Bertoldt in der Bertoldt Gartenbau OHG

Eine Übertragung der auf Bertoldt entfallenden Rücklage kommt nur in Höhe von 75 000 € in Betracht. Die Rücklage in Höhe von 25 000 € wird in der Ergänzungsbilanz des Bertoldt ausgewiesen.

Dieser Vorgang ist erfolgsneutral zu erfassen mit der Buchung:

Kapital   25 000 € an   Rücklage   25 000 €

Bilanzkreuz 31.12.04

	Kapital	./. 25 000
	Rücklage	+25 000
0		0

Ergänzungsbilanz des Jansen in der Bertoldt Gartenbau OHG

Eine Übertragung der auf Jansen entfallenden Rücklage kommt nicht in Betracht. Die Rücklage in Höhe von 100 000 € wird in der Ergänzungsbilanz des Jansen ausgewiesen.

Dieser Vorgang ist erfolgsneutral zu erfassen mit der Buchung „Kapital an Rücklage 100 000".

Bilanzkreuz 31.12.04

	Kapital	./. 100 000
	Rücklage	+100 000
0		0

Gesamthandsbilanz der KG

In der Gesamthandsbilanz der Albrecht und Bertoldt KG ist das Grundstück mit dem Anschaffungskosten von 300 000 € auszuweisen. Die Übertragung der stillen Reserven findet lediglich in einer Ergänzungsbilanz des Bertoldt statt. Daraus ergeben sich für die KG folgende Auswirkungen:

Konto	StB	PB	Auswirkungen	
Grundstück – neu	–	–		
Zugang 04	300 000	300 000		
Rücklagenübertragung	./. 200 000	–	Gewinn	+200 000
31.12.04	100 000	300 000	(+ 200 000)	

TEIL B
Fallgruppe 16
Bilanzberichtigung/Berichtigungstechnik

Ergänzungsbilanz des Bertoldt in der Albrecht und Bertoldt KG

Im Ergänzungsbereich hätte in 04 folgende Buchung erfolgen müssen:

Kapital   75 000 €   an   Grundstück   75 000 €

Hieraus ergibt sich ein Gewinn für 04 im Ergänzungsbereich von 0 €.

Konto	StB	PB	Auswirkungen	
Grundstück – neu		75 000	Kapital	./. 75 000
Minderwert	–			
31. 12. 04		–	75 000	(+ 75 000)

Steuer- und Prüferbilanzen der Albrecht und Bertoldt KG (Lösung)   Anlage 1

	StB	StB	Änderungen	PB
	31. 12. 03	31. 12. 04		31. 12. 04
Aktiva				
Grund und Boden	140 000	260 000	4) + 200 000	460 000
Gebäude	300 000	275 000		275 000
Geschäftsausstattung	83 000	75 000		75 000
Vorräte	560 000	538 000		538 000
Geldkonten	17 500	68 400		68 400
Sonstige Forderungen	12 000	20 000	1) + 22 800	42 800
Sonstige Aktiva	335 000	558 000		538 000
Summe Aktiva	1 447 500	1 794 400		2 017 200
Passiva				
Kapital I J. A.	400 000	400 000		400 000
Kapital I F. B.	100 000	100 000		100 000
Kapital II J. A.	344 000	397 000	Lt. Anlage 3	563 950
Kapital II F. B.	76 000	43 000	Lt. Anlage 3	98 650
Verbindlichkeiten	310 000	520 000		520 000
Sonstige Verb.	117 000	128 000	2) + 200	128 200
Umsatzsteuer	11 500	28 400		28 400
Sonstige Passiva	89 000	178 000		178 000
Summe Passiva	1 447 500	1 794 400		2 017 200

Mehr- und Weniger-Rechnung der Albrecht und Bertoldt KG (Lösung)   Anlage 2

Tz.	Vorgang	03 +	03 ./.	04 +	04 ./.
1	Lohnaufwand	11 400		11 400	
2	Sozialer Aufwand				200
4	Abschreibungen			200 000	
	Summen	11 400		211 400	200
				./. 200	
	Mehr/Weniger	11 400		211 200	
	Gewinn lt. StB	400 000		300 000	
	Gewinn lt. PB	411 400		511 200	
Gewinnanteile Albrecht		308 550		383 400	
Gewinnanteile Bertoldt		102 850		127 800	

Dieser Gewinn wird vertragsgemäß zu 75 % Albrecht und zu 25 % Bertoldt zugerechnet.

Kapitalkontenentwicklung (Kapitalkonto II) der Albrecht und Bertoldt KG   Anlage 3

	Johannes Albrecht StB	Änderung	PB	Franz Bertoldt StB	Änderung	PB
31.12.02	145 000		145 000	34 000		34 000
Entnahmen	./.135 000		./.135 000	./.70 000		./.70 000
Einlagen	34 000		34 000	12 000		12 000
Gewinn	300 000	Lt. Anlage 2	308 550	100 000	Lt. Anlage 2	102 850
31.12.03	344 000		352 550	76 000		78 850
Entnahmen	./.192 000		./.192 000	./.108 000		./.108 000
Einlagen	20 000		20 000	–		–
Gewinn	225 000		383 400	75 000		127 800
31.12.04	397 000		563 950	43 000		98 650

TEIL B — Fallgruppe 16 — Bilanzberichtigung/Berichtigungstechnik

Sonderbilanzen Albrecht (Albrecht und Bertoldt KG) — Anlage 4 (Lösung)

Sonderbilanz für Johann Albrecht auf den 31.12.03

		Kap 1.1.	0
		PE	./. 71 400
		Gewinn	+ 60 000
		Kapital 31.12.	./. 11 400
		USt-Schuld 31.12.03	11 400
	0		0

Sonder-GuV für Johann Albrecht für 03

Gewinn	60 000	Gehalt (Netto)	60 000
	60 000		60 000

Sonderbilanz für Johann Albrecht auf den 31.12.04

Grundstück	0	Kap 1.1.	./. 11 400
		Einlage	75 000
		Kapitalminderung	./. 75 000
		PE	./. 71 400
		Gewinn	+ 60 000
		Kapital 31.12.	./. 22 800
		USt-Schuld 31.12.03	22 800
	0		0

Sonder-GuV für Johann Albrecht für 04

Gewinn	60 000	Gehalt (Netto)	60 000
	60 000		60 000

Sonderbilanzen Bertoldt (Albrecht und Bertoldt KG) — Anlage 5 (Lösung)

Sonderbilanz für Franz Bertoldt auf den 31.12.04

Grundstück	25 000	Kap 1.1.	0
Sonstige Forderung	200	PE	./. 13 000
		Gewinn	+ 13 075
		Kapital 31.12.	75
		Darlehen	25 000
		Sonst. Verb.	125
	25 200		25 200

Bilanzberichtigungen bei Personengesellschaften — TEIL B, Fallgruppe 16

Sonder-GuV für Franz Bertoldt für 04

Zinsaufwand	125	Erträge (Gehalt)	13 200
Gewinn	13 075		
Gewinn	13 200		13 200

Einheitliche und gesonderte Feststellung des Gewinns aus Gewerbebetrieb für die Albrecht und Bertoldt KG

Anlage 6 (Lösung)

Für 03		Albrecht	Bertoldt	Gesamt
Gewinn der KG	411 400			
Gewinnverteilung (75:25)		308 550	102 850	411 400
Gesamthandsgewinn		308 550	102 850	411 400
Sonderbilanzgewinne		60 000		60 000
		368 550	102 850	471 400

Für 04		Albrecht	Bertoldt	Gesamt
Gewinn der KG	511 200			
Gewinnverteilung (75:25)		383 400	127 800	511 200
Gesamthandsgewinn		383 400	127 800	511 200
Sonderbilanzgewinne		60 000	13 075	73 075
		443 400	140 875	584 275

ANMERKUNGEN Laut Aufgabenstellung (Hinweise) ist auf die Gewerbesteuer nicht einzugehen. Grundsätzlich ergibt sich für die Gewerbesteuer Folgendes:

Für die Gewerbesteuer, die für nach dem 31.12.2007 endende Erhebungszeiträume festgesetzt wird, gilt gemäß § 4 Abs. 5b EStG: Die Gewerbesteuer ist keine Betriebsausgabe mehr. Da die Zahlung von Gewerbesteuern jedoch keine Privatentnahme darstellt, wird die Gewerbesteuer als Betriebsausgabe erfasst und anschließend außerhalb der Bilanz dem Gewinn hinzugerechnet.

Mit Inkrafttreten des BilMoG wurde der Grundsatz der umgekehrten Maßgeblichkeit aufgehoben; damit dürfen in der Handelsbilanz Sonderposten mit Rücklageanteil (hier: Rücklage nach § 6b EStG) nicht mehr passiviert werden. In der Vergangenheit passivierte Sonderposten dürfen jedoch beibehalten oder erfolgsneutral durch Einstellung in die Gewinnrücklage aufgelöst werden. (Art. 66 Abs. 1 EGHGB). Lt. Aufgabenstellung waren auch nur die Auswirkungen auf die Steuerbilanz darzustellen.

Rein steuerliche Abschreibungen (hier: Abschreibungen gemäß § 6b EStG) sind in der Handelsbilanz nach Inkrafttreten des BilMoG nicht mehr möglich. Die erfolgsneutrale Auflösung eines noch in der HB fortgeführten Sonderpostens führt nicht zu Abschreibungen in der HB, während in der StB solche Abschreibungen vorgenommen werden, gleichzeitig jedoch die Auflösung der Rücklage gewinnerhöhend erfolgt.

IV. Bilanzberichtigungen bei Kapitalgesellschaften

Die Besonderheiten sollen anhand der folgenden Fallgruppe 17 aufgezeigt werden.

Re-Investitionsrücklage, Rücklage für Ersatzbeschaffung, geringwertige Wirtschaftsgüter, verdeckte Gewinnausschüttungen, Besonderheiten bei Kapitalgesellschaften

Sachverhalt

Die Tonscheidt GmbH hat ihren Sitz in Bielefeld und stellt Spezialmaschinen für die Baubranche her. An dem gezeichneten (Stamm-)Kapital von 400 000 € sind Herbert Tonscheidt mit 80 % und seine Ehefrau Ilona Tonscheidt mit 20 % beteiligt.

Das Wirtschaftsjahr entspricht dem Kalenderjahr. Die GmbH ermittelt ihren Gewinn gemäß §§ 4 Abs. 1, 5 EStG in Verbindung mit den einschlägigen handelsrechtlichen Vorschriften. Für die Jahre 09 und 10 wurden von der GmbH folgende Steuerbilanzen auf den 31.12.09 und den 31.12.10 sowie entsprechende GuV-Rechnungen dem Finanzamt eingereicht.

Bilanz auf den 31.12. 09

Grund u. Boden	250 000	Stammkapital	400 000
Sonstige Aktiva	4 238 000	Rücklagen	320 000
		Gewinnvortrag	100 000
		Jahresüberschuss	1 099 400
		steuerfreie Rücklagen	199 767
		Sonstige Passiva	2 281 333
		KSt-Rückstellung	87 500
	4 488 000		4 488 000

Gewinn- und Verlustrechnung 09

Verschiedene		Verschiedene	
Aufwendungen	7 392 800	Erlöse	8 710 000
Beiratsvergütungen	30 000		
KSt-Aufwand 09	187 800		
Jahresüberschuss	1 099 400		
	8 710 000		8 710 000

Bilanzberichtigungen bei Kapitalgesellschaften — TEIL B — Fallgruppe 17

Bilanz auf den 31.12.10

Grund u. Boden	200 233	Stammkapital	400 000
Sonstige Aktiva	4 599 767	Rücklagen	675 000
		Gewinnvortrag	100 000
		Jahresüberschuss	1 287 024
		steuerfreie Rücklagen	100 000
		Sonstige Passiva	2 205 000
		KSt-Rückstellung	32 976
	4 800 000		4 800 000

Gewinn- und Verlustrechnung 10

Verschiedene Aufwendungen	6 917 000	Verschiedene Erlöse	8 527 000
Beiratsvergütungen	40 000		
KSt-Aufwand 10	282 976		
Jahresüberschuss	1 287 024		
	8 527 000		8 527 000

In diesen Rechenwerken sind die einzelnen Bilanz- sowie GuV-Positionen stark verdichtet. Deshalb werden folgende Erläuterungen gegeben:

In der Position „Sonstige Passiva" sind auch die Rückstellungen (mit Ausnahme der KSt-Rückstellungen) enthalten. Hierbei ist die Gewerbesteuerrückstellung für 09 zutreffend (vor in den Tz. genannten Bp-Feststellungen) mit 62 800 € ermittelt worden; für 10 wurde bisher keine Gewerbesteuerrückstellung gebildet. Der Gewerbesteuerhebesatz beträgt für 09 und 10 je 400 %.

In der GuV-Position „Verschiedene Aufwendungen" sind u. a. folgende Positionen enthalten:

	09	10
Gewerbesteuer-Vorauszahlungen	150 000 €	300 000 €
Zuführung zu Gewerbesteuer-Rückstellung	62 800 €	–
Zinsaufwendungen	120 000 €	130 000 €

Bei den Bilanzaufstellungen für 09 am 31.3.10 bzw. für 10 am 31.3.11 wurde beschlossen, für 09 bzw. für 10 eine Ausschüttung von jeweils 400 000 € vorzunehmen. Diese Ausschüttungen wurden jeweils im Monat nach der Bilanzaufstellung vorgenommen und zutreffend gebucht. Zum 31.12.08 wurde der Bestand des steuerlichen Einlagenkontos auf 20 000 € festgestellt. Das Eigenkapital laut Steuerbilanz beträgt zum 31.12.08 850 000 €, das Nennkapital 400 000 €.

TEIL B — Bilanzberichtigung/Berichtigungstechnik
Fallgruppe 17

Im April 11 fand bei der GmbH für die Jahre 09 und 10 eine Außenprüfung statt, die zu folgenden Ergebnissen führte:

Tz: 1: Lieferung an die Straßenbau-AG

Die Tonscheidt GmbH lieferte im November 10 10 Betonfertigteile zum Preise von je 40 000 € pro Stück = insgesamt 400 000 € zuzüglich Umsatzsteuer.an die Straßenbau-AG in Ludwigshafen. Alleinige Anteilseignerin der Straßenbau-AG ist die Wilhelm GmbH in München, deren Anteile zu 100 % von der Tonscheidt GmbH gehalten werden.

Fremden Dritten hätte die Tonscheidt GmbH die Betonfertigteile für 30 000 € pro Stück geliefert. Dieser Vorgang wurde bei Rechnungserstellung am 30. 11. 10 wie folgt gebucht.

Forderungen	476 000 € an	Umsatzerlöse	400 000 €
		Umsatzsteuer	76 000 €

Die Zahlung erfolgte im Januar des Folgejahrs.

Tz. 2: Gesellschafterdarlehen

Der Gesellschafter Herbert Tonscheidt gewährte am 30. 12. 06 der Tonscheidt GmbH ein Darlehen über 100 000 €, das am 30. 12. 15 in einer Summe zurückzuzahlen ist. Das Darlehen wird mit einem angemessenen Zinssatz von 7 % verzinst. Die Zinsen sind jeweils zum 31. 1. des Folgejahres fällig.

Am 28. 1. 10 verzichtet Herbert Tonscheidt der GmbH gegenüber auf Zahlung der Zinsen für 09 und 10, da die GmbH Ende 10 mit hohen Investitionskosten rechnet.

Die Zinsaufwendungen für die Jahre 06 bis 08 wurden zutreffend gebucht; für 09 und 10 wurden bisher keine Buchungen vorgenommen.

Tz. 3: Rücklagen

Die GmbH verkaufte wegen der drohenden Enteignung am 31. 7. 09 das ihr gehörende Betriebsgrundstück. Sie erhielt von der Gemeinde hierfür folgende Zahlungen:

1.	Kaufpreis für das Grundstück	250 000 €
2.	Kaufpreis für das Gebäude	400 000 €
3.	Entschädigung für den Lastenaufzug (Betriebsvorrichtung)	59 500 €
4.	Entschädigung für den durch die Grundstücksaufgabe entgangenen Gewinn	15 200 €

Als Einheitswert für das Betriebsgrundstück war auf den 1. 1. 09 ein Wert von 45 000 € festgestellt worden und hinsichtlich der GewSt zutreffend berücksichtigt.

Der Grund und Boden war 7 Jahre zuvor für 180 000 € erworben, das aufstehende Bürogebäude am 10. 12. 06 fertig gestellt (Herstellungskosten 400 000 €) und nach § 7 Abs. 4 Nr. 1 EStG abgeschrieben worden. Zum gleichen Zeitpunkt wurde auch der Lastenaufzug eingebaut, dessen zutreffende lineare Jahres-AfA 9 200 € beträgt.

Zum 31.12.08 betrugen die zutreffenden Buchwerte:

Grund und Boden	180 000 €
Gebäude	375 000 €
Lastenaufzug	45 233 €

In 09 hat die GmbH gebucht:

Geldkonto	700 000 €	an Grund und Boden	180 000 €
		Gebäude	375 000 €
		Lastenaufzug	45 233 €
		steuerfreie Rücklagen	99 767 €

In 10 wurde diese Rücklage in voller Höhe auf den in 10 neu erworbenen Grund und Boden übertragen; dieser Grund und Boden wurde daher in der Bilanz zum 31.12.10 angesetzt mit 200 233 € (AK 300 000 ./. 99 767). Mit der Bebauung des Grundstücks wurde Anfang 11 begonnen, wobei bereits bei der Veräußerung feststand, dass das neue Gebäude keinen Lastenaufzug mehr erhalten sollte.

Der Einheitswert für das neu erworbene Betriebsgrundstück wurde erstmals zum 1.1.11 mit dem Wert von 25 000 € der GmbH zugerechnet.

Tz. 4: steuerfreie Rücklagen

Ende 09 und 10 stand in den Bilanzen jeweils eine steuerfreie Rücklage in Höhe von 100 000 € zu Buch, die zum 31.12.06 in zutreffender Höhe bei Veräußerung von Grund und Boden gemäß § 6b EStG gebildet worden war.

Tz. 5: „GWG"

Auf dem Konto „GWG" wurden in 10 Büromaschinen im Wert von insgesamt 20 000 € erfasst, obwohl deren Anschaffungskosten je Stück 1 333,33 € betrugen. Dieses Konto wurde über die GuV abgeschlossen. Die Büromaschinen wurden sämtlich im Juli 10 geliefert; ihre betriebsgewöhnliche Nutzungsdauer beträgt einheitlich 5 Jahre.

Tz. 6: Gehalt des Gesellschafter-Geschäftsführers

Der Gesellschafter-Geschäftsführer der GmbH, Herr Herbert Tonscheidt, erhielt in 09 und 10 den ihm arbeitsvertragsgemäß zustehenden Arbeitslohn von 400 000 €, der jeweils als Aufwand gebucht wurde. Im Einvernehmen mit Herrn Tonscheidt wurde festgestellt, dass dieser Lohn unstreitig um jeweils 200 000 € überhöht ist (jeder andere Geschäftsführer, der nicht Gesellschafter der GmbH ist, hätte lediglich einen Jahreslohn von 200 000 € erhalten).

Tz. 7: Gewerbesteuerrückstellungen

Die Gewerbesteuerrückstellungen sind in zutreffender Höhe zu bilden.

Aufgabe

Stellen Sie die zutreffenden Steuerbilanzen des Prüfers auf und ermitteln Sie sämtliche Besteuerungsgrundlagen, die in Bescheide des Finanzamts eingehen sollen!

TEIL B	Bilanzberichtigung/Berichtigungstechnik
Fallgruppe 17	

Gehen Sie hierbei davon aus, dass die GmbH sämtliche Wahlrechte zu ihren Gunsten ausüben möchte. Hierzu evtl. erforderliche Anträge auf Bilanzänderung gelten als gestellt. Gehen Sie davon aus, dass evtl. (vor Inkrafttreten des BilMoG) erforderliche Berichtigungen der Handelsbilanz vor Aufstellung der Prüferbilanz erfolgt sind.

Hierbei sind die folgenden Besonderheiten zu beachten:

1. Das handelsrechtlich festgestellte Kapital (Stammkapital, Kapital- und Gewinnrücklagen, Gewinnvortrag und Jahresüberschuss) zum 31.12.09 und zum 31.12.10 kann durch das Finanzamt nicht verändert werden.

2. Da jedoch der steuerrechtliche Gewinn häufig falsch ermittelt wird und diese Gewinnveränderung auch in der vom Prüfer aufzustellenden Bilanz (auf dem Kapitalkonto) erfasst werden muss, wird hierfür in der Prüferbilanz das Konto „steuerlicher Ausgleichsposten" (als Unterkonto des steuerlichen Kapitals im Unterschied zum handelsrechtlichen Kapital) eingerichtet, wenn eine Einheitsbilanz erstellt wurde. Mit Inkrafttreten des BilMoG ist diese Übereinstimmung von Handels- und Steuerbilanz regelmäßig nicht mehr gegeben.

3. Anders als bei Einzelunternehmen und Personengesellschaften ist in den Bilanzen von Kapitalgesellschaften die Körperschaftsteuerrückstellung zwingend als betriebliche Schuld auszuweisen. Um diese berechnen zu können, ist es erforderlich, die Bemessungsgrundlage für die Körperschaftsteuer, das zu versteuernde Einkommen, zu ermitteln.

Es wird folgendes **Bearbeitungsschema** empfohlen:

1. Überprüfung der vorgelegten Ermittlungen des Gewerbeertrags und des zu versteuernden Einkommens für 09 und 10 anhand der vorliegenden Bilanzen und Gewinn- und Verlustrechnungen.

2. Untersuchung der Feststellungen jeder Textziffer im Hinblick auf die Auswirkungen auf:

    a) Veränderungen von Bilanzpositionen mit Ausnahme der Gewerbesteuer- und Körperschaftsteuerrückstellung;

    b) Veränderungen des steuerlichen Gewinns (ggf. = des steuerlichen Ausgleichspostens);

    c) Veränderungen des zu versteuernden Einkommens (hierbei ist zu beachten, dass sich das zu versteuernde Einkommen rechenwerkintern – durch Gewinnänderungen – als auch unabhängig vom Rechenwerk verändert);

    d) Veränderungen des Gewerbeertrags (diese Veränderungen entsprechen zunächst den unter c) genannten; zusätzlich sind jedoch die gewerbesteuerspezifischen Zu- und Abrechnungen zu erfassen);

    e) Feststellungen, die zusätzlich erforderlich sind, um die zutreffende Höhe der Gewerbesteuer- und der Körperschaftsteuerrückstellung zu ermitteln, wie die bisherigen Gewerbe- und Körperschaftsteuervorauszahlungen sowie der bisher für diese Steuern gebildeten Rückstellungen.

Um die oben genannten Schritte sicher zu gehen, wird empfohlen, nach jeder Textziffer die Ergebnisse nach folgendem Schema zu erfassen, wobei unter den Positionen Bilanzp. (= Bilanzposten), Gewinn (ggfs. = Steuerlicher Ausgleichsposten = StAP), zu verst. Einkommen (= zu versteuerndes Einkommen), Gew. Ertr. (= Gewerbeertrag) und Sonstiges jeweils die **Veränderungen** durch den jeweiligen Sachverhalt zu erfassen sind. Bei Bilanzposten ist noch zu beachten, dass die Bestandsveränderung zum Schluss des jeweiligen Wj. eingetragen werden sollte. Unter der Position „Sonstiges" sind sämtliche Vorgänge einzutragen, die bei der endgültigen Aufstellung der Bilanz Bedeutung haben, wie z. B.:

KSt-VZ und bisherige KStR: beeinflusst die Höhe der Änderung der Körperschaftsteuer-Rückstellung.

Ist die GewSt-Rückstellung insgesamt neu zu ermitteln, sind zusätzlich zu erfassen:

Der GewSt-Aufwand für das jeweilige Wj. in Form von GewSt-VZ und der Zuführung zur bisherigen GewSt-Rückstellung.

Im Spaltensystem werden auch die ggf. erforderlichen Änderungen der Steuerrückstellungen (hinsichtlich der GewSt und KSt) erfasst, da diese ihrerseits wieder Auswirkungen auf den StAP haben.

Zu beachten ist weiter, dass der StAP am Ende des ersten Jahres in das folgende Jahr vorgetragen wird.

Auswirkungen für 09:

Tz./Vorg.	Bilanzp.	Gewinn (= StAP)	zu verst. Einkommen	Gew.Ertr.	Sonstiges

Ermittlung des steuerlichen Einlagekontos zum 31.12.09

TEIL B
Fallgruppe 17
Bilanzberichtigung/Berichtigungstechnik

Auswirkungen für 10:

Tz./Vorg.	Bilanzp.	Gewinn (= StAP)	zu verst. Einkommen	Gew.Ertr.	Sonstiges

Ermittlung des steuerlichen Einlagekontos zum 31.12.10

Ausgehend von den im Spaltensystem festgehaltenen Zahlen kann ermittelt werden, um welchen Betrag sich Bilanzansätze einschließlich des StAP verändern. Dies kann in Form von Bilanzkreuzen festgehalten werden. Danach sind die Prüferbilanzen zu erstellen.

Bilanzkreuz 31.12.09

Bilanzkreuz 31.12.10

Prüferbilanz auf den 31.12.09

Prüferbilanz auf den 31.12.10

Aufgrund der Sachverhaltsangaben ist die Gewerbesteuerrückstellung nur für das Jahr 10 vollständig neu zu ermitteln; für 09 sind nur die Auswirkungen auf den Gewerbeertrag, die auf den Bp-Feststellungen beruhen, zu erfassen.

Das zu versteuernde Einkommen 09 und 10 umfasst vor Bp-Feststellungen bereits: den Jahresüberschuss (JÜ) und die nicht abzugsfähigen Ausgaben: KSt, GewSt (§ 4 Abs. 5b EStG) und die Hälfte der Beiratsvergütungen.

Für 10 ist das zu versteuernde Einkommen und der GewErtrag um 300 000 € (= GewStVZ) zu erhöhen, da die Gewerbesteuer, die für nach dem 31.12.07 endende Erhebungszeiträume festgesetzt wird, gemäß § 4 Abs. 5b EStG keine Betriebsausgabe mehr darstellt. Die Gewerbesteuer wird als Betriebsausgabe erfasst und anschließend außerhalb der Bilanz dem Gewinn hinzugerechnet. Zusätzlich ist der Gewerbeertrag nach § 8 Nr. 1 GewStG um 25 % der um den Freibetrag von 100 000 € geminderten Zurechnungsbeträge (hier Zinsen 130 000 ./. 100 000 = 30 000) 7 500 € zu erhöhen; für 09 unterbleibt eine solche Erhöhung, da die GewSt-Rückstellung bisher richtig ermittelt wurde.

Zu Tz. 1:

Die überhöhte Zahlung von 100 000 € (= (40 000 − 30 000) x 10) ist nur wegen der gesellschaftsrechtlichen Beziehungen zustande gekommen, die zwischen der Tonscheidt GmbH und der Wilhelm GmbH bestehen.

Die Zahlung an die Tonscheidt GmbH stellt somit aus Sicht der Straßenbau-AG nur in Höhe des üblichen Kaufpreises von 300 000 € (10 x 30 000 €) Entgelt für die Lieferung der Betonfertigteile dar. Der restliche Betrag von 100 000 € stellt bei der AG eine Vermögensminderung dar, die eine verdeckte Gewinnausschüttung an die Muttergesellschaft Wilhelm GmbH in München darstellt. Diese vGA erfolgt hier im Wege eines abgekürzten Zahlungswegs (§ 8 Abs. 3 Satz 2 KStG).

Somit erhält die Tonscheidt GmbH diese 100 000 € von der Wilhelm GmbH als verdeckt ausgeschütteten Beteiligungsertrag. Bei der vGA an einen unbeschränkt steuerpflichtigen Anteilseigner wird von der Finanzverwaltung in der Regel auf die Erhebung der Kapitalertragsteuer verzichtet.

Damit ergibt sich folgende Umbuchung:

Umsatzerlöse   100 000   an   Beteiligungserträge   100 000

Außerhalb der Bilanz verändert sich das zu versteuernde Einkommen wie folgt:

§ 8 Abs. 1 KStG: z. v. E. ./. 100 000 €

§ 8 Abs. 5 KStG: z. v. E. + 5 000 € (= 5 % von 100 00 €).

Weitere gewerbesteuerliche Auswirkungen ergeben sich nicht, da § 8 Nr. 5 GewStG nicht greift, weil die Voraussetzungen des § 9 Nr. 2a GewStG erfüllt sind.

Zu Tz. 2:

Beim Verzicht auf die Zinsen für 09 in 10 wird auf einen bereits vorhandenen Anspruch verzichtet. Damit handelt es sich um eine verdeckte Einlage in Höhe von 7 000 € (7 % von 100 000 €).

Bei der GmbH hätte zum 31. 12. 09 eine sonstige Verbindlichkeit ausgewiesen werden müssen:

Umbuchung: Zinsaufwand   7 000 €   an   Sonstige Verbindlichkeiten   7 000 €

Zusätzlich ist der bisher zutreffend ermittelte Hinzurechnungsbetrag nach § 8 Nr. 1 GewStG um 25 % von 7 000 € = 1 750 € zu erhöhen.

In 10 ist der Forderungsverzicht zu erfassen:

Umbuchung:

Sonstige Verbindlichkeiten   7 000 €   an   Sonstige betriebliche Erträge   7 000 €

Außerhalb der Bilanz ist das zu versteuernde Einkommen gemäß § 8 Abs. 3 Satz 3 KStG um 7 000 € zu mindern.

Gleichzeitig ist das steuerliche Einlagenkonto um 7 000 € zu erhöhen.

(Hätte die GmbH bei Zinsverzicht bereits – was möglich gewesen wäre – „Sonstige Verbindlichkeiten an Rücklage" gebucht, dann hätte sich die verdeckte Einlage nicht auf den Gewinn der GmbH ausgewirkt und eine Einkommenskorrektur wäre unterblieben.)

Beim Verzicht auf den Zins für 10 handelt es sich nicht um eine verdeckte Einlage, da hier auf ein erst künftig entstehendes Nutzungsentgelt verzichtet wird. Hierbei handelt es sich um eine Nutzungseinlage, die nicht Gegenstand einer verdeckten Einlage sein kann (H 40 Nutzungsvorteile KStH).

Hieraus ergeben sich somit für 10 keine Auswirkungen.

Zu Tz. 3:

Die Voraussetzungen des § 6b EStG liegen nur hinsichtlich des Grund und Bodens vor; ansonsten ist die 6-Jahres-Frist des § 6b Abs. 4 Nr. 2 EStG nicht erfüllt. Zum 31. 12. 09 konnte somit ein Sonderposten mit Rücklageanteil (gemäß § 6b EStG) in Höhe von 70 000 € (= 250 000 ./. 180 000) gebildet werden.

Für das Gebäude konnte eine Rücklage für Ersatzbeschaffung gemäß R 6.6 Abs. 4 EStR gebildet werden; es wurde wegen drohender Enteignung verkauft, und eine Ersatzbeschaffung war ernstlich geplant.

Für 09 ist noch die AfA bis zum Ausscheiden nach § 7 Abs. 4 Nr. 1 EStG i.V. mit R 7.4 Abs. 8 EStR zu berechnen: $1/12$ von 3 % von 400 000 € = 1 000 €.

Es ergibt sich folgende Kontenentwicklung:

Gebäude	StB	PB	Auswirkungen	
Wert 31.12.08	375 000 €	375 000 €		–
./. AfA 09	–	1 000 €	Gewinn (= StAP)	./. 1 000 €
./. Abgang 09	375 000 €	374 000 €	Gewinn (= StAP)	+ 1 000 €
31.12.09	–	–		

Da sich die obigen Gewinnveränderungen gegenseitig aufheben, wird auf eine Darstellung im Spaltensystem verzichtet.

In eine Rücklage für Ersatzbeschaffung (= RfE) können eingestellt werden: 400 000 € ./. 374 000 € = 26 000 €.

Da eine Ersatzbeschaffung für den Lastenaufzug von vornherein nicht geplant war, konnte für dieses Wirtschaftsgut keine Rücklage gebildet werden. Beim Verkauf des Lastenaufzugs ist jedoch zu beachten, dass diese Lieferung der USt unterliegt. Der Gewinn mindert sich somit um 9 500 €; um den gleichen Betrag erhöht sich die USt (des Jahres 09 und des Jahres 10). Auch hier heben sich die Wirkungen der an sich zu ermittelnden AfA ($1/12$ von 9 200 € = 767 €) und der daraus resultierenden Erhöhung des s. b. Ertrages um 767 € auf.

Hinsichtlich der Entschädigung für den entgangenen Gewinn darf ohnehin keine RfE gebildet werden, da diese Entschädigung nicht für ein zu ersetzendes Wirtschaftsgut gezahlt wurde.

Zum 31.12.09 war damit die Bildung einer steuerfreien Rücklage in folgender Höhe möglich:

Rücklage nach § 6b EStG (GruBo)	70 000 €
Rücklage nach R 6.6 Abs. 4 EStR (Gebäude)	26 000 €
Rücklage 31.12.09 lt. Bp	96 000 €

In 10 kann die Rücklage nach § 6b EStG auf den neu angeschafften Grund und Boden übertragen werden.

ANMERKUNGEN ▶ Mit dem Inkrafttreten des BilMoG wurde der Grundsatz der umgekehrten Maßgeblichkeit aufgehoben; damit dürfen in der Handelsbilanz Sonderposten mit Rücklageanteil (hier: Rücklage nach § 6b EStG) nicht mehr passiviert werden. In der Vergangenheit passivierte Sonderposten dürfen jedoch beibehalten oder erfolgsneutral durch Einstellung in die Gewinnrücklage aufgelöst werden (Art. 66 Abs. 1 EGHGB).

Rein steuerliche Abschreibungen (hier: Abschreibungen gemäß § 6b EStG) sind in der Handelsbilanz nach Inkrafttreten des BilMoG nicht mehr möglich. Die erfolgsneutrale Auflösung eines noch in der HB fortgeführten Sonderpostens führt nicht zu Abschreibungen in der HB, während in der StB solche Abschreibungen vorgenommen werden, gleichzeitig jedoch die Auflösung der Rücklage gewinnerhöhend erfolgt.

TEIL B	Bilanzberichtigung/Berichtigungstechnik
Fallgruppe 17	

Es ergibt sich folgende Kontenentwicklung:

Grund und Boden	StB	PB	Auswirkungen	
Zugang 10	300 000 €	300 000 €		–
./. außerplanmäßige Abschreibung	99 767 €	70 000 €	Gewinn (= StAP)	+ 29 767 €
31.12.10	200 233 €	230 000 €	(+ 29 767)	

Die RfE darf zum 31.12.10 in Höhe von 26 000 € gebildet werden. Eine Erfassung dieser Rücklage in der Handelsbilanz ist nach Inkrafttreten des BilMoG nicht mehr möglich, da die umgekehrte Maßgeblichkeit durch das BilMoG aufgehoben wird.

Es ergibt sich folgende Kontenentwicklung:

Rücklagen	StB	PB	Auswirkungen	
Zugang 09	99 767 €	96 000 €	Gewinn (= StAP)	+ 3 767 €
31.12.09	99 767 €	96 000 €		
./. Auflösung 10	99 767 €	70 000 €	Gewinn (= StAP)	./. 29 767 €
31.12.10	–	26 000 €	(+ 26 000)	

Zu Tz. 4:

Die Rücklage gemäß § 6b EStG war zum 31.12.10 gemäß § 6b Abs. 3 Satz 5 EStG erfolgswirksam aufzulösen. Es ergibt sich folgende Kontenentwicklung:

Rücklagen	StB	PB	Auswirkungen	
31.12.08 = 31.12.09	100 000 €	100 000 €		–
./. Auflösung 10	–	100 000 €	Gewinn (= StAP)	+ 100 000 €
31.12.10	100 000 €	–	(./. 100 000)	

Außerdem ist § 6b Abs. 7 EStG zu beachten. Außerbilanziell ist ein Zinszuschlag von 4 x 6 % x 100 000 € = 24 000 € in 10 dem zu versteuernden Einkommen hinzuzurechnen.

Zu Tz. 5:

Die Büromaschinen sind zu aktivieren und linear nach § 7 Abs. 1 Satz 4 EStG zeitanteilig für 6 Monate $^{6}/_{12}$ von 20 % von 20 000 € = 2 000 € abzuschreiben. An Änderungen ergeben sich:

Büromaschinen	StB	PB	Auswirkungen	
Zugang 10	–	20 000 €	Gewinn (= StAP)	+ 20 000 €
AfA 10	–	./. 2 000 €	Gewinn (= StAP)	./. 2 000 €
31.12.10	–	18 000 €	(+ 18 000)	

zu Tz. 6:

Es handelt sich um verdeckte Gewinnausschüttungen in 09 und 10 an Herbert Tonscheidt in Höhe von je 200 000 €, die den Gewinn der GmbH gemindert haben und deshalb außerbilanziell das zu versteuernde Einkommen der Jahre 09 und 10 erhöhen.

Zu Tz 7:

Für die Gewerbesteuer, die für nach dem 31.12.07 endende Erhebungszeiträume festgesetzt wird, gilt gemäß § 4 Abs. 5b EStG: Die Gewerbesteuer ist keine Betriebsausgabe mehr. Da die Zahlung von Gewerbesteuern jedoch keine Privatentnahme darstellt, wird die Gewerbesteuer als Betriebsausgabe erfasst und anschließend außerhalb der Bilanz dem Gewinn hinzugerechnet. Die Berechnung der Gewerbesteuer ergibt sich aus der Darstellung im Spaltensystem.

Empfehlung zur Ausfüllung der Anlagen:

Im Folgenden werden die Ergebnisse im Spaltensystem dargestellt, wobei die Eintragungen für die Jahre 09 und 10 am Ende einer jeden Textziffer gleichzeitig erfolgen sollten.

Auswirkungen für 09

Tz./Vorg.	Bilanzp.	Gewinn (= StAP)	zu verst. Einkommen	Gew.Ertr. Mehr	Sonstiges
Vortrag		–			
JÜ		+ 1 099 400		–	
KSt-Aufw.		+ 187 800		–	KSt-VZ
GewSt-Aufw.		+ 212 800			100 000
					KSt-RSt
					87 500
½ der Beiratsvergütungen		+ 15 000		–	
1)					
2)	+ 7 000	./. 7 000	./. 7 000	./. 7 000	
Sonst. Verbindlichkeiten				+ 1 750	
Hinzurechnungsbetrag					
3) USt	+ 9 500	./. 9 500	./. 9 500	./. 9 500	
Rücklagen	./. 3 767	+ 3 767	+ 3 767	+ 3 767	
6) vGA			+ 200 000	+ 200 000	
				+ 189 017	

GewSt-RSt - Mehr 3,5 % x 400 % x 189 017				
GewSt-RSt 09	+ 26 462	./. 26 462	0	
zvE			+ 1 702 267	
Tarifbelastung 15 % (§ 23 Abs. 1 KStG)			255 340	
KSt-VZ			./. 100 000	
KSt-RSt neu			155 340	
KSt-RSt alt			./. 87 500	
KSt-RSt 09 Mehr lt. Bp	67 840	./. 67 840	+ 67 840	
		./. 107 035		

Ermittlung des steuerlichen Einlagekontos zum 31.12.09

Das steuerliche Einlagenkonto bleibt zum 31.12.09 unverändert.

Auswirkungen für 10:

Tz./Vorg.	Bilanzp.	Gewinn (= StAP)	zu verst. Einkommen	Gew.Ertr.	Sonstiges
Vortrag		./. 107 035			
JÜ			+ 1 287 024	+ 1 287 024	
KSt-Aufw.			+ 282 976	+ 282 976	KSt-VZ 250 000 KSt-RSt 32 976
½ der Beiratsvergüt.			+ 20 000	+ 20 000	
GewSt-Aufw.			+ 300 000	+ 300 000	GewSt-VZ 300 000
Zurechnung gemäß § 8 Nr. 1 GewStG				+ 7 500	
1) Beteiligungserträge Zurechnung gemäß § 8 Abs. 5 GewStG	0	0	./. 100 000 + 5 000	./. 100 000 + 5 000	

Bilanzberichtigungen bei Kapitalgesellschaften — TEIL B, Fallgruppe 17

2) Sonst. Verbindlichkeiten	0	+ 7 000	+ 7 000 ./. 7 000	+ 7 000 ./. 7 000	Steuerliches Einlagenkonto + 7 000
3) USt	+ 9 500				
GruBo	+ 29 767	+ 29 767	+ 29 767	+ 29 767	
Rücklagen	+ 26 000	./. 29 767	./. 29 767	./. 29 767	
4) Rücklagen	./. 100 000	+ 100 000	+ 100 000	+ 100 000	
Zinszuschlag			+ 24 000	+ 24 000	
5) Maschinen/	+ 18 000	+ 20 000	+ 20 000	+ 20 000	
AfA		./. 2 000	./. 2 000	./. 2 000	
6) vGA			+ 200 000	+ 200 000	
				+ 2 144 500	
GewSt-Aufw 3,5 % x 400 % x 2 144 500					
10 lt. Bp GewSt-VZ				300 230 ./. 300 000	
GewSt-RSt 09	+ 26 462				
KSt-RSt 09	+ 67 840				
GewSt-RSt 10	+ 230	./. 230	0	+ 230	
zvE			+ 2 137 000		
Tarifbelastung 15 %			320 550		
KStVZ			./. 250 000		
KSt-RSt neu			70 550		
KSt-RSt alt			./. 32 976		
KSt-RSt Mehr lt. Bp	+ 37 574	./. 37 574 ./. 19 839	+ 37 574		

Ermittlung des steuerlichen Einlagekontos zum 31.12.10

Das steuerliche Einlagekonto zum 31.12.10 erhöht sich um 7 000 € auf 27 000 €.

TEIL B — Bilanzberichtigung/Berichtigungstechnik
Fallgruppe 17

Zum 31.12.09 verändern sich durch die Bp folgende Bilanzpositionen:

		USt	+ 9 500
		Sonst. Verb.	+ 7 000
		Rücklagen	./. 3 767
		GewSt-RSt 09	+ 26 462
		KSt-RSt 09	+ 67 840
		StAP	./. 107 035
	0		0

Die Prüferbilanz zum 31.12.09 stellt sich wie folgt dar:

Grund und Boden	250 000	Stammkapital	400 000
Sonstige Aktiva	4 238 000	Rücklagen	320 000
		Gewinnvortrag	100 000
		Jahresüberschuss	1 099 400
		StAP	./. 107 035
		steuerfreie Rücklagen	196 000
		Sonst. Verb.	7 000
		Sonstige Passiva	2 281 333
		KSt-Rückstellung	87 500
		USt Mehr lt. Bp	9 500
		GewSt-RSt 09 Mehr lt. Bp	26 462
		KSt-RSt Mehr 09 lt. Bp	67 840
	4 488 000		4 488 000

Zum 31.12.10 verändern sich durch die Bp folgende Bilanzpositionen:

GruBo	+ 29 767	USt	+ 9 500
Maschinen	+ 18 000	steuerfreie Rücklagen	./. 74 000
		GewSt-RSt 09	+ 26 462
		KSt-RSt 09	+ 67 840
		GewSt-RSt 10	+ 230
		KSt-RSt 10	+ 37 574
		StAP	./. 19 839
	+ 47 767		+ 47 767

Die Prüferbilanz zum 31.12.10 stellt sich wie folgt dar:

Grund und Boden	230 000	Stammkapital	400 000
Maschinen	18 000	Rücklagen	675 000
Sonstige Aktiva	4 599 767	Gewinnvortrag	100 000
		Jahresüberschuss	1 287 024
		StAP	./. 19 839
		steuerfreie Rücklagen	26 000
		Sonstige Passiva	2 205 000
		KSt-Rückstellung	32 976
		USt Mehr lt. Bp	9 500
		GewSt-RSt 09 Mehr lt. Bp	26 462
		GewSt-RSt 10 Mehr lt. Bp	230
		KSt-RSt Mehr 09 lt. Bp	67 840
		KSt-RSt Mehr 10 lt. Bp	37 574
	4 847 767		4 847 767

STICHWORTVERZEICHNIS

Die kursiven Ziffern verweisen auf die Fallgruppen, die gewöhnlichen auf die Fälle.

A

Abnutzbare Wirtschaftsgüter, Bewertung 11
Abschluss, Einzelunternehmen 17
Abschlussbilanz 17
Abschlusstechnik 1, 17
Anlagespiegel 20
Anlagevermögen *5*
– Anlagespiegel 20
Anschaffungskosten 8
Anstellungsverträge, Gesellschafter *16*
Antizipative Posten 6
Aufschlagsatz 6
Ausscheiden, Gesellschafter *15*
Außenprüfung *vor 1*

B

Berichtigungstechnik *vor 1*
Bestandsvergleich 22
Betriebsvorrichtungen 2
Bewertung, abnutzbare Wirtschaftsgüter 11
– nichtabnutzbare Wirtschaftsgüter 12
Bewertungsgrundsätze 1, 8, 11
Bilanzberichtigung *vor 1*
– Kapitalgesellschaften 17
– Personengesellschaften *vor 11*
Bilanzkreuz 1
Bilanzpostenmethode *vor 1*
Bilanzenzusammenhang 5
Boni 4
Bruttoprinzip, Buchungstechnik 3
Buchungssätze 2
Buchungssatzmethode *vor 1*
Buchungstechnik 1 ff.

D

Debitoren 5
Delkredere 8

Drohende Verluste, Rückstellung 9
Durchschnittsbewertung 8

E

Einnahme-Überschuss-Rechnung 22
Einlagen, Bewertung 15
Einzelunternehmen, Abschluss 18
– Bilanzberichtigung *1*
Entnahmen eines Gesellschafters *12*
Entnahmen, Bewertung 14
Entwicklungskosten 25
Eröffnungsbilanz 17
Eröffnungsbuchungen 2

F

Fertigerzeugnisse 10
Fertigungsaufträge, langfristige 24
Forschungs- und Entwicklungskosten 25
Festwert 8
Fuhrpark 14

G

Garantieverpflichtung 7
Gebäude 2
Gemischte Warenkonten 3
Geringwertige Wirtschaftsgüter 11, *8, 13, 17*
Gesamthandsbereich 14
Gesamthandsbilanz 14
Geschäftsvorfälle, Arten 1
Gesellschafter, Anstellungsverträge *16*
– Ausscheiden *15*
Getrennte Warenkonten 3
Gewerbesteuer 7
Gewerbesteuerrückstellung 18, *9, 11*
Gewinnermittlungsarten 1, 22
Gewinnverteilung *12*
GmbH, Besonderheiten 19

VERZEICHNIS Stichwörter

Grundstücksanschaffung   11

Grundstücksfälle, Sonderbilanzen   14

GuV-Methode   *vor 1*

H

Haftungsvergütung   14

Handelsrecht, Ausweis von Verbindlichkeiten   21

Handelswaren   10

Hauptabschlussbuchungen   3

Hauptabschlussübersicht   17, 18

Herstellungskosten   9

I

IAS/IFRS-Rechnungslegung   24, 25, 26

Immaterielles Wirtschaftsgut   11

Internationale Rechnungslegung   24, 25, 26

Inventarverzeichnis   5

Investitionsabzugsbetrag   10

K

Kapitalangleichung   5

Kapitalgesellschaften, Bilanzberichtigung   17

Kapitalkonto, Staffelform   3

Kapitalunterkonten   3

Konten   2

Körperschaftsteuer   17

Körperschaftsteuer-Rückstellung   17

Kreditoren   6

Kundenforderungen, Konto   4

Kundenforderungskonto   4

L

Langfristige Fertigungsaufträge   24

Latente Steuern   16, 26

Laufende Buchungen   2

M

Mehr- und Weniger-Rechnung   *1*

N

Nettoprinzip   3

Nichtabnutzbare Wirtschaftsgüter, Bewertung   12

P

Periodenabgrenzung   6

Personengesellschaft, Bilanzberichtigung   *vor 11*

Personenkonten   5

Privateinlagen, Behandlung   15

Privatentnahmen, buchmäßige Behandlung   14

Prüferbilanzen, Bilanzberichtigung   *1*

R

Ratenkauf   5

Rechnungslegung, internationale   24, 25, 26

Rechnungslegung nach IAS/IFRS   24, 25, 26

Regelbesteuerung   1

Reingewinnsatz   3

Re-Investitionsrücklage   10, 17

Rohgewinnsatz   3

Rücklage für Ersatzbeschaffung   10, 17

Rückstellungen   7, *12*

S

Sammelposten   8, 11, 13

Schwarzgeschäfte   11

Skonti   4

Skontobuchung   3

Sonderbilanzen   13

Staffelform, Kapitalkonto   3

Steuerbilanz   8
– Bilanzberichtigung   *1*

Steuerliche Ausgleichsposten   17

Steuerliche Bewertungsvorschriften   17

Stichtagsprinzip   5

T

Teilwert   10

Transitorische Posten   6

U

Umbuchungsliste *18*
Umlaufgüter, Bewertung *13*
Umsatzsteuer, Schwarzgeschäfte *11*

V

Verbindlichkeiten, Ausweis *21*
Verdeckte Gewinnausschüttungen *17*
Vergleich, Gewinnermittlungsarten *22*
Vorabvergütungen *12*
Vorbereitende Buchungen *2*
Vorsteuer *8*

W

Waren, buchmäßige Behandlung *3*
Warenbewertung *3, 11*
Warenbuchung *3*
Warenkonten *3*
Wertaufholungsgebot *11*
Wertpapiere *10*
Wirtschaftsgüter, Bewertung *11*

Z

Zuschreibungswahlrecht *11*

Steuerfachkurs

Das aktuelle Prüfungswissen zu Buchführung und Bilanzsteuerrecht.

Lehrbuch Buchführung und Bilanzsteuerrecht
Blödtner · Bilke · Heining
10. Auflage. 2013. XVII, 638 Seiten. € 46,90
ISBN 978-3-482-**63100**-9
Online-Version inklusive

Alles, was Sie für die Prüfung zum Steuerberater, Steuerfachwirt und Diplom-Finanzwirt zum Thema wissen müssen.

Fallsammlung Bilanzsteuerrecht
Koltermann
16. Auflage. 2013. XXIV, 534 Seiten. € 38,90
ISBN 978-3-482-**52136**-2
Online-Version inklusive

Das Trainingsbuch zum Bilanzsteuerrecht mit über 230 Fällen zum gesamten relevanten Lernstoff.

Online-Version inklusive
Im Buch: Freischaltcode für die digitale Ausgabe in der NWB Datenbank.

Bestellen Sie jetzt unter **www.nwb.de/go/shop**

Bestellungen über unseren Online-Shop:
Lieferung auf Rechnung, Bücher versandkostenfrei.

NWB versendet Bücher, Zeitschriften und Briefe CO₂-neutral. Mehr über unseren
Beitrag zum Umweltschutz unter www.nwb.de/go/nachhaltigkeit

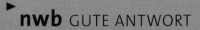